D0896803

GABY VARGAS

Comunícate, cautiva y convence

punto de lectura

COMUNÍCATE, CAUTIVA Y CONVENCE
D.R. © Gabriela Vargas, 2004

 punto de lectura

De esta edición:

D.R. © Punto de Lectura, SA de CV
Universidad 767, colonia del Valle
CP 03100, México, D.F.
Teléfono: 54-20-75-30
www.puntodelectura.com.mx

Primera edición en Punto de Lectura (formato MAXI): septiembre de 2007
Primera reimpresión: febrero de 2008

ISBN: 978-970-812-029-6

Diseño de cubierta: Raúl González
Composición tipográfica
y adaptación de portada: Carolina González Trejo
Corrección: Claudina Domingo
Ilustración de interiores: Anáfora, servicios editoriales
Cuidado de la edición: Jorge Solís Arenazas

Impreso en México

GABY VARGAS

Comunícate, cautiva y convence

Índice

Introducción 19

Capítulo I
COMUNICACIÓN NO VERBAL
El arte de leer a las personas 25
  Afina tu sentido de observación 26
  ¿Qué tan observador eres? 28
  ¿Cómo se desarrolla esta habilidad? 29
  La primera impresión 30
Cómo verse importante 32
  ¿Por qué es tan importante la postura? 32
  La postura: el mejor barómetro del éxito 34
Cómo impactar positivamente 35
  Las cuatro cualidades importantes 37
  Los mensajes silenciosos ¿qué dicen? 39
  Las seis etapas de un encuentro 39
Más allá de las primeras impresiones 42
  ¿Cómo nos perciben los demás? 44
  ¿Cómo nos afecta emocionalmente un encuentro?.... 45
El poder de la empatía 46
  La empatía, ¿se aprende? 48
  Empatía... el silencioso compañerismo
  de los cuerpos 49
  Espejear la voz 51
  La velocidad es importante 52

Las cinco fases del cortejo.............................53
El juego del carisma....................................57
  El poder del carisma 59
  Sus secretos..59
  ¿Por qué los artistas y las celebridades
  nos atraen?..61
  El político y el carisma 63
  El falso carisma 63
  ¿Cómo podemos desarrollarlo?........................64
Cómo ver la verdadera cara de las personas..........67
  Observa 67
  ¿Qué nos dice la cara?..............................70
  La persona, ¿es generosa o avara?.................70
  La persona, ¿es celosa?............................71
  ¿Cómo es tu sexualidad?.............................72
  ¿Tiene rasgos de líder?............................72
El poder de una mirada 73
  Deja que te vea......................................74
  La mirada en lo íntimo.............................75
  La mirada en lo social.............................76
  Algunos datos curiosos.............................77
  La mirada en el trabajo............................78
  Algunos datos curiosos.............................79
Una mirada de admiración 80
  El anhelo de sentirse apreciado 81
  Es fácil olvidarnos.................................82
Tu voz, ¿qué dice?....................................84
  ¿Cómo analizar la voz?.............................85
  Tono...86
  Estilo..86
  Volumen...89
  Calidad 90
  Los 10 hábitos que más nos molestan...............92

Solicito una persona que me escuche 93
Solicito una persona que me escuche
con atención 95
Oye, ¿me escuchas? 97
Lo que no debes hacer 97
Ojo con los bloqueos 98
Nostalgia, aromas y sabores 100
El olfato, la mejor memoria 101
El olfato y las relaciones 103
Mírame, pero tócame 104
El poder de tocar 106
Tacto, para usar el sentido del tacto 107
Cómo NO tocar 110
Las intenciones son diferentes 111
Escucha a tu cuerpo: ¿Qué te está diciendo? 112
Por ejemplo 113
¿Qué es la sensación clave? 113
Las tres zonas importantes 114
Practica respirar 115
La risa te da libertad 116
¿Tienes buen humor? 117
Relájate 119
El buen humor contagia y atrae 119
Los beneficios de reír 120
Más beneficios 121
Nuevos pecados mortales 122
¿Usar marcas es igual a tener éxito? 125
¿Quién soy? 126
¿Qué pasa si no puedo? 127
¿Ser o estar elegante? 128
Algunos puntos sobre cómo describir
la elegancia 129
La elegancia en el vestir 130

La elegancia como actitud 131
¿Qué es la inteligencia sexual? 132
    ¿Cómo obtenerla? 133
    ¿Por qué es importante la atracción física? 135
    La teoría de la belleza 135
    Lo que a un hombre le estimula de una mujer,
    en orden de prioridad 136
    El otro lado de la atracción 136
    Lo que a una mujer le estimula de un hombre,
    en orden de prioridad 137
    El otro lado de la atracción 138
¿Por qué nos atrae una persona y no otra? 139
    El "mapa del amor" 139
    ¿Por qué nos enamoramos? 140
Los antiseductores 142
    Los antiseductores más comunes 144
Un código de barras en la frente 146

Capítulo II
Comunicación verbal
    Si quieres que te quieran, quiere 153
    Y ahora, ¿qué digo? 156
    Armonizar y ecualizar 157
    Nada como la sencillez 159
    Lo que no hay que decir 159
    "Manéjese con cuidado" 162
    Otras preguntas que llevan esta etiqueta 162
Conversar no es hablar 163
    Los errores 164
Los secretos de una buena conversación 167
Las 12 barreras de la comunicación 173
Cómo y qué decir en una situación difícil 177
    Habla del corazón 181

Cómo evitar los malos entendidos 182
   Pensar las cosas antes de hablar 183
   Hablemos con "u" 184
¿Por qué los hombres no escuchan? 187
   Somos diferentes 188
   Las tres reglas 189
¿Por qué tememos preguntar? 190
   Posibles temores 191
   Preguntar tiene muchas ventajas 192
Cómo detectar lo que no se dice 194
   Palabras bandera 194
   Palabras que implican absoluta certeza 195
   Palabras que minimizan los inconvenientes 196
   Palabras que salvan al otro de comprometerse 196
¿Será mentira? 197
   Los cuatro tipos de mentirosos 198
   Qué los descubre 201
¿Introvertido o extrovertido? 204
   Las principales diferencias 205
Cómo lograr que hable hasta el más hermético.... 208
   Por qué no hablan, los que no hablan 209
   ¿A dónde quiero llegar? 210
Qué hacer con un mareador 212
   ¿Por qué somos así? 213
   ¿Qué hacer? 214
¿Qué hacer con un necio? 217
   Los cuatro tipos de necios 217
   Algunos consejos para convencerlos 218
Los mensajes ocultos 220
   ¿Qué son y cómo los utilizamos? 221
   Los más frecuentes 222
   ¿Para qué nos sirven? 225
El diccionario femenino 226

Es que… ¿no se da cuenta?................................229
   ¿Por qué es importante hablar?.....................231
   Cinco consejos..231
Necesitamos hablar de corazón.........................233
   Supera los obstáculos....................................235
Cuidado, ¡oso al ataque!..................................236
   Algunos de sus disfraces favoritos.................236
La ira es un código..240
   ¿Qué hago con mi enojo?..............................242
   ¡Un cuarto de segundo… es todo!.................243
   ¿Por qué sucede esto....................................245
Cómo discutir bien..247
   Las discusiones pueden ser
   muy dañinas cuando:.....................................248
El arte supremo del chantaje.............................253
   ¿Funciona?..254
   ¿Cómo tratar con un chantajista emocional?...256
Una queja es un regalo.....................................257
   ¿Por qué no nos quejamos?............................257
Las personas son regalos..................................261
El miedo de miedos..264

Capítulo III
Comunicación conmigo mismo
   Círculo mágico..271
    ¡Quiérete!..273
    Alimenta tu autoestima...............................274
    En la actitud...274
    Aspecto físico...276
   Optimismo es igual a salud...........................277
    La PNI...278
    Actitud positiva..279
    Sé que puedo, lo voy a lograr.......................280

¿Cómo formar caminos positivos en la mente? . .281
Recupera tu niño interior..................................284
Imítalo 286
Salte del club de la queja...............................288
El pretexto perfecto....................................290
¿Por dónde empezar? 291
¿Te cuesta trabajo decir "no"? 292
¿Expresas lo que piensas? Test de asertividad....293
Reflexiona 295
Disfruta de tus logros 296
Date permiso sin sentir culpa 300
Por el bien de todos 301
Busca un tiempo para ti 302
Calla tus voces interiores 304
¿Cómo es el diálogo interior?........................305
Ante el miedo, muérete de la risa 307
La intención paradójica 308
Fluye 310
¿Cómo se siente?...311
Confía en tu sentido común 314
El poder de lo simple...................................315
Supera el síndrome de la montaña rusa 317
Las seis etapas 318
¿Por qué lo hacemos?..................................320
¿Valor personal = Habilidad = Desempeño?......320
Acéptate como eres 321
El enemigo no está en el espejo.....................323
¿La r azón? 324
La obsesión por una imagen 325
¿A qué le tememos?.....................................326
El Efecto Halo..327
Despedir y aprender a desprenderte 328
Ritos de paso...329

En cada etapa nos despedimos de algo.............. 330
Encuentra sentido en el dolor........................ 331
 Aceptar el dolor..................................... 333
 El dolor puede vivirse de tres maneras............. 334
Conclusión 335
Bibliografía 337

*A Pablo, mi esposo, cuya fortaleza y capacidad de amar
me asombran y enamoran siempre*

*A mi mamá, por su infinita paciencia, amor y
dedicación a todos nosotros, su familia*

Agradecimientos

Quiero agradecer a Pablo, mi esposo, por escuchar siempre con paciencia los textos que conforman este libro al final del día, cuando está más cansado.

A mis hijos, Paola, Carla, Pablo, Diego y Toño, por su crítica, siempre cruel y refrescante.

A mi amiga y maestra, Socorro Hinojosa, por su inteligencia y sensibilidad para hacer más transitable mi forma de escribir.

A mi querida amiga Adriana Arvide, por su talento y gracia al realizar las ilustraciones.

A Martha Reta, mi asistente, por pasar eficientemente un sin número de veces en limpio el material.

A Armando Collazos y Vicente Herrasti, mis editores, por el entusiasmo y compromiso que han puesto en este libro.

A José Luis Caballero, por darle fortaleza a mi autoría.

A todos, en verdad, ¡mil gracias!

Introducción

Llegas a una reunión, ya sea social o de negocios, en la que no conoces a nadie. Te presentan a una persona y, al hablar con ella, de inmediato te sientes a gusto. Notas que se identifican y tienen intereses comunes. ¡Ríen de las mismas cosas! Sientes que sabe con exactitud lo que estás diciendo y tienes la impresión de conocerla toda la vida. ¿Te ha pasado?

¿Te ha sucedido lo contrario? En ese caso, simplemente, no hay química. Te das cuenta de que, por más que lo desees, no logras conectarte. Tú y la otra persona ven el mundo de manera diferente y, sin saber por qué, estás a la defensiva, te sientes incómodo y hostil de forma inexplicable.

¿Por qué sucede esto? ¿Por qué podemos comunicarnos mejor con algunas personas que con otras? ¿Y, si pudieras comunicarte bien, siempre? ¿Crees que tu productividad, tus ventas y tus relaciones mejorarían?

Si bien es cierto que polos opuestos se atraen, cuando se trata de construir relaciones entre personas opuestas el asunto no es tan sencillo.

Sin embargo, cuando al comunicarnos comprendemos por qué el otro es como es, podemos crear puentes entre ambos. En la vida siempre vamos a encontrar gente que ve el mundo de manera distinta a la nuestra. Precisamente, son ellos los que nos enriquecen y nos permiten ampliar nuestros horizontes.

Esto ocurre en una reunión social o de trabajo pero, también nos puede suceder dentro de nuestra propia familia. A veces nos cuesta trabajo comunicarnos y entendernos porque convivir bajo el mismo techo, no garantiza una cercanía emocional. Con frecuencia nos comunicamos menos con quienes solemos estar más cerca. Sucede entre conyugues, amigos, hijos y hermanos, y sucede con el jefe, con el compañero o con el socio.

¿Por qué dedicar un libro al tema de la comunicación? Es muy sencillo: porque somos tan felices como lo pueden ser nuestras relaciones. De momento, esto puede sonar exagerado, sin embargo, bien visto, en lo cotidiano no lo es. Piensa... ¿Eres feliz cuando estás alejado, enojado, sentido o molesto con algún ser querido? Como dice John Walsh L.C: la comunicación hace del adversario un amigo.

Está comprobado que nueve de cada 10 problemas humanos son resultado de una mala comunicación. Y lo cierto es que no podemos vivir solos. Una persona solitaria es como una planta que trata de sobrevivir sin luz o sin agua. Simplemente, se muere. El hecho de ser es estar con los demás.

En el trabajo, de acuerdo con las investigaciones, 80 por ciento de las personas que fallan lo hacen porque no saben relacionarse con sus compañeros. Y es difícil pensar en un trabajo en donde no tengamos que relacionarnos con otros.

Un día, platicando con un ingeniero, me dijo que al graduarse pensó que el título profesional era todo lo que se necesitaba para trabajar. "Ahora me doy cuenta de que me paso el día lidiando con los problemas de la gente" y ¿quién te enseña a manejar eso?

A veces, muchos de nosotros pensamos que como ya aprendimos a hablar y a escuchar, automáticamente, aprendimos a comunicarnos. Esto es tan absurdo como decir que, como puedo tocar las teclas del piano, estoy preparado para tocar una música maravillosa. Necesitamos aplicarnos y aprender.

Conozco personas que piensan que su manera de hablar o de escuchar son *un regalo de la naturaleza*, como el color de los ojos o la estatura. Hay quien cree que saberse comunicar es un don que se tiene o no se tiene y adoptan la actitud de: "Así soy y no puedo cambiar." Lo cual no deja de ser una forma muy cómoda de *malpasar* la vida. ¡Claro que podemos aprender a comunicarnos mejor!

Sabemos que las personas somos seres multisensoriales por lo que no sólo nos comunicamos con la palabra. Y es precisamente aquello que expresamos de manera no verbal lo que ejerce mayor influencia en los mensajes que emitimos.

Por eso, he dividido el libro en tres grandes partes: En la primera me refiero a la comunicación no verbal, un tema que me ha apasionado y que he estudiado por 25 años. En ella veremos cómo, en nuestra interacción, lo expresado verbalmente representa sólo una cuarta parte de los mensajes que emitimos. De ahí la importancia de lo que decimos sin hablar y que, muchas veces, subestimamos porque no estamos conscientes de su enorme influencia y poder.

En la segunda parte del libro me refiero a la importancia y efecto que tiene todo lo que expresamos verbalmente, ¡qué decimos y cómo lo decimos! Aunque las palabras son herramientas que la mayoría usamos desde niños, con frecuencia hablamos sin pensar en el impacto que lo dicho puede tener en nosotros y en nuestras relaciones. La Madre Teresa decía: "Las palabras amables pueden ser cortas y fáciles para decir pero su eco es verdaderamente infinito." Y es muy cierto.

En la tercera parte del libro me refiero a la comunicación con nosotros mismos. Cuando hablas contigo, ¿qué te dices? Recuerda que sólo podemos dar aquello que tenemos y sólo podremos comunicarnos bien con los demás en la medida en que estemos bien comunicados y tengamos una buena imagen de nosotros mismos.

Dos aclaraciones:

Como verás, te estoy tuteando y lo hago porque siento que así nos acercamos y nuestra comunicación es más cálida y personal. Espero que no te moleste.

A veces sabemos cosas y con frecuencia las olvidamos; también se da el caso de que ni siquiera sabemos que las sabemos. Es probable que, al leer este libro, te des cuenta de que mucho de lo que esta aquí ya lo sabes. Sólo me voy a permitir recordarte que lo que te digas a ti mismo como lo que digas a los demás, con tu cuerpo y con tus palabras, y el cómo lo digas, es importante, incluso puede cambiar tu vida.

> *El mundo no necesita tanto que le informen*
> *como que le recuerden.*
>
> HANNAH MORE

COMUNICACIÓN NO VERBAL

El arte de leer a las personas

Al iniciar la subida, conocemos a don Mateo, un viejo lugareño de piel arrugada, sombrero añoso y mirada serena. Lleva al hombro, como todos los días desde hace 25 años, una caja de refrescos que vende a quienes logran llegar a la pirámide del cerro del Tepozteco.

"¿Quiere ver la vista más bonita de por aquí?", me pregunta don Mateo. "Tápese los ojos con ese paliacate, yo la voy a llevar." Obedezco y me dejo guiar. "Quédese ahí tantito", me dice al dejarme esperando sentada en una piedra. Escucho los sonidos de los pájaros y de los grillos, siento la calidez, la brisa y la humedad del lugar. "Ahora, destápese los ojos."

Una vista, verdaderamente mágica, de los cerros de Tepoztlán. Distintas tonalidades de verde, rojo y cobre que brotan desde los cortes brutales de los acantilados. "¿Ve aquel rebaño de cabras?", señala a lo lejos. "¿Dónde, don Mateo?..." "Allá, señorita... hay que saber mirar." Su frase queda flotando en mi mente.

Hay que saber mirar... Sí, me doy cuenta que he subido durante hora y media, sin fijarme en la gran belleza del lugar; sólo atiendo a mi obsesión por llegar hasta arriba. ¡Qué desperdicio! Se lo achaco a *nuestra moderna* forma de vivir.

La gente del campo observa. Ve las estrellas, las nubes y la dirección del viento, sabe si va a helar, a llover o si habrá buen clima. No es que sean superdotados, lo que pasa es que se dan un espacio para observar, para escuchar, para comprender. Los que vivimos en las ciudades, vemos sin ver, oímos sin oír, estamos sin estar y decimos que nos falta tiempo. Tiempo... Lo que tendríamos que preguntarnos es: ¿en qué invertimos nuestro tiempo?

Afina tu sentido de observación

Lo mismo sucede con la habilidad para conocer, entender a los demás y comunicarnos con ellos. Entre más tiempo pasemos en contacto con personas y más afinemos nuestro sentido de observación, esta habilidad irá en aumento, porque a menos que decidamos hacernos ermitaños, no podemos dejar de comunicarnos.

A diario entramos en contacto con muchas personas; en la calle, por teléfono, en la oficina, en internet, con la familia, en fin. Sin percatarnos nos comunicamos de muchas maneras: con los ojos, con los silencios, con el cuerpo; todos estos elementos que están más allá del lenguaje y que los científicos llaman el metalenguaje.

Sin embargo, estamos tan ocupados que nuestra comunicación es cada vez más rígida, más fría, más superficial y menos personal. Es por esto que nuestra habilidad para "leer" a las personas por falta de uso se va atrofiando y cada vez nos volvemos menos observadores.

Te lanzo un reto. En este momento, si traes un reloj de pulsera, tapa con tu mano la carátula y comprueba si puedes adivinar lo siguiente: ¿De qué color es la carátula? ¿Tiene algún nombre o grabado sobre ella? ¿Los números son arábigos o romanos? ¿Tiene todos los números del 1 al 12? Si acertaste en todo, te felicito. Sin embargo, la mayoría fallamos en algo. Si tomas en cuenta el sinnúmero de veces que vemos el reloj nos podemos dar cuenta de lo que la prisa hace en nuestra observación.

Estamos tan saturados de información y estímulos que nuestro cerebro, para sobrevivir, decide filtrar lo que es indispensable y, en ese proceso, también bloquea lo que los demás nos dicen con su lenguaje corporal, con el tono e inflexión de su voz, con la mirada, con los silencios, en fin, todo lo que no necesita de palabras para ser transmitido. Si fuéramos conscientes de esta información, tal vez nos comunicaríamos más y nos relacionaríamos mejor. Lo cierto es que quien es sensible para descifrar lo que una persona dice, más allá del propio lenguaje verbal, conquistará uno de los retos más grandes de la vida: entender a las personas.

¿Cuántas veces echamos a perder una relación, una amistad o un negocio por cometer torpezas en la comunicación? Cuántas veces hemos dicho: "¡Cómo no me di cuenta de las señales que me enviaba!" "¿Cómo pude ser tan ciega, si las tenía frente a mí?"

Es por eso que, en este libro, me propongo explorar y compartir contigo, querido lector, todo aquello que nos lleve a comunicarnos mejor. El tema me apasiona y trataré de aterrizar los conceptos en la práctica. Espero que no sólo lo encuentres interesante, sino que se convierta en una herramienta de ayuda en tu vida.

Cada minuto manifestamos quiénes somos; no sólo a través del lenguaje sino, también, a través del metalenguaje. ¿Sabías que cuando dos personas platican, intercambian un flujo de información de 10 mil unidades por segundo?, esto de acuerdo con un reporte de la Universidad de Pensilvania, y que nuestra cara puede adoptar ¡7 mil expresiones diferentes!, y que hasta el menor movimiento que hacemos revela lo que pensamos, ¿lo sabías?... Es asombroso notar que los caricaturistas son capaces de plasmar en un dibujo la personalidad de la gente por el simple hecho de que saben mirar. Hagamos una prueba.

¿Qué tan observador eres?

Responde sí o no:

1. Si la persona con la que platicas continuamente junta las yemas de los dedos como si estuviera rezando, ¿crees que es señal de falta confianza en sí misma?

SÍ   NO

2. Nuestros ojos son la parte más reveladora de nuestro cuerpo, ¿crees que dicen casi todo acerca de nosotros?

SÍ   NO

3. Cuando una mujer está sentada junto a un hombre que le interesa y juega con su zapato, ¿es señal de nerviosismo?

SÍ   NO

4. Fumar con la palma de la mano hacia fuera, ¿es señal de coqueteo?

SÍ   NO

5. Tallarse el mentón con el dedo pulgar y el índice, ¿es una señal de haber tomado una decisión?

SÍ   NO

6. Las personas que mientras hablan se llevan mucho la mano a la cara, ¿están mintiendo?

SÍ   NO

7. Cuando una persona chifla, ¿demuestra nerviosismo?

SÍ   NO

8. Cuando una persona muerde la patita de los lentes, o la pluma, ¿es señal de que busca más información?

SÍ   NO

9. Cuando una mujer coloca su mano en el cuello como tocando un collar imaginario, ¿está demostrando confianza?

SÍ   NO

10. Cuando alguien ofrece el saludo con la palma de la mano hacia abajo, ¿se está comportando en forma amigable?

SÍ   NO

¿Cómo se desarrolla esta habilidad?

Si somos observadores, en los primeros segundos de nuestro encuentro con una persona recibimos una cantidad enorme de información. La próxima vez que conozcas a alguien, tómale una foto mentalmente. Congela su imagen y descifra qué es lo que está comunicando en forma consciente e inconsciente. Es importante ver el cuadro completo; ver el bosque y no los árboles.

1. Comienza por los rasgos más característicos.
2. Observa si hay congruencia o inconsistencia en su imagen.
3. Considera las circunstancias.
4. Distingue entre lo que se quiere proyectar en forma consciente y lo que no.

La primera impresión

Hay elementos que escogemos en forma consciente. Éstos le hablan al mundo de cómo queremos ser percibidos por los demás. Hay tres planos para observar:

El primer plano. Todos decidimos por la mañana qué nos vamos a poner, escogemos el color de la ropa. Elegimos usar prendas cómodas y sueltas o ceñidas al cuerpo. ¿Zapatos altos o de piso? Optamos hasta cierto grado cómo queremos que nuestro cuerpo luzca mediante el ejercicio y la alimentación. El tipo de corte y peinado ¿es moderno o conservador? Uñas largas, cortas, pintadas, ¿de qué color? Si nos perfumamos o no, la cantidad de maquillaje, etcétera. Estos detalles hacen tangible nuestra personalidad. Constituyen sólo el primer plano de información de la persona.

Existe un segundo plano. Consiste en aquellos elementos que revelan en forma inconsciente la verdad acerca de nuestra manera de ser, de pensar, de comportarnos: el lenguaje corporal, los gestos, el tono e inflexión de la voz, así como ciertas acciones específicas.

Aunque hay infinidad de movimientos, podemos empezar por ver: ¿Cómo es su postura? ¿Erguida, encorvada?

¿La persona se sienta en la orilla de la silla? ¿Sus brazos están abiertos o cruzados? ¿Cómo es su tono muscular al saludar? ¿Qué revelan sus modales? etcétera.

Asimismo, la complexión de la piel; por ejemplo, si la persona está bronceada o pálida nos dice si practica algún deporte al aire libre, o quizá viene de vacacionar en el mar, etcétera. Si suda mucho o no, es señal de tensión o nerviosismo. ¿Tiene acné o manchas? ¿Sigue algún tratamiento o no le importa? ¿Se sonroja? ¿Tiene algún tatuaje?, etcétera.

El tono e inflexión de su voz. ¿Aclara la garganta con frecuencia? ¿Habla rápido o lento? ¿Tiene algún acento? ¿Sabe escuchar?

Hay un tercer plano de lectura. Incluye detalles más sutiles que revelan el carácter de la persona. Esto requiere un análisis minucioso para no caer en conclusiones equivocadas. Por ejemplo: ¿Se trata de una persona sensible o torpe? ¿Abierta o tímida? ¿Cómo y en qué gasta su dinero? ¿Qué hobbies tiene? ¿Cómo trata a su pareja e hijos? ¿Es una persona generosa o tacaña? ¿Es agresiva o tranquila? ¿Es trabajadora o floja?

Estos tres planos ayudan a crear una primera impresión, pero no olvidemos que es sólo eso... una primera impresión. A lo largo del libro veremos otras llaves de información, como son su comunicación no verbal y la verbal, que te ayudarán a conocer a las personas y también a ti.

Recuerda que aprendemos mucho de los libros, de la ciencia... Sin embargo, el aprendizaje más importante, la sabiduría del mundo, se obtiene por medio de "leer", conocer y entender a las personas.

Dice Gregorio Mateu: "La vida exterior es expresión de lo que el hombre lleva por dentro. Toda acción que efectuamos es prueba inequívoca de nuestro yo interior."

Entonces, ¿eres observador? Y, lo más importante, ¿ser observador te ayuda a comunicarte mejor con las personas? Hay que saber mirar.

> Las respuestas al cuestionario son: 1.No 2.Sí 3.Sí 4.Sí 5.No 6.Sí 7.Sí 8.Sí 9.No 10.No

CÓMO VERSE IMPORTANTE

"Mira, niña, cuando salgas al escenario, verás que el salón es muy grande. Las personas estarán sentadas alrededor, son como mil 500, pero no te preocupes; al entrar, nada más respira hondo y haces así, echas los hombros para atrás, como si fueras un pavorreal ¿eh?" Esto fue lo que me aconsejó en su dulce tono yucateco mi querida amiga Lourdes Peón durante una gratísima estancia y presentación que tuve en Mérida. Sus palabras sólo alborotaron más las mariposas que sentía en el estómago y los latidos de mi corazón se desbocaron; en ese momento recordé aquel refrán que dice: "Asume una actitud y terminarás adaptándote a ella."

La experiencia me ha enseñado que lo primero que la gente percibe de un conferencista es su lenguaje corporal, así que trato de tranquilizarme y de mantener el control de la situación. Respiro hondo y sigo el consejo... Me acuerdo del pavorreal.

¿Por qué es tan importante la postura?

El porte es la expresión física de cómo nos vemos a nosotros mismos y es lo primero que transmitimos al caminar: podemos decir qué proyectamos por cada poro de la piel.

La postura habla de nuestro estado de ánimo, de nuestra autoimagen, de lo que sentimos y, sobre todo, de nuestra autoestima. En la forma en que manejamos el cuerpo, y hasta en el más sutil de los movimientos que realizamos con él, comunicamos cosas del siguiente tipo: ¿Cómo me veo a *mí mismo*? ¿Qué pienso de *mí*? ¿Cómo es mi salud? ¿Cómo veo al mundo? ¿Cómo quiero ser percibido por las demás personas?

Y no sólo eso: por medio de la postura también le enseñamos a los demás cómo deben tratarnos. Ellos nos perciben en función de cómo nos sentamos, caminamos y manejamos nuestro cuerpo. Con nuestro porte nos presentamos como ganadores o como perdedores ¡y así nos tratarán!

El lenguaje corporal no miente y, al interactuar con otros, ellos se basarán en la proyección que emana de nosotros. La manera en que portamos el cuerpo es la primera señal, y la más evidente, que podemos enviar acerca de quiénes somos. Recuerda que si te ves bien, ¡te sientes bien!

Cuando el doctor golpea ligeramente nuestra rodilla, el pie patea hacia delante como acto reflejo. Igualmente, nuestro cuerpo manifiesta otras reacciones instintivas. Si te sientes feliz, pleno y lleno de vida, automáticamente enderezas la cabeza y echas los hombros para atrás. Caminas con el cuerpo erguido, tu tono de voz es firme, seguro y lleno de color, tu boca dibuja una sonrisa y tu mirada es suave.

Así se ven los ganadores, ¿no es cierto? Se paran con aplomo, se mueven con seguridad, sonríen suavemente y con orgullo. Sin duda, una buena postura refleja que eres una persona acostumbrada a estar en la cima.

Se ha comprobado en estudios de relación cuerpomente, que los cuerpos que están rectos, balanceados, flexibles son el resultado de la realización, del amor por sí mismos y de una urgencia por llegar a las alturas de los logros humanos.

Por esta razón, miles de mamás, en todo el mundo, encajan los nudillos entre los omóplatos de sus hijos y miles de maestros repiten la frase: "¡Párate derecho!" Sin embargo, la mayoría de nosotros estamos desgarbados. Si no me crees, observa: ¿Cómo estás sentado? ¿Tu columna está derecha? ¿Tienes el abdomen contraído? Si es así, te felicito porque perteneces al dos por ciento de la población. Pero la realidad es que necesitamos una técnica más efectiva.

La postura: el mejor barómetro del éxito

Lo primero que necesitas para tener éxito es pararte y caminar derecho. Al principio puedes sentirte un poco incómodo, pero si te acuerdas con frecuencia de hacer lo anterior, tendrás ese *halo de elegancia* que tienen algunas personas. ¿Cuándo has visto un triunfador jorobado, desgarbado o arrastrando los pies? No sé si en el circo te ha tocado ver una columna humana, en la que seis personas se paran una sobre los hombros de otra. Observa su postura, es perfecta: espalda recta y hombros erguidos; cada músculo emana orgullo, éxito y alegría de vivir. Equilibrio perfecto, no sólo por estética, sino porque se trata de un asunto de vida o muerte. Bueno, pues imagina que eres el mejor de esos acróbatas de circo, piensa que eres el maestro de maestros, que eres el pilar que sostiene a las otras cinco personas y que ellas confían plenamente en tu fortaleza y disciplina. No puedes fallar, ¿verdad? Entonces, antes de atravesar una puerta, la que sea, la de tu oficina, la de una fiesta, incluso la de tu cocina, imagina que haces tu entrada triunfal a la pista. Si esta imagen no te funciona, sólo imagina que te están viendo en traje de baño: Contrae el estómago, estira tu columna, echa los hombros para atrás, crea un espacio entre el tórax y la cadera, mira de frente y sonríe con confianza. Con esta postura vas a ganar tres cosas: te vas a ver unos centímetros más alto, unos kilos más delgado, tu columna vertebral te lo va agradecer.

Una buena postura de hecho hasta *mejora nuestra voz*, ya que el paso libre de aire hace que nuestra voz sea más resonante, rica y fuerte. Pero, sobre todo, no olvides que si te comportas como alguien importante lograrás verte como una persona importante y los demás te tratarán de esa manera. Y, acuérdate del pavorreal, *asume una actitud y te adaptarás a ella*.

CÓMO IMPACTAR POSITIVAMENTE

¿Sabías que por cada 11 juicios que emitimos en una primera impresión, 10 son correctos y uno es equivocado? Todos juzgamos a una persona en segundos. Hay quien se niega a aceptarlo. Sin embargo, si te preguntan:

¿Quién es más confiable, el vendedor que esquiva la mirada o el que mantiene contacto visual? ¿Quién me hace sentir importante, la cajera del banco que me sonríe y saluda o aquella que nunca levanta la mirada de su computadora? ¿Quién es más capaz: el dentista que tiene su consultorio en un edificio moderno, bien localizado y decorado o el que lo tiene en un edificio viejo, cerca de su casa y con los asientos rotos?

Así como es fácil determinar por qué llegamos a estas conclusiones, hay otras no tan sencillas de explicar. ¿Por qué, de entrada, alguien nos cae mal o bien? El instinto y la emoción influyen mucho. Basta ver cómo reaccionamos cuando un amigo simula aventarnos algo a la cara. Aunque sabemos que no lo va a hacer, por instinto (que es más rápido que la razón) cerramos los ojos. Del mismo modo sucede en nuestras relaciones. Por lo general, la razón no participa.

¿No entiendo por qué no fue a mí al que promovieron, si soy mejor? ¿Por qué no confiará en mí, si nunca le he mentido? ¿Qué pasa, por qué no puedo conseguir chamba? ¿Alguna vez te has preguntado esto? Te has cuestionado: ¿qué hice mal? o ¿qué es lo que hacen bien los otros?

La respuesta podría parecerte complicada, sin embargo es tan sencilla como el que a unos les salga muy bien la paella y a otros batida o desabrida. Es la mezcla de los ingredientes, ¿qué le pusiste? Condimentos, ¿a qué sabe? El tiempo, ¿cuánto está en cocción? y la intensidad de fuego: armoniosamente combinados logran el efecto.

Asimismo, tu puedes lograr o no una buena impresión. Por eso, es necesario entender cada uno de los elementos y su combinación.

A veces, equivocadamente, invertimos grandes cantidades de tiempo o dinero para vernos atractivos, exitosos y con clase, aunque en el camino tengamos que sacrificar otros valores para lograrlo. Sin embargo, no es suficiente. El valor de la belleza, la clase o el éxito es indirecto; valen como el reflejo mismo de otros valores más importantes, que tenemos que proyectar más allá de lo tangible o lo económico. Por ejemplo: ¿Cuánto vale un señor bañado en oro si es un déspota con la recepcionista que le pide una identificación para entrar al edificio? ¿De qué sirve vestirse con clase si no podemos decir "gracias" a la persona que trajo el café?

Las cuatro cualidades importantes

Son cuatro las cualidades más importantes que causan un impacto positivo:

- Confiabilidad
- Sensibilidad
- Sencillez
- Capacidad

Las debes transmitir con tu apariencia, lenguaje corporal, voz, estilo para comunicarte, palabras y acciones, así como en medio del ambiente que te rodea.

Confiabilidad. Implica ser abiertos y expresar nuestras emociones. Sin temor, todo nuestro yo debe emanar sinceridad, integridad y transparencia. Decir siempre aquello que en verdad creemos, no porque se considere socialmente aceptable o para evitar la confrontación, sino por absoluto convencimiento. Que tus actos siempre sean consistentes con tus valores. Asimismo, procura nunca exagerar cifras, datos o anécdotas sólo para impresionar, porque en el momento que alguien nota la exageración, adiós credibilidad.

Sensibilidad. Acuérdate que las personas estamos enfermas de importancia, así que nada nos halaga más que con tus actos y palabras nos hagas sentir importantes. Esto lo podemos hacer de muchas maneras: hacer sentir bienvenido al otro, escucharlo con atención, no interrumpirlo mientras habla, mostrar paciencia, decir las cosas con tacto, mostrar prudencia. Esto siempre te abrirá las puertas en cualquier lado.

Sencillez. ¡Qué bien nos cae una persona sencilla! Sólo que esta cualidad no se puede revelar directamente. Desaparece en el momento en que alguien trata de lucirla. Ser sencillos es aceptar ese lugar en la balanza donde sabemos quiénes somos y quiénes no somos. No podemos estar seguros de ser sencillos, sólo podemos probar que no lo somos a través de sus opuestos: si somos arrogantes, orgullosos, pretenciosos o vanidosos: ¿A quién le vamos a caer bien?

Capacidad. Prepárate. Prepárate siempre. Lee, infórmate, abre tu mente al cambio, a la novedad. Con tu actitud, presencia, vocabulario y conocimientos debes mostrar que eres inteligente, competente, confiado y profesional. Los títulos académicos o profesionales no garantizan que lo seas. El sentido común, las habilidades y el buen juicio sí.

Recuerda que todo encuentro cotidiano con cada persona causa una impresión. Y una vez instalada, esa impresión es difícil de borrar. ¿Quiénes somos, qué pensamos, qué tan inteligentes o confiables parecemos?

Por lo general, las conclusiones que hacemos no se basan en la razón, sino en cientos de asociaciones mentales de experiencias, prejuicios y estereotipos que yacen en nuestro subconsciente. Cuando los identificamos en alguien, llegan al intelecto y a la emoción cual mensaje en taquigrafía.

Como toda buena receta, la clave para causar una buena impresión está en los ingredientes, en los condimentos y en saberlos combinar armoniosamente. Si logras transmitir las cuatro cualidades más importantes, a partir de quién eres y de cómo te presentas, habrás ganado una poderosa herramienta en tu vida.

Los mensajes silenciosos: ¿Qué dicen?

Entras a un salón lleno de gente. Te detienes en la puerta para buscar alguna cara conocida. Con alivio localizas una, con la cual intercambias miradas. Te encaminas hacia ella. Al llegar, te detienes y saludas. Platicas por un rato. Después, te despides de la persona para acercarte a alguien más.

Durante estos breves minutos intercambiaste cientos de mensajes. Mensajes que se componen de silenciosas sutilezas más allá de lo que verbalmente se expresa. Esta información la recibes y la transmites en un nivel inconsciente y, sin saber por qué, tiene una gran influencia en cómo pensamos y sentimos.

Cualquier tipo de encuentro, por breve que sea, se puede dividir en seis etapas. Conviene conocerlas y estar consciente de ellas, ya que nos ayudan a mejorar nuestra comunicación, a sentirnos más seguros e impresionar más.

Las seis etapas de un encuentro

1. El inicio. Es el primer contacto con el otro. El cuerpo entero se involucra. Sin embargo, el foco principal será la cara, especialmente los ojos y la boca. Después del contacto visual, si la persona nos agrada, en microsegundos enviamos en forma inconsciente la primera señal de aceptación. Todas las culturas en el mundo, incluso varias especies de simios, lo hacen. Se llama "el saludo de ceja". Las dos personas que se encuentran subirán y bajarán las cejas en fracciones de segundo. Ésta es la señal con la que calladamente decimos: "Me da gusto verte, te aprecio", o "me caes bien". En caso de estar molestos con la otra persona, mantendremos fija la mirada o la esquivaremos, y las cejas se quedarán fijas, sin expresión. En cuanto a las sonrisas, que son el otro factor importante, los científicos han identificado 19 variantes, cada una con un mensaje específico y diferente.

2. *La postura*. Caminamos hacia una persona y de pronto nos paramos frente a ella. Escogemos una distancia y una posición corporal. La razón por la que hacemos esto se basa en seis factores: qué tan bien conocemos a la persona; nuestra personalidad (introvertida o extrovertida); la nacionalidad (por ejemplo, los latinos nos acercamos más que los anglosajones); la edad (los menores de 30 años suelen acercarse más que los mayores); la naturaleza del encuentro (¿es de negocios o de amistad?); si la persona vive en la ciudad o en el campo (las personas del campo por naturaleza tienen un espacio vital mayor).

¿La posición es frente a frente, un poco de lado u hombro con hombro? Estos detalles comunican diferentes sentimientos e intenciones hacia la persona.

3. *El contacto*. ¿Cómo nos nace saludar a la persona? ¿Con un abrazo? ¿Con un saludo de mano? ¿Con un beso? Esto marca el tapete sobre el cual se dará la relación y se acentúa de acuerdo con las posturas de los cuerpos, las expresiones faciales, el grado de tensión muscular y la dirección de las miradas. De acuerdo con varios estudios, el mensaje también puede cambiar por completo si las miradas tardan un segundo más o menos de contacto. La información que nos da el saludo de mano también es crucial. En esto influyen seis características: la apariencia de

la mano (largo y forma de palmas, dedos y uñas, así como el estado de limpieza en que se encuentre); la textura de la mano (¿es suave y delicada o áspera y callosa?); el grado de humedad o sequedad; el tono muscular, que va desde el más flojo hasta el demasiado fuerte y firme; el tiempo en que las manos permanecen entrelazadas (en promedio, un saludo normal dura seis segundos, y si este tiempo aumenta o disminuye, el significado se transforma dramáticamente) y el estilo del saludo, sea cooperador, dominante o sumiso. Dice Emanuel Kant: "La mano es la parte visible del cerebro." Es cierto.

4. *La plática*. Las señales no verbales que enviamos en esta etapa refuerzan, amplifican o contradicen lo dicho verbalmente. Esto lo hacemos con el tono de voz, el brillo de los ojos, los gestos y movimientos del cuerpo, especialmente las manos. Cuando éstos son congruentes con lo dicho, el mensaje cobra peso; si se contradicen, crea confusión e incomodidad.

5. *La despedida*. Llega un punto en la conversación en el que una o ambas partes deciden que el encuentro debe terminar. Va acompañado por lo general de una honda respiración y expresamos palabras como: "bueno...", o bien "oye, ¡qué gusto me ha dado verte!"

Alrededor de minuto y medio antes de expresarlo verbalmente, nuestro cuerpo ya envió señales de deseo de separación. Con frecuencia lo hacemos con los ojos, al mirar hacia la puerta o hacia el punto al que nos queremos dirigir. A veces incluso empezamos a girar el cuerpo y las piernas con dirección a la puerta.

6. *La separación*. Podemos pensar que en este punto ya no se puede modificar la impresión que causamos. Sin embargo, es tan importante como las cinco etapas anteriores. La peor forma de separarnos es hacerlo poco a poco y

sin fin. Nos vamos, regresamos, decimos adiós 100 veces y volvemos a regresar para decir una última palabra.

Si estamos en nuestro territorio, el hecho de acompañar a alguien a la puerta, al coche o al elevador hace sentir especial a esa persona y concluye positivamente el encuentro. No hacerlo, por el contrario, puede derrumbar lo antes construido.

Como vemos, el lenguaje no verbal es similar al hablado. Tiene su propio ritmo, vocabulario y gramática. Basado en sutilezas, nos comunica todo un mundo inconsciente de sensaciones, emociones y pensamientos que afectan, para bien o para mal, nuestra relación. Démosle importancia.

> *La personalidad del hombre determina por anticipado la medida de su posible fortuna.*
>
> ARTHUR SCHOPENHAUER

MÁS ALLÁ DE LAS PRIMERAS IMPRESIONES

Una vez que pasan los primeros minutos de encuentro, ¿qué es lo que en verdad pasa por nuestra mente cuando conocemos a alguien? ¿Qué notamos? ¿En qué pensamos?

Hemos venido hablando en el libro *Todo sobre la imagen* del éxito acerca de la primera impresión desde un punto de vista físico y de lo que proyectamos con nuestra apariencia que, por supuesto, es importante. Sin embargo, en un primer encuentro hay algo que es aun más valioso y es la primera impresión psicológica que causamos y que se hace evidente con nuestro lenguaje corporal; cómo interactuamos con los demás pero, sobre todo, cómo los hacemos sentir. Esto es lo que realza o resta valor a nuestra apariencia física.

Es un hecho que a la mayoría nos provoca ansiedad conocer a nuevas personas, porque a todos nos preocupa caer bien y ser aceptados pero, con frecuencia, estamos tan absortos en nosotros mismos, tan preocupados por causar una buena primera impresión, que nos equivocamos.

¿Te ha pasado? Platicas con alguien y escuchas con atención todos sus proyectos, ideas y viajes mientras le haces comentarios de admiración, pero él nunca parece interesarse en ti o en lo que tú haces. Con seguridad, esa persona se va a ir encantada, con la idea de que se la pasó fenomenal, pero... y tú, ¿cómo te sentiste? Dime, ¿fue importante la forma en que estaban conversando tú y la otra persona? Quizá… pero lo que va a permanecer en ti es que no logró interesarse en tus cosas, ¿no es cierto? Y, si vuelven a verse, vas a actuar según el recuerdo que conservas de ese primer encuentro.

Una primera impresión puede ser muy corta y no siempre refleja quiénes somos. Es como ser una pequeña pieza de un rompecabezas y asumir que así es todo. Además, es fácil que nuestra manera de ser se malinterprete; por ejemplo, si eres una persona tímida puedes parecer creída; si hablas mucho puedes dar la impresión de ser protagónica.

Las investigaciones muestran que, en principio, le damos más valor a la información que recibimos de la persona que acabamos de conocer que a otros aspectos que más tarde evaluamos. Si en un primer encuentro somos cálidos y mostramos interés por la persona, se llevará la impresión de que así somos y, quizá, más tarde no observe, o no le importe, si somos distraídos o hablamos sin parar.

¿Cómo nos perciben los demás?

Todo primer encuentro, aun una conversación casual con un extraño, en la calle o en una fiesta, tiene un efecto.

Tal vez tengas la fortuna de conocer a alguien encantador, que siempre tiene una palabra amable, que cuando lo ves te hace sentir bien, valorado y respetado. ¿Cómo te cae? Y también es probable que conozcas a alguien que te hace sentir mal, te desalienta o menosprecia. ¿Cómo te cae? Bueno pues te invito a hacerte una pregunta: ¿Cómo se sienten los demás cuando están contigo por primera vez? ¿Lo has pensado? Es muy importante porque, como si fuera un espejo, lo que digas y hagas tendrá un efecto en cómo los demás se sienten consigo mismos y eso afectará la idea que se formen de ti, en ese momento y para siempre.

44

¿Cómo afecta emocionalmente un encuentro?

1. Cómo me siento conmigo mismo. Al platicar con alguien, en una reunión o en una junta: ¿cómo me siento? ¿Estoy a gusto, animado, aburrido, nervioso o intimidado? ¿Me duele la cabeza? Esto va a afectar cómo interactúo con los demás y con quién decida estar.

2. Cómo me siento con la otra persona. Una vez que estoy a gusto y relajado, vuelvo mi atención hacia cómo me siento con el otro. Lo voy a evaluar con base en cómo es conmigo, en lo que hace y dice y en cómo responde a lo que hago y digo. Rápidamente sacaré conclusiones acerca de su personalidad, de si me cae bien y demás.

3. Cómo se siente la otra persona conmigo. Causar una buena impresión significa hacer sentir bien al otro. No hay más. Si soy generoso y dejo a un lado mis intereses para poner atención en los intereses del otro, con seguridad se va a sentir muy bien y ésa será la impresión que va a tener de mí.

4. Cómo se siente la otra persona consigo misma. Este punto es el que descuidamos más y aquí está el secreto para causar una buena primera impresión. En la incomodidad del primer encuentro quizá no nos demos cuenta de lo que podemos afectar cómo se sienten los demás, especialmente acerca de ellos mismos. Sabemos que podemos entretenerlos o aburrirlos pero, ¿los hacemos sentir orgullosos, inteligentes o agradables?

Atender este punto, en realidad, es una forma de generosidad social. Es anteponer las necesidades del otro a mis propias necesidades. Pensarás: "Pero si pongo toda mi energía en hacer sentir bien al otro, ¿en dónde quedo yo? ¿A qué hora platico de mí, de mis gustos, de mis intereses?"

Paradójicamente, la ruta más corta para obtener lo que deseamos es cuando primero nos damos a los demás. Así, como un boomerang, entre más nos interesemos, escuchemos y nos conectemos con el otro, recibiremos lo mismo de regreso. De esta manera, además de causar una muy buena impresión, obtenemos el beneficio implícito de sentirnos muy bien con nosotros mismos. Vale la pena, ¿no crees?

¡Traje bocadillos!

¿Hasta cuándo me van a escuchar?

El poder de la empatía

"¡Qué bien me cayó Susana!"
"¡Me encanta platicar con Paola!" "¡Qué a gusto me hace sentir Pepe!" Cuando conocemos a personas que nos gustan es porque encontramos en ellas cierta similitud con nosotros. Nos sentimos a gusto cuando estamos con personas que son como nosotros, que piensan como nosotros, que actúan como nosotros, etcétera.

¿Podríamos los seres humanos sobrevivir sin empatía? Ese regalo maravilloso que la naturaleza nos da para asegurar la prolongación de la especie. Sin este don, nos quedaríamos estancados en los límites de nuestros propios miedos, atrapados por el pasado, sin poder salir. Sin empatía, ignoraríamos al otro, no podríamos entendernos ni sentir su apoyo, su ternura y afecto. Viviríamos en absoluta soledad, como si cada uno de nosotros fuera una isla sin puentes para comunicarse.

Me la imagino como si fuera un río de suave corriente que me inclina a descubrir mundos y territorios que antes desconocía. Sentir la empatía de otros es lo que nos lleva de la desesperación a la esperanza, del resentimiento al perdón, del miedo a nuestras debilidades a la fe en nuestro potencial.

Es esa capacidad de "leer" y sentir las emociones y los pensamientos de otros, cualidad no sólo de los seres humanos: los animales también son capaces de sentirla. Si tienes un perro en tu casa, te habrás dado cuenta cómo de inmediato percibe si estás triste, enojado o muy contento.

En un zoológico del estado de Washington, a un cuidador le tocó presenciar cómo se estrellaba un pajarito recién nacido en la jaula de los chimpancés. Uno de ellos lo tomó con cuidado y en lugar de comérselo, como lo esperaba el cuidador, hizo una cuna con su mano y lo observó con aparente fascinación. Los otros chimpancés lo rodearon y se lo pasaron de mano en mano con todo cuidado. El último de ellos volteó hacia el sorprendido cuidador para entregárselo.

Como a los chimpancés, nada nos toca más las fibras del corazón que presenciar la pena que otros pasan. Podemos ver a diario a cientos de personas sin percatarnos de ellas. Basta que notemos a un amigo o a un extraño sufrir visiblemente y de inmediato sentimos deseos de ayudar.

Desde que nacemos, somos capaces de demostrar emociones. Los recién nacidos suelen llorar cuando escuchan a otro bebé que lo hace. Sin saber cómo, o por qué, comparten sus sentimientos. Un bebé de dos meses llorará al ver las lágrimas de una persona. Un bebé de 10 semanas responderá a la alegría o tristeza de su mamá. Uno de cuatro meses reirá al ver caras sonrientes.

La empatía, ¿se aprende?

Espejeamos lo que vemos en la vida. Nuestra empatía se expande o se contrae dependiendo de los estímulos que hayamos recibido. Si de pequeños no recibimos muestras de ella, como por ejemplo: al hablar nos ignoraban, al reír nadie se unía a nuestra risa, si al llorar nos hacían sentir que era una muestra de debilidad o que las lágrimas eran inapropiadas, empezamos a reprimir nuestras emociones.

Cuando el educador es una persona deprimida, resentida con la vida enojada, le presenta al niño un espejo con una realidad distorsionada.

El niño, verse en el espejo confuso de pensamientos y sentimientos del mayor, adquiere una imagen irreal y diferente de sí mismo. No tiene manera de saber que la imagen está torcida y llega a creer que ese reflejo es real. Por lo tanto, construye su autoimagen en las fisuras que ve en el espejo.

Si por el contrario, cuando está triste o abatido los papás o maestros le muestran amor, atención y cuidado, él se sentirá aceptado y gradualmente irá aumentando la confianza en sí mismo y la apertura para mostrar sus emociones. Cuando el espejo es claro y limpio, el niño se ve tal como es. Qué afortunados son los niños que en sus maestros y papás encuentran apoyo y comprensión.

La empatía por nosotros mismos crece a pasos agigantados conforme reflejamos en nuestro interior aquello que el mundo exterior nos ha revelado como valioso. Conforme maduramos y la razón va teniendo control sobre la emoción, empezamos a orientarnos hacia el crecimiento y descubrimiento personal. De pronto sentimos la necesidad de regresarle al mundo lo que nos ha dado, reflejando al mundo esa confianza, fe y amor que hemos recibido.

Si nos sentimos amados y comprendidos encontraremos más fácil ayudar a otros cuando están experimentando pena o sufrimiento. Así que podemos concluir que la empatía es un don natural; sin embargo, el ejemplo de lo que vivimos la puede fortalecer o debilitar al grado de hacer que desaparezca

Empatía... el silencioso compañerismo de los cuerpos

La empatía se desarrolla desde el nacimiento. Fíjate cómo cuando un bebé observa que su mamá llora, él llora también. Es la capacidad que tiene nuestro cuerpo de mimetizar físicamente los sentimientos de los demás.

¿Has visto jugar a los niños? Todo lo que hacen es espejearse uno al otro. Es muy gracioso observarlos. Ahora que tengo un nieto de año y medio, cuando se junta con sus primitos un poco más grandes para sentirse incorporado al grupo, lo que hace es imitar los gestos, risas, palabras y todo lo que hacen los más grandes.

Cuando somos niños, o adolescentes, y observamos mucho a alguna persona o artista, llegamos a hablar, movernos y bailar como ellos, etcétera... ¿Cuántos Luis Migueles vemos bailando en las fiestas? A veces dos amigas lo son tanto que hasta llegan a parecerse físicamente. Incluso esto sucede entre hijos adoptivos y sus papás.

Por ejemplo, ¿te ha pasado que al estar platicando con alguien y esa persona empieza a hacer los mismos gestos que tú, y en ocasiones terminan diciendo las mismas palabras al mismo tiempo?

Inconscientemente, estamos ofreciendo una imagen visible de ellos mismos. Lo increíble es que entre más espejeamos a la persona más empatía construimos. Es un mensaje que mandamos en una forma inconsciente y que es recibido de la misma manera.

Cuando en una boda bailamos alguna de esas canciones en las que todos o la mayoría intentamos seguir una misma rutina, ¿has notado cómo te sueltas más cuando sientes que estás haciendo el ridículo compartido? Al bailar igual, nos sentimos conectados de alguna forma con el otro.

Cuando vemos a dos adolescentes platicando en la cama con las piernas cruzadas y una le dice a la otra: "¡Te tengo que contar!" ¿Cómo crees que la otra se acomode, igual, o se quedará parada y le dirá: "Cuéntame"?

Lo que están haciendo es simplemente espejearse... Esto lo hacemos automáticamente con un amigo o una amiga con quien ya tenemos una conexión profunda.

Nosotros podemos provocar que la empatía empiece a tejerse, por ejemplo, cuando deseas que tu amiga, compañero o hijo adolescente se abra para contarte lo que le aqueja.

Espejea su postura, sigue sus movimientos al observar su cuerpo; cómo se sienta, qué gestos hace, cómo mueve las manos. Sólo ten cuidado de que no se vea como una burda imitación. El espejeo es refinado, es inteligente. Lo puedes hacer también en una forma cruzada: por ejemplo, si él recarga el codo derecho sobre la mesa, tú recargas el izquierdo, o si él cruza la pierna derecha tú cruzas la izquierda, etcétera. Si la otra se arregla el reloj, tú puedes arreglarte el anillo, si el otro se arregla la corbata, tú puedes arreglarte el cuello, etcétera.

Lo increíble de esto es que al cabo de un rato de espejear al otro de manera consciente la persona va a empezar a seguir tus movimientos de manera inconsciente.

Espejear la voz

La voz es otro medio por el cual puedes lograr que la persona de inmediato se sienta comprendida o identificada contigo.

Recuerdo una vez en que Rodrigo, mi sobrino de 17 años, estaba muy grave en el hospital por una peritonitis. Un día me tocó hacer guardia en el cuarto de terapia intensiva mientras mi cuñada descansaba un poco.

Rodrigo, lleno de tubos por todos lados, apenas podía hablar. Su tono de voz era muy bajo, y su forma de hablar, por la debilidad, muy lenta.

Estás de acuerdo en que, cuando un enfermo está grave, inconscientemente hablas quedito y despacio para evitar molestarlo, para que entienda lo que dices y para empatar con él.

Bueno, pues el cuarto estaba en absoluto silencio, cuando de pronto se abrió la puerta de golpe y la enfermera en turno entró como si estuviera dándole clases a un grupo de 30 niños de primaria en el zócalo:

"Buenas tardes, ¿cómo está el paciente?" Sin el menor tacto, la enfermera le hizo una serie de preguntas rutinarias. Una vez que descargó su tarea, dio media vuelta y se fue, cerrando la puerta otra vez de manera brusca.

Me quedé pensando en cómo podemos perder sensibilidad al hacer rutinariamente nuestro trabajo.

Si esa enfermera en verdad tuviera un poco de sensibilidad y conociera algo sobre la empatía, ¡su comportamiento hubiera sido otro! De modo más dulce y con un tono de voz más suave, simplemente hubiera logrado que Rodrigo se sintiera comprendido y en algo hubiera colaborado a que se sintiera mejor.

La velocidad es importante

En situaciones normales, por lo general hablamos a la misma velocidad que nos gusta escuchar. Si acostumbras hablar muy rápido y te quieres comunicar con alguien que le gusta hablar lento, tendrás que esforzarte en bajar tu ritmo y armarte de paciencia para escucharlo. Si tu pareja te invita a cenar a un lugar romántico y a la luz de las velas te murmura al oído algo tierno, tú no le contestas a voz en cuello, ¿verdad? Instintivamente lo imitas. Si tu hijo te llega todo emocionado, y te dice: "¿Qué crees! ¡Ganamos en el partido de fútbol!" y tú le contestas en un tono monótono y distraído: "Ah, que bueno hijito..." te puedo asegurar que sentirá que no lo entiendes. O si tu amiga llega y te dice: "Fíjate que... me cortó mi novio..." Y tú a la velocidad de una impresora le contestas: "¡Ay, ni te preocupes, ¡total, niños hay muchos!", te puedo asegurar que no se sentirá muy comprendida.

Recordemos lo importante que es la empatía en nuestras vidas, tanto darla como sentirla. La empatía puede marcar de por vida a los niños y a los adultos. Simplemente, nos puede transformar. Al sentir la empatía de otros podemos no sólo aliviarnos más rápido y vencer nuestros miedos, sino aceptarnos mejor y volver a nacer.

> *La imitación es innata en nosotros, mas no es sencillo reconocer lo que debemos imitar.*
>
> JOHANN WOLFGANG VON GOETHE

Las cinco fases del cortejo

Qué divertido es observar las sutiles maneras que los seres humanos tenemos para atraer al sexo opuesto, ¿te has fijado?

Una sonrisa, la cabeza ladeada y la mano que sube a peinarse el pelo para después bajar la mirada, son algunos gestos que universalmente hace una mujer durante el coqueteo.

Debajo de los muchos misterios del enamoramiento, se encuentran principios básicos de biología y genética. La naturaleza inicia con una chispa la cascada de sucesos que llevan al amor. ¿El fin? La reproducción de la especie.

El cortejo es una serie de permisos interminables que nos pedimos para llegar a la culminación del amor. Mostramos un poco de interés, la otra o el otro no lo rechaza y volvemos con una señal más fuerte para ver qué pasa. Las señales son infinitas, complejas y muy divertidas.

Después de cientos de horas de observación, los antropólogos David Givens y Timothy Perder llegaron a la conclusión de que son cinco las etapas del galanteo:

La primera fase consiste en *captar la atención*. Hombres y mujeres lo hacen de diferente manera. Primero cada uno establece un territorio. Si se trata de un bar, puede ser una silla, un lugar para recargarse o un lugar estratégico, y comienza el juego.

Las tácticas varían. Los hombres se estiran y se paran derechos, con los hombros hacia atrás y con un balanceo cambian el peso de un pie a otro. Exageran los movimientos corporales. En lugar de mover la muñeca para agitar la bebida, usan todo el brazo como si estuvieran batiendo lodo. Al prender un cigarro, lo hacen con un movimiento elaborado que termina con una fuerte sacudida del brazo para apagar el cerillo.

Si el lugar es oscuro, sostienen el cerillo encendido cerca de la cara por más tiempo del necesario para alumbrarse. Al reírse, lo hacen con todo el cuerpo, y tan fuerte, como para atraer una multitud.

Las mujeres usamos muchas de estas mismas tácticas, además de algunos gestos muy femeninos como caminar con un acentuado movimiento de cadera, levantar la ceja, torcernos el pelo, ruborizarnos, mirar tímidamente y esconder la cara entre risitas. Todo esto para indicar: aquí estoy.

La segunda fase es *"el reconocimiento"*. Las miradas se encuentran. El contacto visual tiene un efecto inmediato; no se puede ignorar unos ojos que nos miran. Cuando somos observadas podemos responder de dos maneras: son-

reír e iniciar una conversación o desviar la mirada. Para aliviar la tensión de sentirnos observadas, con frecuencia hacemos un "gesto de desplazamiento", como jugar con los lentes, ajustarnos el suéter, tocarnos la oreja, etcétera.

Si la persona decide acceder, girará su cuerpo hacia el otro y acortará la distancia. Éste puede ser el comienzo del romance.

El punto de más riesgo es la fase tres, "*hablar*". Ésto comienza con frases de poco significado. Desmond Morris lo llama "plática preparatoria". Decimos cosas como "Me gusta tu reloj" o "¿Cómo está la comida?" Con frecuencia hacemos una pregunta o un halago que requiere respuesta. Esta plática se diferencia de las otras porque la voz la hacemos más suave, en tono más alto y canturreando.

En esta fase se usan tonos como los que empleamos para hablarle con afecto a un niño. Lo que decimos es menos importante que cómo lo decimos. El momento en que abrimos la boca para hablar es crítico. La voz es como una segunda firma que revela no sólo nuestra intención, sino también nuestros antecedentes, educación e idiosincrasia, inseparables del carácter, que pueden atraer o repeler de inmediato al prospecto.

Givens y Perder atestiguaron cómo muchas conquistas se desvanecían en cuanto la conversación se iniciaba. Sin embargo, si la pareja supera esta etapa, y cada uno escucha activamente al otro, por lo general pasan a la cuarta fase:

Tocar. Comienza con lo que se conoce como: "claves de intención"; es decir, la persona se inclina hacia el frente y acerca su brazo o su piel a la del otro. Hay movimientos de acercamiento muy calculados que aparentan ser casuales. Llega el momento electrizante: el del contacto físico. Por insignificante que éste sea, es de suma importancia. La piel es como un campo de pasto, en el que cada espadita es una terminación nerviosa capaz de grabar la experiencia en la memoria.

Al contacto, el mensaje se recibe de inmediato. Correspondemos con una sonrisa, una inclinación hacia adelante o una caricia y usualmente llegamos a la última etapa del cortejo:

La *sincronía total del cuerpo.* Es la fase más intrigante. Conforme nos sentimos más a gusto con la pareja, ambos giramos los cuerpos de manera que los hombros se alinean y quedamos frente a frente. Esta rotación puede darse antes o durante la conversación. Después de un rato, hombre y mujer comenzamos a movernos como si fuéramos uno. Si uno toma de la copa, el otro también lo hace. Si uno cruza la pierna, el otro hace lo mismo. Si se inclina a la derecha, el otro hará igual. Nos movemos en un ritmo perfecto, mientras nos miramos uno al otro.

Aunque el verdadero amor es profundo y complejo, esta danza del cortejo está motivada por el instinto de la reproducción humana. Debe tener su ritmo, su cadencia y su tiempo. Si se intenta de una manera abrupta, encontrará con el rechazo seguro. El cortejo es una fase muy importante en la que se establece la futura relación de la pareja.

No olvidemos que el amor es el deseo irresistible de sentirse irresistiblemente deseado.

LOUIS GINSBERG

EL JUEGO DEL CARISMA

¿Qué tienen en común Catherine Zeta-Jones, Salma Hayek, Nicolas Cage, Paul Newman, Nicole Kidman, Jack Nicholson, Meryl Streep, Michael Caine y Renée Zellweger?

Ellos son guapos, no tan guapos, jóvenes, no tan jóvenes, talentosos y no tanto. ¿Por qué nos atraen? ¿Por qué al ver su nombre en la cartelera deseamos ver la película? Estemos o no de acuerdo con su actuación o su talento, podemos reconocer que todos proyectan un enorme carisma. Pero, ¿qué es el carisma? ¿De qué se compone? ¿De dónde viene? ¿Los "simples mortales" podemos adquirirlo?

Carisma, palabra de origen griego, deriva de la palabra kharis, que significa gracia o regalo divino. Después, la Iglesia católica tomó el término para describir las dádivas que se recibían de Dios, como: sabiduría, don de la profecía o capacidad de sanar.

A principios del siglo XX, Max Weber, sociólogo alemán, retoma la palabra *carisma* para describir a figuras excepcionales que revolucionaron la política a través de una fuerte personalidad. Afirma que quienes tienen carisma poseen un "regalo que los distingue de los hombres ordinarios".

Posteriormente, otros científicos sociales estudiaron este don con el propósito de encontrar los ingredientes que forman una personalidad carismática. Cuando se encontraron en un callejón sin salida, la teoría dio un giro.

En lugar de atribuírselo a características de personalidad, los sociólogos afirman que el *comportamiento* es la fuente del carisma.

El poder del carisma

El diccionario lo define como una *cualidad especial de liderazgo que inspira y atrae*. Albert Camus lo describe como la capacidad de conseguir un sí, sin haberlo solicitado.

Lo cierto es que el carisma es una cualidad que tienen algunas personas para atraer a otras de forma irresistible; es una presencia que nos estimula, es como si la persona tuviera dentro de sí una lámpara que, al irradiar, nos ilumina y nos seduce. Las personas carismáticas provocan que nos enamoremos de ellas y las sigamos. Poseen una seguridad poco común, además de serenidad, magnetismo y audacia. Por todo esto, sobresalen entre la mayoría de los mortales.

Un buen ejemplo son los actores y actrices que aprenden a intensificar su carisma mediante una presencia que impresiona, una mirada penetrante, una gran elocuencia y un dominio del escenario. Por lo general, su actitud es animada y llena de energía. Su rostro siempre está alerta, como el de un enamorado, y eso los hace parecer encantadores.

Sus secretos

• Los ojos son cruciales en la seducción. Tienen un brillo que revela emoción, intensidad, pasión y hasta lejanía, pero nunca miedo, duda o nerviosismo. La clave está en el control de sí mismos.

• El carisma es misterioso, inexplicable y nunca es obvio. Es un enigma que se expresa en la contradicción. La mayoría de las personas somos predecibles; las estrellas, por ejemplo, son contradictorias; pueden ser al mismo tiempo estrafalarios o conservadores, amables o fríos, santos o diablos; lo que provoca que la gente hable de ellos. Son poco convencionales, exhiben un aire de riesgo y aventura que atrae a los aburridos. Como parte de su estrategia, mantienen la distancia, son artificiales, difusos y etéreos para estimular la imaginación del espectador y evitar que los adivinemos. ¿Qué hay más allá? ¿Cómo serán sus vidas? ¿Qué pensarán? Esta cualidad, como de sueño, trabaja en nuestra fantasía. Sus gestos, su voz hipnótica, sus palabras, su peinado, su manera de ser y vestir evocan tanto lo real como lo irreal; así, nos enganchamos y, casi sin darnos cuenta, empezamos a imitarlos.

• Como las estrellas son inalcanzables, es fácil que nos obsesionemos con ellas; a veces cazan nuestros pensamientos, nuestros sueños y nuestras ilusiones. Podemos pasar media vida enamorados de Al Pacino, Jodie Foster, Anthony Hopkins o Demi Moore, aunque sabemos que no están al alcance de nuestra mano. Muchos de ellos son un mito en nuestras vidas

• En contra de lo que pudiera creerse, el carisma tiene poco que ver con tener un cuerpazo o una cara perfecta: éstas son cualidades que provocan interés a corto plazo. Vestirse estrambóticamente o llevar un escote pronunciado tampoco tiene nada que ver con el carisma, ya que sólo atrae una atención equívoca

• Quienes son carismáticos se muestran vulnerables, proyectan cierta necesidad de afecto y amor. Están abiertos a su público y, de hecho, se nutren de su energía. Por ejemplo, Marylin Monroe, frente a una cámara, se transformaba; de inmediato comenzaba a hablar como niña y a coquetear con el público, lo cual era parte de su hechizo. Nada es más seductor para un auditorio que sentirse deseado

¿Por qué los artistas y las celebridades nos atraen?

El cine es magia y la vida cotidiana es dura. Por eso, cuando vemos una película en la oscuridad, en ese estado somnoliento donde lo que vemos son personajes, fotografías, escenas, proyecciones y luces parpadeantes, sabemos que no son reales; sin embargo, buscamos fantasías y llenamos nuestra mente con estas imágenes, sueños y salidas que la pantalla nos ofrece y como las estrellas absorben algunas características de los papeles que representan, se convierten en los héroes o heroínas de nuestras vidas.

Quizá una de las razones sea ésta que nos da el escritor árabe Ibn Hazm, en *El anillo de la paloma*: "Cuando los ojos encuentran un objeto claro y bien pulido, como el agua, un cristal, el acero bruñido o una piedra preciosa con lustre, destellos y brillo... esos rayos se reflejan de regreso en el ojo del observador y entonces se contempla a sí mismo y obtiene una visión ocular de su propia persona." Es decir, como en un espejo, queremos ver a los artistas, a las princesas o a las celebridades, para identificarnos con sus figuras y que nos regresen una mejor imagen de nosotros mismos. Alimentamos nuestra mente con su imagen inalcanzable, de modo aspiracional. Y sin ver lo que hay detrás del espejo, se convierten en un sueño. Y lo que más nos obsesiona de los sueños es que son una mezcla de lo real y lo irreal. Si todo en los sueños fuera real, no nos seduciría. Si todo fuera irreal, nos involucraríamos menos. Es la fusión de realidad e irrealidad lo que nos embruja. Es lo que Freud llamaría lo *asombroso*: Algo que, simultáneamente, nos parece extraño y familiar.

En el libro *The Art of Seduction*, de Robert Green, encuentro otra respuesta probable: desde niños, dentro de cada uno de nosotros, llevamos un ideal de lo que quisiéramos llegar a ser. Algo que, en su momento, nos falta. Si somos miedosos, nos atraen los valientes. Si vivimos en la rutina, nos atraen la aventura y el peligro. Quizá nuestro ideal es más elevado, queremos ser más creativos, nobles y buenos de lo que somos, o deseamos personificar al guerrero... tal vez a la princesa.

Nuestro ideal puede esconderse entre algunas decepciones; sin embargo, permanece latente en espera de ser despertado. Si otra persona parece tener la cualidad ideal, nos seduce. Cuando estamos en sintonía con lo que carecemos, con la fantasía que nos mueve y encontramos a alguien que refleja el ideal, nosotros nos encargamos del resto. Somos capaces de proyectar, en quien nos seduce, nuestros anhelos y deseos más profundos. Jung podría describir esto como los arquetipos que traemos en el inconsciente colectivo, aquellos personajes que permanecen como modelos a seguir, como el sabio, la guerrera, el guerrero o la madre.

La seducción colectiva que producen las estrellas o las celebridades, a través de las pantallas, quizá se deba a que, hoy en día, son nuestro único mito. Vivimos en una época que parece incapacitada de generar grandes mitos o figuras que nos seduzcan, por eso buscamos estrellas.

Las estrellas crean ilusiones placenteras. Muchos de nosotros buscamos escaparnos constantemente con fantasías y sueños y las estrellas se alimentan de esta debilidad. Dice Bernard Shaw que los salvajes adoran ídolos de piedra y madera; los hombres civilizados ídolos de carne y hueso.

El político y el carisma

Lo cierto es que este magnetismo mágico y misterioso siempre ha intrigado al hombre. Es una habilidad sin duda importante para destacar en cualquier campo, pero ninguno tan de vital importancia como, por ejemplo, el político, sobre todo en tiempos de elecciones. Podemos estar o no de acuerdo con las propuestas, la trayectoria, las habilidades que cada uno posea o carezca, sin embargo la mayoría coincidimos en cuánto se cuestiona quién tiene o no carisma.

El falso carisma

El ser carismático es un elemento indispensable en cualquier persona que aspira a ser un líder. Para el político es esencial, ya que podría ser muy inteligente o muy hábil, pero sin ese don es difícil que convenza.

Hay un tipo de carisma falso, no lo confundamos. Es el que da el sólo hecho de salir en televisión. Por ejemplo, el que un político sea famoso y lo veamos en todos lados, le da ya un cierto carisma automático. Cuando vemos a uno de ellos en persona, nos impresiona ver que es tan humano, tan normal como cualquiera.

Asimismo, el poder es capaz de dar al más común de los mortales un aura de carisma. Así que no confundamos.

El momento en que una persona obtiene un puesto de poder o se coloca la banda presidencial sobre el pecho, de inmediato irradia grandeza e importancia. Una vez que sale de su puesto y se convierte en un ciudadano más, pareciera que se hace chiquito otra vez. Cabe aclarar que no es el tipo de carisma que ha mantenido vivos a lo largo de la historia a personajes como Ghandi, Roosvelt, Churchill, Charles de Gaulle, Kennedy o López Mateos.

Todos conocemos personas que sin ser famosas entran a un lugar y de inmediato éste se llena con su presencia. Despiertan en nosotros algo: interés, simpatía, ganas de conocerlas, calidez. Tienen la habilidad de hacer sentir cómodos e importantes a los demás. Una mirada, un toque en la mano y ya se conectaron. Imposible dejar de agradar.

Como vimos, hay artistas y políticos que lo tienen en forma natural. Hay quienes se esfuerzan por alcanzarlo. Otros lo proyectan en persona, mas no en la televisión. Éstos, cuando se enfrentan a la nación, se transforman por completo. Se vuelven tiesos, serios y sólo se preocupan por agradar. Tratan de adaptarse a la televisión en lugar de permitir que el medio se adapte a ellos, lo cual hace una gran diferencia.

Esto me recuerda algo que una vez leí de Zig Ziglar, en donde definía a los ganadores como el termostato de un cuarto. Marcan la atmósfera, no reaccionan a ella. Por el contrario, decía que los perdedores son como termómetros, suben y bajan de acuerdo con las condiciones que creen que hay más allá de su influencia.

¿Cómo podemos desarrollarlo?

Para poder descifrar qué es el carisma, creo que es más fácil describir primero lo que no es. Como todos los grandes poderes, el carisma es intangible, no puede ser visto, medido o pesado, pero sobre todo no lo podemos cargar a la tarjeta de crédito.

El hacer ejercicio todos los días, llevar una dieta balanceada, mejorar nuestra apariencia con una cirugía plástica o llenarnos de vitaminas, nos hacen sentirnos y vernos muy bien, pero... ¿nos dan poder carismático? No.

El magnetismo del carisma no viene del exterior o de hacer muy bien las cosas; surge de un estado interior de ser, estar y sentirse bien con uno mismo, del corazón, de la mente, del espíritu.

Si pudiéramos hacer una lista que se acercara a algunas de las características que componen este don, podríamos decir lo siguiente.

- Lo primero que percibimos es congruencia. Congruencia entre lo que la persona dice, es y hace. Congruencia con sus valores, con el momento del país, con su posición y edad. Sus antecedentes personales y profesionales despiertan respeto o admiración en los demás.

- El carismático es auténtico, emana la sensación de saber qué y por qué hace las cosas; de controlar su vida, tener una meta, una misión.

- Cuando habla, comunica, lo hace con el público, no al público. Es sencillo pero enfático. Cree profundamente en lo que dice. Es expresivo, habla del corazón en un lenguaje coloquial que todos entienden. Nunca lee los discursos, sólo ve notas como referencia. Se siente cómodo con los silencios. Controla la velocidad y el tono con el que se expresa. No siente la presión de decir las cosas rápido, ni emite cada palabra con lentitud y cautela. Habla con espontaneidad y se sobrepone al temor de equivocarse.

- El carismático ve de frente, a los ojos. Su mirada es transparente, decidida, honesta. Sonríe desde el corazón, y no sólo con los músculos faciales.
- Permite, estimula y reconoce el crecimiento de otros.
- Su entusiasmo y energía invitan a seguirlo con sólo apuntar la dirección. Tiene la capacidad de crear empatía con quien sea.
- Mediante su lenguaje corporal transmite orgullo por su persona. Camina derecho, saluda con tono muscular firme, está en forma, cómodo dentro de sí.
- Es una persona humilde, sencilla, nunca desea sobresalir forzosamente o ser de las personas "sabelotodo". Las personas con carisma atraen la atención por sí solas, con naturalidad.
- El carismático se interesa con honestidad por los demás y busca que la gente hable de sí misma. Pregunta acerca de los pasatiempos, la familia sobre el punto de vista del otro en lugar de platicar cuán grandioso es él o ella.
- Sabe que la ropa es el arreglo y el exterior refleja directamente nuestras cualidades espirituales. Se viste con un nivel que no está más arriba ni más abajo que el de los demás.
- A todo lo que hace le pone entusiasmo. Saluda, sonríe, habla, se mueve y camina con energía.
- Se atreve a tomar riesgos. A la mayoría de la gente le da miedo enfrentarse a nuevas situaciones. Pero a la vez, esta gente admira y se siente atraída por la persona que sí se atreve y se arriesga.
- Por último, muestra ser amigo de sí mismo, se cae bien, se siente satisfecho por el esfuerzo que realiza a diario, cree en sí mismo, se acepta y se quiere.

CÓMO VER LA VERDADERA CARA DE LAS PERSONAS

"Tiene cara decente", "tiene cara de amargado", "tiene cara de bonachón" o "tiene cara de malo". ¿Cuántas veces emitimos juicios sobre las personas así, sin tener antecedente alguno? La cara es la parte más expresiva de nosotros, en ella encontramos la esencia misma de las personas. Junto con el habla, es la principal fuente de información.

La idea de que la cara y la personalidad se relacionan de algún modo ha intrigado al hombre desde tiempos remotos.

En el año de 1800 A.C., los chinos iniciaron la maravillosa ciencia de la fisonomía. Aristóteles, Platón y Aristófanes escribieron desde entonces tratados sobre este tema. Asimismo, Charles Darwin, el padre de la teoría de la evolución, investigó en detalle el intrigante lenguaje del rostro.

Según los estudios, se puede afirmar que los cientos de músculos que tenemos en la cara forman una historia que revela el tipo de vida, el amor, el sufrimiento, la pasión, la salud, los celos, la esperanza, la felicidad, etcétera, que cada uno de nosotros tenemos.

Pocos estamos conscientes de la valiosa información que tenemos materialmente en nuestras narices. No sabemos "ver" la cara de las personas, ya sea porque estamos distraídos pensando en otra cosa o porque no enfocamos nuestra atención adecuadamente.

Observa

Comparto contigo algunas conclusiones de esta antigua ciencia:

1. Todos tenemos literalmente dos caras (en el buen sentido). Las investigaciones concuerdan en que nuestro lado izquierdo es mucho más expresivo que el lado derecho. Si pudiéramos unir dos lados izquierdos y dos derechos de la fotografía de una cara, de manera que formaran una sola, notaríamos qué diferentes caras tenemos.

La razón es que el lado izquierdo de la cara está influido por el hemisferio derecho del cerebro, y refleja nuestras emociones, sentimientos, actitudes y muestra el lado privado e íntimo de nuestra personalidad.

El lado derecho, por el contrario, está influido por el hemisferio izquierdo del cerebro, el racional. Este lado muestra la cara que queremos presentar al mundo, las máscara social. Si quieres saber si a una persona le gustó de verdad un regalo, pon especial atención en lo que expresa el lado izquierdo de su cara.

Lado derecho racional | Lado izquierdo sentimientos

Para que tú mismo compruebes lo diferentes que pueden ser ambos lados de la cara, busca una fotografía grande de tu rostro y tapa un lado y luego el otro.

2. Observa si hay congruencia. No sé si has notado en ocasiones que uno puede detectar un conflicto de emociones en la cara del otro. Por un lado, percibimos un gesto de afecto y ternura, mientras que por el otro vemos una mirada calculadora y se manifiesta un rictus severo. Se requiere ser muy observador para descifrar el mensaje. Sin embargo, percibimos la contradicción.

Según el investigador inglés Lailan Young, en su libro *The Naked Face*, entre más simétricos y parejos son los gestos en la cara, más honesto es el sentimiento y más genuina la expresión. Entre más asimetría hay en ellos, más posibilidades hay de que las emociones sean forzadas o fingidas.

Por ejemplo, cuando sonreímos sólo de un lado, por lo general existe otro sentimiento que impide hacerlo en forma completa. Cuando estamos verdaderamente furiosos o muy contentos, el mensaje de los gestos es parejo y muy claro para todos. No queda duda alguna.

3. Observa ambos lados. Así como en forma rápida los gestos revelan el estado de ánimo que tiene una persona en ese momento, también se puede deducir cuándo hay contradicciones permanentes en la personalidad de alguien. Esto se descubre cuando en forma habitual hay una diferencia de expresión entre ambos lados de la cara.

Por ejemplo, si al sonreír la esquina del lado izquierdo de la boca se mueve siempre hacia abajo y el lado derecho hacia arriba, esta asimetría revela los sentimientos negativos que se esconden detrás de una aparente felicidad.

4. Las comisuras. Las esquinas de la boca revelan también si se tiene una actitud optimista o pesimista ante la vida. Aquellas personas que siempre encuentran defectos en todo, irremediablemente tendrán las esquinas hacia abajo. Esto se ha notado incluso en niños que no son felices. Los optimistas las tendrán hacia arriba.

5. *Asociación*. Se ha comprobado que cuando encontramos una persona cuyo rostro se parece al de otra que ya conocemos, de inmediato le transferimos rasgos de personalidad. Por ejemplo: Juan es alegre, abierto y trabajador. Luis (a quien acabo de conocer) se le parece. Doy por hecho entonces que Luis es igual a Juan.

6. *No se puede fingir*. ¿Te has dicho alguna vez algo como: "No sé por qué no le creo a esa persona", ya sea un candidato (tan de moda ahora), un vendedor, algún amigo o familiar? Los estudios afirman que podemos verbalmente fingir una creencia, o con gestos mostrar interés, simpatía, rectitud o cualquier emoción. Si el sentimiento no es genuino, tarde o temprano va a aflorar a la cara, por más que nos esforcemos en disimularlo. El mensaje cobra peso y credibilidad sólo cuando ambas cosas son congruentes.

¿Qué nos dice la cara?

Decía Freud que "el que tenga ojos para ver y oídos para escuchar podrá convencerse de que ningún mortal es capaz de guardar un secreto. Si sus labios mantienen silencio, conversará a través del resto del cuerpo". Aprender a leer lo que la cara nos dice, ayuda a conocer mejor a la gente. Con observar un poco podemos averiguar lo siguiente:

La persona, ¿es generosa o avara?

Observa el hueco en forma de "U" que se encuentra exactamente arriba del lóbulo de la oreja. Si es ancho, de manera que el dedo índice quepa holgado en él, se trata de una persona generosa no sólo con el dinero, sino con las posesiones, con su tiempo y con la paciencia que le tiene a los demás.

Por el contrario, si el espacio es angosto y el dedo no cabe o queda muy justo, se trata de una persona avara y calculadora.

Observa los labios. Cuando una persona los tiene muy delgados y apretados, según los estudios, se trata de alguien que es codo, rencoroso y de no muy buen espíritu. Si sólo son delgados, mas no apretados, es una persona por lo general muy tímida.

Por el contrario, si tiene ambos labios gruesos y carnosos, es una persona generosa. Lo mismo se nota si al sonreír muestra las encías.

La persona, ¿es celosa?

Pocos sentimientos tan desgastantes como los celos. Para distinguir a simple vista a una persona celosa, observe si tiene las siguientes características:

- Cejas juntas o mucho vello en el entrecejo. Esta cantidad de vello actúa como una barrera hacia la energía, el pensamiento y la acción, así que el tormento de sentir celos se queda atrapado y da vueltas en la mente.
- Párpados saltones u ojos en forma elíptica. Darwin notó que los celos se transforman en furia. Esto ocasiona que la piel de la cara se ponga pálida y que la respiración se agite. Si observamos el rostro de una persona celosa, parece que estuviera "chupado". Los celos materialmente consumen a una persona, la envejecen.

¿Cómo es tu sexualidad?

El hueco vertical que une la nariz con el centro del labio superior se llama "philtrum". Para los lectores profesionales del rostro, quien tiene un philtrum ancho es una persona con alta sexualidad, a diferencia de los que tienen angosto este espacio.

Los labios son también buenos indicadores. Cuando el labio superior es más protuberante que el inferior, significa que el sexo es una parte importante en la vida de la persona, y cualquiera que tenga el labio inferior carnoso buscará los placeres físicos en abundancia.

¿Tiene rasgos de líder?

Hay quienes, sin decir palabra, con una simple mirada y la ceja levantada dan una orden, y con la nariz apuntan la dirección deseada.

- Las cejas puntiagudas en forma de triángulo son señal de una persona decidida
- Una nariz recta pertenece a alguien que es muy organizado y de ideas claras
- Cuando una persona tiene entre la frente y la nariz un hueco cóncavo que acentúa una nariz un poco aguileña, se trata de un triunfador, de una persona organizada e intuitiva, de un excelente estratega
- Si la nariz aguileña es muy pronunciada, se trata de alguien fuerte, agresivo e imperioso. No le importa pisar a quien sea para ascender en su carrera
- Una nariz grande, con amplias fosas nasales, permite un buen paso de oxígeno a los pulmones y al torrente sanguíneo. Esto hace que la persona sea clara

de mente y se desempeñe bien en lo que hace. Por el contrario, una nariz pequeña, chata y con fosas nasales angostas pertenece a una persona ansiosa e indecisa

- Una boca perfectamente delineada y unos labios con mucho color pertenecen, según los expertos, a una persona muy activa y autoritaria
- La barba partida es de alguien muy seguro de sí mismo que gusta de ser el centro de atención
- La barbilla redondeada y abultada, para el que lee el rostro, es de alguien con mucha energía y gran sentido del humor
- Una mandíbula cuadrada y ancha es señal de una persona activa y con gran iniciativa

Muchas veces hallaremos contradicciones en los rasgos de la persona. Esto nos confirma lo real y acertado que el diagnóstico puede ser. ¿Quién no es impredecible y contradictorio en su vida?

Además de los rasgos físicos, hay algo que no se lee en la cara, pero que es transmitido por la mirada y por cada poro de la piel: la actitud.

Así que para la próxima vez que pienses que alguien tiene "cara de bonachón", "cara de malo", "cara de honesto" o "cara de amargado", hazle caso a tu percepción, ya que por algo lo percibiste así.

EL PODER DE UNA MIRADA

¿Sabías que una de las cualidades que hacían tan carismático a John F. Kennedy era la forma en que miraba a los ojos?

Cuando platicamos con alguien, por lo general tendemos a pasear la mirada por su cara o ver al infinito. Ninguna de estas formas enriquecen la comunicación. El secreto de Kennedy era buscar un verdadero contacto con la persona, y lo lograba de una manera muy sencilla. Al conversar, veía a las personas mientras cambiaba la mirada de un ojo a otro.

Ya sea que lo hiciera de manera consciente o no, su modo de ver a las personas provocaba la sensación de que les estaba buscando el alma. Esto resulta en una conquista absoluta. El lenguaje de una mirada es inagotable.

Para sostener una conversación no es necesario hablar. A través de una mirada podemos reconocer y tocar los rincones más profundos del otro. Poner los ojos en una persona tiene un amplio poder. En silencio, recorre desde la invitación más cálida hasta la más desafiante intimidación.

Hay miradas que matan, miradas mentirosas, miradas lascivas, miradas que penetran, miradas ausentes, miradas que piden ayuda, miradas de paz, y otras que nos hacen sentir amados. ¿En dónde radica su elocuencia?

En el intercambio de información, entre las miradas y lo que éstas captan.

La razón científica que apoya esta teoría es que el cerebro esta conectado por una línea directa entre el nervio óptico y el cerebro, la cual reporta 18 veces más a sus neuronas que la del oído.

Deja que te vea

Debido a que podemos aprender mucho de otra persona a partir de su mirada, es esencial evitar obstáculos entre los ojos y el mundo exterior. A menos que tengas una sensibilidad anormal a la luz, cualquier tipo de anteojos, sobre todo oscuros o con espejo dentro de un lugar, crea una impresión negativa que quizá sea difícil de superar. Al platicar, el interlocutor se preguntará: "¿Me está viendo?" "¿Hay alguien ahí?" Aun en el exterior, ten cuidado de no conversar con estos anteojos puestos, a menos que tengas el sol de frente o lo hagas con viejos amigos.

Valdría la pena explorar qué nos dicen los estudios acerca de este complejo lenguaje según a cada situación. Por ejemplo:

La mirada en lo íntimo

Cuando tus ojos y los míos se encuentran, creamos un canal de comunicación y entendimiento. Mientras esto no suceda, aunque tú me escuches, me siento ignorada. Voy a escapar de tu mirada cuando quiera evitar la confrontación, particularmente cuando sé que estoy mal.

Algunas miradas exteriorizan mi conciencia. Por eso a veces evito verte a los ojos, para que no descubras lo atractivo que me pareces. Al conocerte bien, una mirada basta para intercambiar un discurso. Y si estoy enamorada de ti, una mirada es suficiente para sentirnos entrelazados.

Miramos fijamente las cosas que nos interesan, como pueden ser, para el hombre, el cuerpo de una mujer, el vestido de una persona o el rostro de un artista de cine. En estos casos, tratamos de ocultar nuestro interés y observamos cuando no nos ven o durante la conversación. Aunque hay veces en las que no podemos disimular y nuestra mirada viaja de arriba abajo al saludar a una persona. Los científicos dicen que miramos fijamente para asimilar la novedad.

Los ojos son un buen indicador del estrés. Los cerramos frente a un problema y parpadeamos con frecuencia al decir una mentira.

La mirada en lo social

¿Te ha pasado que al mirar directamente al otro te pones nervioso(a) y lo evitas? ¿La razón? Mirar directamente nos hace sentir abiertos, expuestos y vulnerables. Sin embargo, cuando no miramos directamente parecemos personas tímidas, poco seguras e incluso arrogantes.

Por su forma de observar podemos detectar si una persona es introvertida. Si te encuentras con alguien que baja los ojos con frecuencia y es incapaz de sostener tu contacto visual porque se intimida fácilmente, es mejor verla suavemente y voltear a otro lado. De esta manera, lo harás sentir poco a poco más cómodo y seguro de sí. Notarás que si se trata de una persona extrovertida hará totalmente lo contrario.

Los hombres sostienen más la mirada cuando hablan. Las mujeres cuando escuchan. Si nos encontramos a una persona de trato difícil u hostil, la mejor manera de comunicarnos con ella es ponerle atención y verla directamente a los ojos. Es como decirle: "No te tengo miedo y te invito a que platiquemos." Muchas veces su comportamiento es una forma de llamar la atención.

La mirada es poderosa. La sentimos a distancia y nos incomoda, no sólo psicológicamente. Sentirnos observados provoca que nuestro pulso se altere, que nuestro corazón lata más rápido y que la química de la piel cambie. Esto sucede claramente cuando hablamos frente a un público o cuando, al ir por la calle, sentimos la mirada penetrante de alguien. Ante este estímulo, huimos o enfrentamos la mirada y creamos con las personas una relación al vapor.

La mirada intimida, invade física y psicológicamente al otro. Es por eso que, al cruzarnos con un transeúnte, bajamos la mirada para tranquilizarlo. Hasta una mirada de lo más sutil puede ser una intrusión.

"Cuando nos encontramos solos en el parque y observamos los árboles, las plantas, los setos, nos sentimos como en el centro del universo. Pero si otra persona entra, la naturaleza misma del parque parece cambiar. Una segunda fuerza de campo aparece y cambiamos de observadores a observados; de emperadores a un elemento más en el medio ambiente", decía Jean Paul Sartre.

Algunos datos curiosos:

• Al saludar a una persona, lo regular es verla a los ojos dos o tres segundos, para después romper el contacto visual y regresar a intercambiar las miradas de nuevo. Este ritual lo hacemos inconscientemente. Prolongar más este encuentro, incomoda mucho al observado. Si alguien nos saluda de beso sin contactar visualmente, es más un trámite que una cortesía

• Es inquietante saber que cuando una persona es incapaz de sostener la mirada, y que al platicar baja la vista o voltea de un lado a otro para esquivar el contacto visual, por lo general es resultado de haber sido maltratada en su infancia, de no haber podido superar la figura dominante de un padre, o bien, de que está mintiendo

• A las mujeres nos disgusta más sentirnos observadas que a los hombres. Especialmente cuando es un hombre el que mira. En estos casos, las del sexo femenino, incómodas, volteamos a otro lado, como si no lo notáramos

• Es interesante notar que en esta situación a las mujeres nos traiciona la curiosidad. Al sentir la mirada insistente del otro, de inmediato rompemos el contacto visual, para luego regresar. La secuencia es así: miramos —volteamos a otro lado— regresamos la mirada de nuevo. Este patrón, que rara vez se da en los hombres, nosotras lo podemos repetir hasta seis veces en un encuentro de sólo 30 segundos

• Si la observada tiene una confianza en sí misma superior a lo normal o es feminista, es probable que no se incomode, ni esquive la mirada. Incluso la puede confrontar

• Al conversar, las mujeres sostenemos la mirada más tiempo que los hombres, quizá porque tendemos a escuchar más cuidadosamente, lo cual siempre va acompañado de una atenta mirada

• Si estamos entre amigos, además de pasear la vista por el triángulo de los ojos y la nariz, la bajamos espontáneamente hasta cubrir la boca y el mentón. Esto se recibe como un gesto de acercamiento, y puede llegar a sentirse como un acto íntimo

La mirada en el trabajo

En el mundo de los negocios, sostener la mirada cara a cara es vital para que una negociación llegue a feliz término. Sin embargo, si ésta se prolonga en forma descarada, es señal de agresión. La solución es mantener un balance.

Una persona dominante puede controlar a otros con una simple mirada. También marca el grado de importancia que se tiene dentro de una organización. Por ejemplo, si una persona entra a la oficina de alguien de menor jerarquía, éste se ve obligado a voltear de inmediato a verla. Sin embargo, si tarda en levantar la mirada, adquiere un mayor nivel que el que entró a la oficina.

Para quien vende algo, los ojos son la mejor herramienta. La mirada tiene que transmitir energía, fuerza, sinceridad y alegría. Sólo el vendedor que comunica esto a través de los ojos, vende.

Algunos datos curiosos

• En cualquier situación en la que se traten asuntos de trabajo, los ojos se deben enfocar al triángulo formado entre los ojos y la nariz. Pasear la mirada dentro de este triángulo, envía un mensaje de seriedad, interés, intensidad y autoconfianza

• Si al platicar con una mujer el hombre baja la mirada más allá de la nariz, ya sea a la boca, al mentón o al escote, por lo general se recibe este acto negativamente

• En una cita de negocios formal, por lo regular se mantiene contacto visual con otra persona en 60 ó 70 por ciento durante la conversación. Si éste es menor, se interpreta a la persona como sospechosa, poco digna de confianza o insincera

• En el caso de que una mujer quiera hacerse valer con el hombre, debe mantener el cruce de miradas alrededor de este 70 por ciento. Si ella quiere asumir un papel más dócil o complaciente, puede reducir la mirada a 50 por ciento

• Si en una entrevista de trabajo el entrevistador piensa que el entrevistado (o la entrevistada) es el adecuado para el puesto, duplicará el contacto visual directo con él, sonreirá el triple y asentirá con la cabeza el doble de veces que con un candidato que piense que es inadecuado

• Todos consideramos hostil una mirada prolongada. En el caso de que queramos descontrolar al que nos mira de esa manera, en un juego de poder, es conveniente cortar el contacto viendo hacia arriba, a la derecha o a la izquierda, ya que romper la mirada viendo hacia abajo, implica sumisión

Recordemos que este lenguaje silencioso influye en el significado de lo dicho con palabras más de lo que nos imaginamos, y que para sostener una conversación... no es necesario hablar.

Si buscamos comunicarnos mejor con las personas, no olvidemos que "los ojos son las ventanas del alma", y recordemos el gran secreto de Kennedy: mirar al otro como si quisiéramos encontrarle su alma.

> *La bondad de la mirada no la cubre el antifaz.*
>
> FRIEDRICH NIETZSCHE

UNA MIRADA DE ADMIRACIÓN

El salón está lleno, todos escuchamos las palabras del expositor con mucho interés. Sólo Diego, frente a nosotros, estira el cuello sobre las cabezas del público y dirige la mirada hacia la puerta. Espera ver a Paola, su esposa, cuando llegue. Inquieto, la busca mediante el celular. Al cabo de media hora, Paola aprovecha un aplauso y, seguida por varias miradas, envuelta en un chal negro, con un aire de elegante dignidad, entra pausadamente para sentarse junto a su esposo.

Diego sonríe, la mira con ojos que reflejan admiración y un profundo amor. Paola le devuelve la sonrisa e intercambian una mirada de complicidad. En la semioscuridad me conmueve ver cómo se debate la atención de Diego: por un lado está el conferencista y, por el otro, está ella, su esposa, a quien no deja de voltear a ver con discreto orgullo. Paola no se da cuenta, o finge no hacerlo, de ese acto que pasa casi inadvertido y que, a seis años de matrimonio, construye las estructuras de su mundo de pareja.

¡Qué diferencia! Ese detalle, que de casualidad me toca presenciar, hace que mi mente divague y compare. Pienso en otra pareja y en lo rápido que desapareció esa mirada amorosa que, a sólo ocho meses de la boda, refleja desencanto.

Cuando ella lo mira, parece la directora del colegio educando a un niño de quinto de primaria. ¿Dónde quedó la joven esposa enamorada? Su mirada es seca, vigilante, irónica, incluso lanza disparos de desaprobación. ¿Qué sentirá su esposo? ¿Cuánto tiempo durarán casados? En las noches, cuando está cansado, ¿le darán ganas de regresar a casa y verla?

El anhelo de sentirse apreciado

En una relación de pareja, inevitablemente habrá diferencias. No obstante, cuando entre los dos se transparenta un espíritu de aceptación, de admiración, el matrimonio tiene un punto de unión muy fuerte.

Al amor hay que ponerle voluntad. Se necesita desear, querer. Entre las parejas pueden existir desacuerdos y diferencias, incluso hastíos, pero si hay aceptación y deseo de convertirnos en el admirador número uno de nuestro ser amado, entonces hay estructura. Cuando esto ocurre, con una sola mirada se establece el lazo que garantiza una relación duradera y gratificante. Apoyados en este pilar, las cosas fluyen, salen adelante, las tormentas pasan. Y, lo más importante, nos mantenemos convencidos de que la persona con la que nos casamos merece todo nuestro amor, respeto y admiración.

Como diría el profesor William James: "El principio más profundo en el carácter humano es el anhelo de sentirse apreciado." Indudablemente, vivir es sabernos y sentirnos queridos. Una buena relación no se da por casualidad, necesita un espíritu generoso de aceptación mutua.

Suena muy fácil, ¿no? El problema es que, cuando en las relaciones aparece un ventarrón, el espíritu de aceptación es lo primero que sale por la ventana. Cuando nos enojamos, cuando nos sentimos frustrados o estamos resentidos, lo primero que hacemos es comportarnos de tal forma que el otro se siente rechazado y, por lo tanto, se aísla o lanza el contraataque... Y así, la guerra comienza.

Es fácil olvidarnos

En lo cotidiano, es muy fácil que nos olvidemos de redescubrir, encontrar y enfocar las cosas buenas, positivas y admirables que tiene el otro. Sin embargo, estoy convencida de que las parejas tendríamos menos problemas, si fuéramos capaces de centrar nuestra atención y energía en encontrar y resaltar las cualidades del otro, en

¡Qué bueno que ya estás aquí!

lugar de pasar el mismo tiempo buscando, quisquillosamente, sus defectos. Cuando decidimos, de corazón, mirar a nuestra pareja con un espíritu amoroso y benevolente, nos sorprendemos de lo que recibimos a cambio. Recordemos que no estamos hablando de condescendencia, sino de verdadero y generoso amor.

Cuando con una mirada ofrecemos aceptación, admiración y apego, es probable que nuestra pareja nos busque en lugar de evadirnos, que se sienta tranquilo y confiado en lugar de irritable y agresivo, que sea más cooperador y menos combativo.

Ven, te invito a que recuerdes cada día todas las cualidades que te sedujeron y enamoraron de tu pareja. Al mismo tiempo, te animo para que, conscientemente, te conviertas en su principal admirador. Y, sin darte cuenta, estarás optando por ser feliz.

Al final de la conferencia, los aplausos y las luces me hacen regresar al salón del hotel. Sólo queda en mi mente el deseo de que Diego y Paola cumplan 50 ó 60 años de casados, y de que en a esa edad, cuando ya no se atrapan las miradas al entrar a un lugar, puedan seguir intercambiando complicidad, intimidad y esas miradas elocuentes, llenas de coloquios silenciosos en donde el amor y los años forman una solidez inquebrantable, en la que todo se entiende con una sola mirada.

> *Muchos son los que obran bien, pero contadísimos los que hablan bien; lo que demuestra que hablar es mucho más difícil que hacer y, desde luego, mucho más hermoso.*
>
> OSCAR WILDE

Si en la oficina te pidieran que participaras en una representación, ¿cómo interpretarías el papel de un quejoso? ¿Con voz nasal y gimiente? ¿Cómo imitarías a un asaltante?, ¿con voz rasposa, áspera y gruesa? ¿Cómo harías el papel de una persona insegura e incompetente?, ¿en tonos agudos, con voz rápida y temblorosa? ¿Qué tal el papel de una coqueta muy sexy?, ¿voz lenta, cadenciosa y resoplona? ¿Un adolescente impaciente?: ¿tono alto, muy rápido y lleno de emoción? La voz no miente.

Los productores de cine aceptan o rechazan a los actores en función del grado en el que su apariencia y su tono de voz empatan con los del personaje que tienen que representar. En la vida sucede lo mismo, a cada uno de nosotros nos pueden tipificar de acuerdo con nuestra voz.

Creo que a todos nos ha atraído alguna persona desconocida pero, al oírla hablar, toda esa admiración se viene abajo. Podría parecer exagerado; sin embargo, escuchar la voz es una experiencia neurobiológica. La gente reacciona visceralmente al sonido; nos gusta o no nos gusta. Lo toleramos o no.

La voz afecta la forma en que percibimos a una persona y por ella asumimos características de su personalidad. Por ejemplo, quienes tienen una voz resonante y profunda son percibidos como más inteligentes, populares, exitosos, y son más recomendables para salir o casarse con ellos. Las personas de voz aguda dan la impresión de ser nerviosas, inseguras, ligeramente emocionales, incluso histéricas.

Cuando una persona tiene un defecto en el habla, por ejemplo, cuando una mujer pronuncia la 's' como 'z', puede ser percibida como "mona", aunque se le juzga como menos inteligente y menos competitiva que quienes no cecean.

Aquellos que tienen un tono de voz muy fuerte son percibidos como protagónicos y son menos agradables que aquellos que tienen un tono de voz más suave.

Así como una gota de sangre puede revelar algún padecimiento físico, el tono de voz de una persona puede revelar lo que le sucede psicológicamente. Galeno decía que "el tono de voz es el espejo del alma". Es muy cierto, el habla esta íntimamente ligada con áreas del cerebro que se involucran con la emoción; es difícil esconder cuándo nos sentimos desesperados, contentos, enojados, frustrados o felices.

La voz es un importante indicador de cómo nos sentimos con nosotros mismos y con el mundo que nos rodea. Todo lo que pasa por nuestra cabeza o lo que pasa por el corazón, por lo general se manifiesta vocalmente. Sin embargo, tendemos a fijarnos más en las palabras que en el tono, por la simple razón de que las palabras requieren una respuesta racional. Aun así, si en una conversación pudiéramos bajarle el volumen al contenido y elevárselo al tono, encontraríamos algunas sutilezas que pueden ayudarnos a mejorar los canales de comunicación.

¿Cómo analizar la voz?

De acuerdo con los expertos, la voz se divide en cuatro grandes categorías: 1. Tono: alto o bajo; 2. Volumen: bajo, fuerte o que se desvanece al final; 3. Calidad: grave, rasposa, nasal, con gemido, resoplona o agresiva; y 4. Estilo: agitado, demasiado rápido, aburrido y plano, dulce, sexy o coqueto, demasiado lento, bien modulado, rico o entusiasta.

Tono

Demasiado alto. Los hombres o mujeres que hablan en un tono demasiado alto y agudo (voz de pito) por lo general no son tomados en serio. Se les cataloga como personas inseguras, débiles, indecisas, inmaduras y se dice que no están en contacto con su sexualidad, porque cuando una persona se excita sexualmente, baja el tono de su voz; entonces, quien habla constantemente en tono alto, puede estar negando o bloqueando su sexualidad.

Por otra parte, cuando estamos nerviosos o enojados, nuestras cuerdas vocales se tensan y el tono de voz se eleva. Por lo tanto, una persona que siempre habla en este tono de voz, refleja un estado residual de enojo o un miedo permanente.

Demasiado bajo. En general, esta voz es más estética y se deja escuchar con mayor facilidad. Sin embargo, cuando la voz es muy grave, suena artificial y la persona puede ser percibida como payasa o pretenciosa. Esto suele suceder entre hombres que se sienten inseguros y piensan que hablando en un tono bajo la gente los tratará con mayor respeto.

Todos podemos modificar nuestra voz; para empezar, recomiendo que te escuches y tomes conciencia de cómo te oyes. ¿Por qué no te grabas mientras hablas? Muchas veces somos los últimos en notar nuestro tipo de voz. Haz el ejercicio.

Estilo

Voz profunda, sonora, entusiasta y rica. Una voz que proyecta los tonos adecuados, lo dice todo. Quien la posee, expresa sofisticamiento, sensualidad y seguridad emocional. Esta voz es pausada, varía en timbre, volumen y tono. Expresa amor, enojo, alegría, compasión, tristeza, miedo o duda.

Las personas con este tono de voz nos atraen como un imán porque con su voz nos dicen: "Estoy seguro de mí mismo", y nos transmiten su confianza. Es placentero escucharlas recitar hasta el directorio telefónico. Su voz no titubea. Hablan con la mente y con el corazón. Parecen controlar sus vidas, por eso nos gusta escucharlas.

Piensa en Carlos Fuentes, Beatriz Paredes, Tom Cruise o Fernanda Familiar.

Voz deliberadamente sexy. Tipo Marylin Monroe, en "Happy birthday Mr. President". Cuando la gente usa una voz cadenciosa, resoplona y sexy, ten la seguridad de que se trata de un juego de manipulación. Por lo general, estos *seductores* tienen un gran ego y sienten que pueden usar a otros en su beneficio. Quienes tienen este tipo de voz, se perciben como poco confiables y es decepcionante escucharlos hablar con otros de manera normal.

Hablar demasiado rápido. Este tipo de personas se perciben nerviosas, inseguras y con baja autoestima. Es por eso que, inconscientemente, se apuran a contar todo de un tirón. En el fondo, no creen que otros se interesen en lo que tienen que decir. Por lo general, provienen de familias numerosas en donde sienten que, para evitar ser interrumpidos, tienen que decir las cosas rápido (como el Chavo del Ocho). Si tuvieran más alta autoestima, se darían tiempo para que los demás escucharan su mensaje. Los que hablan en versión estenográfica también suelen ser competitivos, poco pacientes y ambiciosos. De acuerdo a Gallup, es uno de los patrones de habla que más molesta, ya que la ansiedad es contagiosa.

Voz deliberadamente lenta y pausada. "La... sabiduría... implica... vivir... al... máximo... cada... etapa..." Si no se trata de un efecto colateral por algún medicamento o droga, quien habla así no quiere cometer ningún error; sin embargo, pausar las palabras para que todos capten la información, hace que la persona se proyecte como arrogante y pomposa. Como está tan absorta en sí misma, en decir lo correcto y en verse interesante, no pone atención al otro.

Voz demasiado dulce. Hay quien es tan dulce al hablar, que canturrea con palabras melosas y tonos tan suaves, que uno casi puede entrar en un shock diabético al escucharlos. Aunque se perciben muy amables, lo cual cumple con su intención, es difícil confiar en alguien que siempre suena tan dulce. No es normal: la gente, por lo general, tiene una gama de emociones y no toca una sola nota, aunque ésta sea muy placentera. Te recomiendo que cuando te encuentres a alguien así, trates de ver qué hay detrás de ese muro empalagoso.

Voz plana y sin vida. "Lamusicaesmasquesonidosorganizados..." ¿Has intentado comunicarte con una persona que habla así? ¡Qué difícil es! Su voz carece de tonos y no hay retroalimentación, lo cual es frustrante, porque nunca sabes lo que en verdad los motiva o emociona. Estas personas parecen no tener sentimientos y, con la voz, marcan una distancia que impide que la gente se acerque a ellos. Quienes hablan de esta manera son percibidas como personas apáticas, distantes, apretadas o reprimidas.

Esta condición también puede reflejar depresión, tristeza o enfermedad. La poca variedad de tonos de voz se asocia con una baja autoestima que teme ser descubierta y con un carácter pasivo-agresivo.

En una voz así, por lo general hay un subtexto hostil, que nos provoca rechazo. Al oírla decimos: "Fulano es raro..." o "no me cae bien", o "es como hablarle a una pared". Los tonos le dan significado y riqueza a una conversación.

Ahora que si alguien, que por lo general habla en tonos animados, usa el plano y monótono, ten la seguridad de que está enojado o molesto.

Volumen

Muy bajito. Si no es por un problema de salud, quienes tienen por costumbre hablar quedito suelen hacerlo para llamar la atención. En el fondo, les gusta que la gente les pida repetir las cosas y lo usan como un juego de poder.

Cabe aclarar que los que hablan bajito no son lo que parecen. Aparentan ser tímidos, inocentes o recatados pero... ¡cuidado!, es todo un juego. La doctora Lillian Glass, experta en este tema, ha descubierto, en sus 20 años de experiencia, que es una técnica de manipulación, un mecanismo pasivo-agresivo que está lleno de enojo o de tristeza y encierra demonios psicológicos que no han sido trabajados. A veces escuchamos este tono en algunos intelectuales, sacerdotes, psicólogos o maestros.

Muy alto. Los que hablan gritando, tono que se usa típicamente en los gimnasios, lo hacen para llamar la atención. Es como decir: "¡Nótenme, soy importante!" Hablar a gritos se ha convertido en sinónimo de vulgaridad y poca educación. Por lo general, quienes hablan así se proyectan como personas pomposas, arrogantes, socialmente torpes, controladoras, bravuconas y competitivas. La inseguridad en sí mismos los hace necesitar una audiencia que escuche, aun contra su voluntad, si no, no pueden funcionar.

El doctor Paul Ekman, en sus estudios de la voz y las emociones, afirma que una voz fuerte se asocia con enojo y hostilidad.

A menos que una persona tenga problemas auditivos, no hay excusa para que alguien no pueda controlar el volumen de su voz.

Voz que se desvanece al final. Las personas a las que parece que la voz se les muere al final de una oración, por lo general sufren de baja autoestima. Sienten que lo que dicen carece de importancia y por eso su voz se va apagando. "Fíjate que el otro día, me fui con mis compañeros a...." No respiran correctamente, inhalando por la boca y sacando el aire al hablar. Suelen desesperarse fácilmente, por lo que exhalan y luego hablan, por eso el aire no les dura. Su voz refleja dejadez, falta de control y seguimiento. Esto también se refleja en su estilo de vida, empiezan bien todo pero no concluyen nada.

A diferencia de las que hablan quedito, no son manipuladoras.

Calidad

Voz temblorosa. La persona que tiene este tipo de voz, por lo general está alterada y nerviosa. Se preocupa mucho por cómo la va a percibir la gente y por ser aceptada. Son personas temerosas y tienden a ser neuróticas e incapaces de manejar las tensiones.

Voz agresiva. ¿Te acuerdas de María Félix, de Diego Fernández de Cevallos o de Hitler? La gente que ataca con su tono de voz es de carácter fuerte, aparenta estar enojada, es muy competitiva y agresiva. Incluso, salpican una simple conversación con repentinos brotes de hostilidad que suelen ser incongruentes con el tema que se discute. Por ejemplo, pueden platicar cómo les fue el fin de semana y, por el tono, uno piensa que les fue muy mal cuando, en realidad, les fue muy bien.

Voz nasal. "NYo piennnso nque ndeberías nde..." Quien tiene este tipo de voz, como el del programa de televisión *La Niñera* —que, por cierto, tiene en su voz la clave de su éxito—, rara vez es tomado en serio. Con frecuencia son injustamente juzgados como poco inteligentes. La cualidad crispante de su voz hace que suenen insatisfechos, como si algo no estuviera bien, como si estuvieran perdiéndose de algo, y casi siempre lo están.

Voz que enfatiza y entrecorta las palabras. Una persona que habla así nos recuerda a la maestra de primero o segundo de primaria que se dirige al niño con frases cortas y simples para que entienda. Puntualiza y enfatiza una letra en cada palabra. "Escuuucha... bbien lo qqque... tte voyyy... a contttar..." Esto, de alguna manera, nos hace sentir inferiores. A ningún adulto le agrada que le hablen como a un niño, pero ellos parecen no darse cuenta de que esto molesta a cualquiera mayor de cinco años. Quien habla así, suele ser necio y no fluir con la corriente.

Elevar el tono de la voz al final de las frases. Esta manera de hablar, como de niña de la Ibero, hace que parezca que la persona suene como si estuviera preguntando siempre o pidiendo permiso, sin importar qué dice. Aun cuando dice su nombre, suena como si estuviera dudando: "¿Hola, soy Mónica? ¿Vivo en el Distrito Federal?" Más mujeres que hombres usan esta entonación que puede estar reflejando la inseguridad que sienten al decir las cosas o, también, puede ser que hayan adquirido el tono de moda entre los adolescentes, para sentir que pertenecen a un grupo. Sin embargo, el problema puede surgir si esta manera de hablar permanece en ellos una vez que pasaron la época de estudiantes. Incluso puede afectar su futuro al buscar trabajo.

Los 10 hábitos que más nos molestan

¿Te ha pasado que al conocer a una persona sientes que hay algo en él o en ella que te desagrada? No sabes bien qué es lo que te molesta; no obstante, cuando lo piensas, te das cuenta de que es su manera de hablar.

Gallup realizó una encuesta en Estados Unidos que representa a todas las edades, niveles socioeconómicos y educación. A los encuestados se les preguntó cuáles eran los 10 hábitos de comunicación que más les disgustaban de las personas. Aquí los resultados:

1. Interrumpir mientras otros hablan
2. Maldecir o usar groserías
3. Murmurar o hablar muy bajito
4. Hablar en un tono muy alto
5. Usar una voz monótona
6. Usar muletillas tipo: mmm, esteee, tú sabes, ¿no?
7. Un tono nasal
8. Hablar muy rápido
9. Pobreza de lenguaje o mala pronunciación de palabras
10. Un tono de voz agudo

Si juzgas a la gente por cómo habla, ten la seguridad de que ellos te están juzgando a ti por lo mismo.

Aunque la voz espejea la personalidad, es posible que, por otras razones, ésta transmita un mensaje equivocado. Así que, antes de emitir un juicio, es recomendable buscar otro tipo de evidencias para confirmar un diagnóstico.

Si deseas mejorar la proyección de tu voz, procura trabajar en ella. Te sugiero buscar la ayuda de un profesional.

Con un poco de dedicación, puedes enriquecer tu voz y realzar tu personalidad para comunicarte mejor.

No es lo que digas, sino cómo lo digas. Según Vincent Van Gogh: "Es tan interesante y difícil decir algo bien como pintar." Porque tan importante es el arte de las líneas y los colores como el arte de los tonos y los matices para decir las cosas. Así que te invito a que observes... tu voz: ¿qué dice?

> *Si hablas mal, se hablará de ti peor.*
>
> HESÍODO

SOLICITO UNA PERSONA QUE ME ESCUCHE

Escucho esta anécdota: Un tipo llama a su médico de cabecera: "Víctor, soy yo, Juan. Estoy preocupado por mi mujer, creo que se está quedando sorda". "¿Por qué dices eso?" "Porque la llamo y no me contesta." "Mira, puede que no sea tan grave. A ver, vamos a detectar el nivel de sordera de tu esposa: ¿Dónde estás tú?" "En la recámara." "¿Y ella?" "En la cocina. Bueno, llámala..." "Lupee... No, no escucha." "Bueno, sal de la recámara y grítale desde el pasillo." "Lupeee... No hay respuesta." "No te desesperes... Llévate el inalámbrico, acércate a ella y sigue llamándole..." "Lupeee, Lupeeee... No me contesta. Estoy parado en la puerta de la cocina, la puedo ver de espaldas, está lavando los platos. Lupeee... No me escucha." "Acércate más." El tipo entra en la cocina, se acerca a Lupe, le pone la mano en el hombro y le grita en la oreja: "¡Lupeee!" La esposa, furiosa, voltea y le dice: "¿Qué quieres?, ¡QUÉ

QUIERES, QUÉ QUIEEERES!, ya me llamaste como 10 veces y siempre te contesté "¿Qué quieres?" Cada día estás más sordo, deberías consultar "un doctor..."

Esto es un clásico diálogo de sordos. ¿Te ha pasado? La queja es generalizada: "¡No me escucha!" y... ¡qué frustrante es! ¿Cuántas veces tenemos esta sensación en relación con nuestra pareja, hijos, jefes o gobernantes? ¿Cómo te sientes? ¿Qué problemas acarrea? Podríamos decir que, en la mayoría de los casos, la conversación no existe. Es una ilusión, una serie de monólogos que se interceptan. Eso es todo.

Escuchar es uno de los mejores y más amorosos regalos que podemos darle a una persona, especialmente cuando está herida, molesta o preocupada. Escuchar puede ser la diferencia entre aprobar o reprobar un examen, fortalecer o destruir una relación, hacer o perder una venta, conseguir o perder un trabajo, motivar o desanimar a un equipo, ganar o perder una elección.

Abrir el alma no es asunto fácil y depende, en gran parte, de quien nos escucha. A pesar de nuestras buenas intenciones, es común que nos desconectemos y no pongamos atención a lo que nos dicen. Una razón es que nuestro cerebro puede captar las palabras tres o cuatro veces más rápido de lo que una persona habla normalmente; entonces, es fácil aburrirnos y desconectar la mente poco a poco mientras el otro continúa hablando. Lo irónico es que todos estamos ansiosos por contar nuestra historia y deseamos que nos escuchen. En caso de no encontrar una oreja compasiva y paciente, se me ocurren dos posibles soluciones: podemos ir al psicólogo y pagar 700 pesos por cada media hora, o bien, podemos poner un anuncio en el periódico que diga lo siguiente:

SOLICITO UNA PERSONA QUE ME ESCUCHE CON ATENCIÓN

Que esté presente física y psicológicamente, es decir, que cuando yo le cuente mi historia, me vea a los ojos, sin estar pendiente de lo que sucede alrededor y que no se distraiga ni se entretenga haciendo garabatos mientras yo hablo. Que sepa captar, mediante mis gestos y mi lenguaje corporal, mi estado de ánimo, y que me invite a compartir mis pensamientos con ella. Que no sólo escuche pedacitos de lo que digo mientras pone cara de que me escucha. Quiero que nos sentemos frente a frente, a la misma altura, sin mesas, sin celulares, ni televisión de por medio; que su postura sea relajada, que esté atenta a lo que digo.

Que al hablar me deje el camino libre, que no hable, que no me dé consejos, que no me interrumpa con aseveraciones o preguntas que sólo buscan información y que nunca están motivadas por el interés de saber cómo me siento. Cómo me gustaría que esta persona no tema a los silencios, a las pausas que me ayudan a reflexionar y ordenar mis pensamientos; que sea empática, que sienta lo que yo siento, que vea lo que yo veo y, si acaso prefiero guardarme algo, que lo respete y no trate de abrir la puerta a fuerza.

Algo que me anima mucho es escuchar frases del tipo: "Cuéntame más..." "¿De veras...?" "¡Qué bárbaro...!" "¿Entonces...?" "Claro..." Me alientan porque me hacen sentir escuchada.

Me gustan las preguntas prudentes, aquellas que son abiertas y me ayudan a aclarar y ordenar mis sentimientos; preguntas como: "¿Qué pasa por tu mente?" o "te veo muy contenta, ¿me quieres platicar?" Desearía que esta persona, que busco con tanto afán, me escuche sin juzgar, sin criticar, sin culpar y sin hacerme sentir mal por lo que digo. Me encantaría que me escuchara más allá de lo que dicen mis palabras, que las traspase para captar la esencia de lo que digo. Eso me invitaría a desenvolverme y expandirme.

Yo, por mi parte, sentiría un gran alivio al contarle lo que vivo y lo que siento. Me sentiría más aceptada y amada. En agradecimiento, me comprometería a devolverle, de la misma manera y en el momento que lo requiera, este regalo tan grande y le haría saber que valoro su atención porque, cuando me escucha, yo me escucho y eso me permite encontrar la mejor solución a mis preocupaciones. Informes al tel...

Ojalá la encuentres...

Oye, ¿me escuchas?

¿Alguna vez has puesto cara de estar escuchando mientras tu mente está en el otro lado del mundo? Creo que todos lo hemos hecho y, también, nos damos cuenta cuando otros lo hacen. Sobra decir que esto construye paredes entre las personas y nos aleja.

Cuando sentimos que alguien nos escucha, lo agradecemos infinitamente y sentimos ganas de corresponder. Además, por naturaleza, buscamos esa compañía y nos abrimos con mayor facilidad.

En el trabajo, como en la familia y en lo social, si escuchas a las personas, las entenderás mejor, sabrás qué desean, a qué le temen o qué les enoja. ¿El resultado? La gente te apreciará más y buscará tu consejo y compañía ¿Vale la pena, no?

Quedarnos callados mientras el otro habla no es precisamente escuchar. Para escuchar se necesita tener una de las siguientes intenciones:

1. Entender.
2. Disfrutar a alguien.
3. Aprender.
4. Dar ayuda y consuelo.

Lo que no debes hacer

Es importante no poner cara que deje ver la actitud de "te estoy escuchando". Es más común de lo que quisiéramos y la realidad es que no tenemos la menor intención de atender a lo que nos están diciendo. Lo que nos interesa es otra cosa. Por ejemplo:

1. Poner cara de interés sólo para caerle bien al otro.
2. Estar alerta para ver si existe el peligro de que te rechacen.
3. Escuchar sólo la parte de la información que te interesa e ignorar el resto.
4. Comprar tiempo mientras preparas tu siguiente comentario.
5. Buscar puntos débiles del argumento para atacarlo o para observar si estás creando el efecto buscado.
6. Medio escuchas porque es lo que hace una buena persona.
7. También lo haces cuando no sabes cómo escapar de la situación sin ofender a la persona.

Como ejercicio, un día escoge a una persona con la cual quieras relacionarte mejor. En cada encuentro, escucha tus ideas y analiza cuál es tu intención al escucharla: entender, disfrutar, aprender o ayudar. Los hábitos se forman con la repetición. Si continúas este ejercicio durante una semana, te aseguro que, automáticamente, mejorará tu capacidad de escuchar.

Ojo con los bloqueos

Hay varios bloqueos que también te impiden escuchar. Si reconoces que utilizas uno o varios de ellos, no te preocupes; lo importante es estar consciente de su existencia para corregirlos.

1. Comparar. Es difícil escuchar mientras te comparas con el otro. Te distraes pensando en algo como: "¿Podré hacerlo igual de bien?" "Yo la he pasado peor, no sabe lo que es pasarla mal", o "mis hijos son mucho más inteligentes".

Cuando hacemos esto es imposible que la información del otro nos llegue.

2. *Ensayar*. No te da tiempo de escuchar si, cuando el otro habla, ensayas lo que vas a decir. Hay quien piensa en cadenas de respuestas: "Le diré esto, entonces me va a contestar aquello y yo le voy a decir..." Trata de evitarlo.

3. *Juzgar*. Las etiquetas siempre son negativas y con frecuencia nos equivocamos. Si de antemano decides que alguien es tonto, incapaz o que está loco, lo descartas y simplemente ya no pones atención a lo que dice.

4. *Soñar*. Medio escuchas cuando, de pronto, algo que dice la persona te dispara una cadena de asociaciones personales... y ya te fuiste.

5. *Identificar*. Relacionar todo lo que te dicen con algo que piensas, sientes o que ya te pasó. Y, por estar jugando vencidas con tus historias, ¡ya no escuchas nada!

6. *Aconsejar*. Te conviertes en psicólogo barato. Es decir, apenas escuchas unas cuantas frases y ya estás dando un sabio consejo que, además, nunca te solicitaron.

7. *Descontar*. Cuando la persona empieza a hablar te anticipas a lo que va a decir y, con una frase, la callas. Por ejemplo: "¡No!, ¿otra vez con la misma cantaleta?" o "¡Cuándo vas a entender que te debes salir de ahí!" De inmediato, la conversación se rige por patrones o lugares comunes que pueden provocar la molestia de tu interlocutor.

8. *Desviar*. Este bloqueo lo haces cuando por aburrición, incomodidad o falta de interés, cambias el tema o haces un chiste para evitar enfrentar el momento.

9. *Estar de acuerdo con todo*. "Sí... sí... absolutamente... tienes razón... claro..." Cuando quieres caer bien y que la gente te quiera, puedes manifestar un acuerdo con todo lo que el otro dice y lo cierto es que no te involucras lo

suficiente, o lo haces sólo para llevarle la corriente y no ganas nada.

La clave para una buena comunicación, tanto en el trabajo como en lo social, es hacerle sentir a la persona que su opinión es valiosa e importante. Y esto lo transmitimos cuando, de veras, escuchamos con atención.

Nostalgia, aromas y sabores

Cierra los ojos y simplemente respira. ¿Qué información te da tu olfato? ¿Puedes saborear el aroma? ¿El olfato te dispara sentimientos? ¿Recuerdos? ¿Evoca algún momento del pasado?

Hay aromas que evocan nuestra niñez: El olor a tortilla recién hecha, a pastel horneado, a frijoles de la olla o a plastilina. Al percibirlos, de inmediato se producen en nuestra mente sensaciones placenteras que van acompañadas de una serie de imágenes sueltas capaces de revivir nuestro pasado.

Desde pequeños asociamos los alimentos y su aroma con un sentimiento de seguridad y confort. El olfato influye, de manera muy poderosa, en nuestras emociones. Los escritores y poetas con frecuencia nos muestran esta experiencia. Uno de los pasajes más importantes de la literatura, en el que se asocia el olfato con las emociones, es el de Marcel Proust que aparece en el libro *Por el camino de Swann*:

> Me llevé a los labios una cucharada de té de tila en el que había echado un trozo de magdalena (panqué). Pero en el mismo instante en que aquel trago, con las migas del bollo, tocó mi paladar, me estremecí, fijé mi

atención en algo extraordinario que ocurría en mi interior. Un placer delicioso me invadió, me aisló, sin noción de lo que lo causaba... Dejé de sentirme mediocre, contingente y mortal.

...y de pronto el recuerdo surge. Ese sabor es el que tenía el pedazo de magdalena que mi tía Leoncia me ofrecía, después de mojado en su infusión de té de tila los domingos por la mañana en Combray, cuando iba a darle los buenos días a su cuarto.

Esto es nostalgia. Todo aquello que nos motiva a traer los recuerdos al presente. A veces se cree que es una simple añoranza, pero es más que eso. La nostalgia es el resultado natural de vivir las diferentes etapas de la vida. Conforme crecemos, inevitablemente, sentimos tristeza al dejar una etapa y entrar a la otra. Cuando lloramos en nuestra graduación, de secundaria o prepa, estamos reconociendo que esa etapa estudiantil terminó. Si sentimos ansiedad acerca de lo que está por venir, la escuela de la que tanto nos quejamos y a la que criticamos sin cesar empezará a parecernos mejor cada día.

El olfato, la mejor memoria

La memoria tiende a realzar las cosas positivas del pasado y ponerle una pantalla a aquello que no deseamos recordar. Lo importante es que un olor o un sabor nos puede poner en un estado emocional determinado, aunque no recordemos los detalles precisos de la situación. A mí, por ejemplo, el olor a enfrijoladas me transporta a la época en que mi mamá y todos mis hermanos nos sentábamos a merendar alrededor de la mesa, recién bañados, en pijama, con el pelo mojado y con ese sentimiento de seguridad que da la estabilidad familiar, en espera del delicioso platillo con crema y queso.

Estos detalles caracterizan un tiempo y un lugar que, probablemente, tratamos de recrear en el inconsciente. Al menos, ése es el estado de seguridad que ahora evoco al comer enfrijoladas.

Cuando tenemos problemas de algún tipo, tendemos a idealizar el pasado y nuestros anhelos nostálgicos aumentan. Es como recordar el "paraíso perdido", aunque sepamos que, en realidad, nunca existió tal paraíso. Es una sensación de pérdida; el no poder "regresar a casa", no sólo porque nosotros hemos cambiado, sino porque hemos idealizado aquello que nunca existió.

Una memoria es una experiencia reconstruida y eso es, justamente, lo que sucede con el viaje nostálgico que evoca aromas y sabores.

El Centro de Investigación del Olor y del Sabor, en Chicago, Illinois, realizó un estudio que me parece interesante. Participaron cerca de mil personas de 39 países a las que se les preguntó si había algún olor que les recordara su niñez. Ochenta y cinco por ciento dijo que sí y en su mayoría se refirió a olores de productos horneados, como pastel de manzana, galletas o pan. Mencionaron algunos otros alimentos como chocolate caliente, espagueti, tacos de pollo, pescado, palomitas de maíz y dulces.

Lo curioso es que, entre los entrevistados, quienes nacieron antes de 1930 mencionaron olores de la naturaleza, como la brisa del mar, el campo y hasta el olor de los caballos. Mientras que los que habían nacido después de 1960 y 1970 se refirieron a olores artificiales, específicamente el olor del plástico, mencionando el forro de sus cuadernos o la plastilina. Otros recordaron olores asociados con coches, industrias, aceite de motor, fábricas o refinerías, y los más jóvenes recordaron el cloro, el repelente de moscos, el olor de un libro nuevo.

Este cambio tan marcado de olores naturales a olores artificiales también representa un cambio de valores y de estilos de vida.

Cuando vemos el poder que tienen los olores para estimular recuerdos, también notamos que un olor desagradable puede causar dolor psicológico, especialmente en quienes no tuvieron una infancia feliz.

Entre más positiva sea la respuesta nostálgica, la persona tiende a recrear en su totalidad la escena del pasado, y las emociones que lo acompañan, filtrando las memorias idealizadas, lo que hace posible regresar a salvo con la mente a un tiempo seguro. La nostalgia se convierte en algo placentero, siempre y cuando nos atrevamos a disfrutar un presente pleno.

El olfato y las relaciones

Con esto en mente, consideremos la gran influencia que el olfato tiene en nuestras relaciones. Los aromas pueden influir en el pensar, el sentir y la forma de comportarnos.

Hay personas a las cuales las identificamos por la loción o el perfume que usan, o al detectarlo en alguien más, las recordamos.

Y el aroma de una persona puede ser un factor determinante para establecer una buena relación.

En lo personal, estoy segura de que una de las razones por la que me enamoré de Pablo, mi esposo, es que siempre olía delicioso y hasta la fecha es algo de él que me fascina.

Recuerdo también una vez, mientras dirigía el SPA en el que trabajé 22 años, necesitábamos una facialista.

Entrevisté a varias solicitantes y a las que me parecían adecuadas les pedí me realizaran un facial para probar sus manos. Una de ellas, la que me pareció la mejor, con muy buena presencia, decidí no contratarla porque algo en ella me disgustaba. Pronto me di cuenta de que era su olor.

Bueno, pues así es el olfato. Muchas veces no sabemos conscientemente por qué nos subyuga alguien o por qué lo rechazamos, y todos tenemos un olor específico, que cambia de acuerdo con nuestro estado físico y mental, por lo que la higiene es imprescindible.

Asimismo, el aroma es un estímulo al hipotálamo, el cual está en comunicación con las glándulas sexuales, que producen las feromonas y provocan en los animales la atracción para el apareamiento. Simplemente, sin el acoplamiento entre aroma y sexo, la tierra sería un planeta desierto.

Así que tengamos en cuenta que en la comunicación no verbal, el olfato y los aromas influyen poderosamente, por lo que procuremos oler siempre a limpio y rico, sin exagerar.

> *Es feliz el que sabe gozar de sus recuerdos.*
>
> ANATOLE FRANCE

MÍRAME, PERO TÓCAME

Hemos olvidado al cuerpo. No estoy hablando de ése al que debemos rendirle un culto frívolo, ni de aquel que nos exige la forma y la talla de moda; que de no tenerlo, se convierte en fuente de desasosiego y de autorrechazo. No, ese tipo de cuerpo lo tenemos muy presente. Me refiero al que es vehículo de comunicación y de expresión de nuestros sentimientos, hablo del cuerpo que nos ayuda a mantener nuestro equilibrio emocional.

El contacto de piel a piel es tan elemental en nuestras vidas, que su ausencia puede enfermarnos. Se ha comprobado que la gente que no recibe una dosis mínima de caricias, de abrazos o de besos puede desarrollar desórdenes de tipo físico, mental o social. Incluso hay una relación entre la carencia de contacto físico y la depresión, la violencia, la automarginación y la muerte, especialmente en los niños.

De acuerdo con Goleman, más de 90 por ciento de los mensajes emocionales que emitimos o recibimos son de naturaleza no verbal. Lo que comunicamos y percibimos a través del cuerpo tiene gran fuerza y causa impactos emocionales profundos, más que cualquier palabra.

"M'ijo, ya te estás haciendo hombrecito, y los hombres no se besan ni se abrazan. Así que de ahora en adelante, nomás nos saludamos de mano. ¿Está claro?" La herida de estas palabras, a los 10 años, quedó grabada para siempre en Rodrigo. O: "No me toques, Clarita, no me gusta que te me encimes, ¡me atosigas!" Clara, desde los cinco años en que siente el rechazo de su mamá, hasta ahora, ya con hijos adolescentes, reconoce que todavía le cuesta trabajo acercarse a su madre y abrazarla.

También, ¿cuántas veces hemos sentido, materialmente, la electricidad que corre al tocar a alguien? o ¿la maravilla de sentir que, al abrazar, son las almas las que se abrazan? ¿Cuántas veces nos saciamos de amor al comernos a besos a un bebé?

No somos sólo mentes pensantes, también somos cuerpo y necesitamos sentir caricias a lo largo de toda la vida. Sin embargo, parece que entre más crecemos, recibimos menos caricias. Hay quienes sólo abrazan a alguien cuando se trata de un cumpleaños ¡ o de un funeral! En lo cotidiano, olvidamos lo importante que es dar y recibir caricias en todas sus formas. Quizá sucede que, como en nuestra sociedad rapidamente asociamos el contacto físico con una connotación sexual, nos reprimimos para no ser malinterpretados. Tocar al otro transmite muchos mensajes, como aceptación, aprecio, apoyo, simpatía, ternura y mil cosas más.

Lo triste es que hay muchas personas que tienen, literalmente, hambre de piel. Por ejemplo, las personas que viven solas, sin hijos, los ancianos, los enfermos o aquellas personas con alguna discapacidad, a quienes, por lo general, tocamos muy poco. Asimismo, las personas que de niños sufrieron algún tipo de abuso sexual, de grandes tienden a rechazar todo tipo de contacto físico.

Lo curioso es que, inconscientemente, cuando sentimos escasez de apapachos tratamos de suplir la privación con paliativos, como adoptar una mascota, asolearse, tomar un largo baño de tina o un masaje, recibir un facial, practicar deportes de contacto, tomar clases de baile o ir con frecuencia a consultas médicas.

Albert Mehrabian, de la Universidad de California, dice que el contacto físico es simplemente la forma no verbal que más afecta una interacción y que es una de las formas más poderosas de comunicación. Esto tiene un fundamento biológico. El tacto es nuestro órgano sensorial más extenso y más rico, con su millón y medio de receptores.

El poder de tocar

Tocarnos puede tener un efecto poderoso en la forma en que reaccionamos ante alguna situación. Incluso si nos tocan de forma accidental o casual hay una respuesta inmediata, aunque se trate de algo meramente trivial.

Mark Knapp lo demostró en un estudio en el que se le pidió a las bibliotecarias de una universidad que, al dar y entregar las tarjetas, tocaran ligeramente, con la mano, a algunos estudiantes y a otros no. Una vez afuera, los muchachos calificaron la atención de las bibliotecarias. Aquellos que fueron tocados evaluaron mucho más alto a las dependientas, al contrario de aquellos que no lo fueron.

Podríamos preguntarnos por qué el tocar a alguien puede hacer la diferencia. Es probable que nos sintamos mejor cuando alguien nos toca, y que esa sensación de bienestar sea la que nos hace ceder ante cualquier tipo de persuasión.

Tocar establece un lazo afectivo, nos vincula con la persona que nos toca y nos despierta sensaciones positivas como relajación, cercanía e informalidad. Pero no debemos olvidar que nuestra reacción dependerá del tipo de relación que tengamos con la otra persona y de que, en cada contacto, haya un consentimiento mutuo. Aunque todos necesitamos del contacto físico, no podemos ir por la vida tocando a todo mundo, como tampoco podemos asumir que a todos les gustará.

Lo cierto es que no hay nada más delicioso que un abrazo cálido, apretado, que nos haga sentirnos amados. Además de lo agradable que es, nos satisface y nos embellece por dentro y por fuera. Así que, te invito a tocar y a abrazar más, evitar ser personas de: "Mírame, pero no me toques..."

Tacto, para usar el sentido del tacto

Sobran las palabras. En un fuerte abrazo nos decimos todo, nos comentamos todo. No puedo hablar, siento el dolor de

Gerardo a través de la piel, cuando nos vemos en la misa por la muerte de su esposa, mi gran amiga Pachela.

Al despedirnos, aprieto con cariño entrañable su antebrazo, en señal de apoyo. A través de ese toque, que se me graba para siempre, me transmite pedacitos de su sentimiento de orfandad, de su devastadora tristeza y desolación. Esos fragmentos se materializan y viajan silenciosamente por mi piel hasta llegar al corazón.

Alegría, pasión, soledad, amor, tristeza, desesperación, gusto, coraje, intimidad... En fin, ¡cuántas emociones comunicamos a través del tacto! La gran sensibilidad de la piel hace que su lenguaje sea infinito. Por lo mismo, hay que tener tacto para usar el sentido del tacto. Antes de establecer caulquier acercamiento, debemos tomar en cuenta quién toca a quién, qué relación hay entre las personas que se tocan, dónde se tocan, cuál es la intención del toque, cuánto dura y qué tan intenso es.

Hay varias categorías de tocar y cada una conlleva un sinnúmero de mensajes:

Profesional-funcional. Muchas profesiones, como enfermeras, dentistas, doctores, entrenadores personales, manicuristas, sastres, masajistas, estilistas y demás tocan a las personas en un día normal de trabajo. A esto se le llama toque frío; es decir, te tocan para cumplir un servicio.

Sin embargo, no por ser frío quiere decir que no afecte nuestra conducta. En una investigación, las meseras que tocaron ligeramente a sus clientes por un segundo o menos, ya sea en la mano o en el hombro, éstos fueron más generosos en la propina que aquellos a los que no habían tocado.

Social-educado. Usamos este tipo de toque ritual para reafirmar al otro como miembro de la misma especie. Es el tipo de toque que utilizamos todos los días en encuentros personales o con extraños. Por ejemplo, saludar de mano, tomar a alguien del codo para acompañarlo a la puerta, al decirle a alguien que está formado en la fila equivocada, o al decirle a una señora que trae abierta su bolsa. Es un toque neutro.

Cálido, de amistad. Este tipo de toque envía un mensaje: que la persona tocada es especial y única. Por ejemplo, comunicamos cercanía al tomar del brazo a una persona, al poner nuestro brazo sobre su hombro, sobarle la espalda, al tomar la mano de una persona entre nuestras dos manos o incluso del saludo de sándwich que utilizamos

¿A qué hora me soltará?

para mostrar afecto. Sólo que no hay que exagerar. ¡Qué tal cuando te saludan y no te sueltan la mano! O peor aún, ¡te secuestran las dos! La persona platica y platica mientras tu piensas: "Por favor, ¡suéltame!" sin oír una palabra de lo que dice.

Íntimo amoroso. Tocarnos con mutuo consentimiento de manera íntima no sólo es bienvenido, sino necesario. De acuerdo con los psicólogos, el amor se aprende mediante la piel. Tocar es el lenguaje primitivo del amor y el cuerpo, es fundamental para la experiencia emocional. Es el guardián de la intimidad. Es la unión total entre dos personas, que no necesitan palabras para entenderse. Según Desmond Morris, todas las formas íntimas de tocarse uno al otro, si se hacen apropiadamente, nos sirven de consuelo y alivio.

Cómo NO tocar

Sabemos que hay de maneras de tocar a maneras de tocar... Todo cuenta: el contexto, el tiempo, a quién, en dónde y cómo. Sin embargo, cuando sentimos inapropiada una forma de tocar, por lo general se debe a dos razones: porque sentimos que el toque lleva una connotación sexual, o cuando el toque se prolonga más de lo normal.

Aquí te presento algunas maneras de cómo *no se debe tocar*:

- Dar palmadas en la cabeza de alguien... a nadie le gusta
- No tocar el hombro de la persona si no tenemos una relación de amistad. Si es para llamar su atención está bien, sin embargo recorrer un dedo en la nuca de la persona, ¡nunca!
- No tocar la ropa, como la corbata, o la blusa
- No tocar el cabello
- No es lo mismo un ligero toque a una caricia
- El contexto es importante; por ejemplo, si son las 7 de la noche, la mayoría de los compañeros de trabajo ya se fueron y las luces, a excepción de la tuya y la del otro, están apagadas; si el compañero(a) te toca tiene un significado totalmente diferente que si sucede a mediodía, en un pasillo lleno de gente y con

todas las luces prendidas. ¿No es cierto? Cuando el toque se hace en público, en un contexto abierto y con gente alrededor, es menos sospechoso que cuando se hace en un lugar aislado

- Todos los lugares que se encuentran debajo de la cintura, en la parte interna del brazo, en el frente del cuerpo o en la pierna, son ¡tabú!
- Cuando, con el pretexto de un saludo efusivo, el hombre abraza a la mujer rodeándole la cintura con el brazo, no está bien

Si algún día tienes duda acerca de si es apropiado o no, tocar a una persona de tal o cual forma, pregúntate, ¿permitiría que tocaran así a mi mamá o a mi hermana? Y de inmediato lo sabrás.

Las intenciones son diferentes

Hombres y mujeres tocamos por razones diferentes:

Las mujeres tocamos para crear una relación para conectarnos socialmente, para celebrar una amistad para invitar a la cercanía, decir de alguna manera: "Estoy contigo, te comprendo", o para remarcar un compromiso. Sin embargo, debemos estar conscientes de que esta inocente manera de tocar puede ser malinterpretada por los hombres.

Los hombres, por otro lado, usan el toque como una forma de marcar un estatus, un determinado poder o una postura. Como forma de marcar una autoridad no hablada. Por ejemplo, es más probable que un jefe toque al empleado que al revés, o una persona mayor al joven que viceversa. El toque es adecuado sólo cuando ambas personas lo permiten y están en igualdad de circunstancias.

Recordemos que en cualquiera de los casos, al tocar a alguien siempre habrá una línea muy fina entre lo apropiado y lo no apropiado. Cuando una persona tiene tacto para usar el sentido del tacto, demuestra una fineza y una sensibilidad que siempre se agradece. ¿No crees?

ESCUCHA A TU CUERPO: ¿QUÉ TE ESTÁ DICIENDO?

"No me esperes; llego tarde." Al colgar el teléfono, la esposa se queda con una sensación "chistosa" en el estómago. Algo le incomoda. No sabe qué es ni cómo expresarlo. De inmediato prende la tele y se distrae.

- Luisa le comenta a su amiga: "Cuando siento un vacío en el estómago, me lleno de chocolates. De momento, el hueco desaparece, pero después me siento peor"
- Carlos terminó hace tres semanas con su novia. Desde entonces, siente una gran opresión en el pecho. Diario se desvela con los amigos en sus recorridos por los bares. Piensa que esto aliviará la sensación, pero no es así
- Una pareja discute y pelea todo el día. No confrontan sus verdaderos sentimientos y, sobre todo, no los expresan. Los dos tienen gastritis
- Paco es una maquinita incansable de trabajo. Difícilmente se permite un tiempo de gozo y de convivencia con su familia. Con frecuencia, se queja de dolor tensional en el cuello y en la espalda

En estos días, cuando a veces es difícil separar lo real de lo virtual, por favor recuerda esto: vives dentro de un milagro de la naturaleza, tu propio cuerpo.

Existen muchas formas con las que nos evadimos, negamos o defendemos de lo que nuestro cuerpo nos quiere comunicar. Estos refugios, lejos de aliviar las causas, pueden arruinar nuestras vidas y nuestras relaciones.

Por ejemplo

Vas manejando en la carretera y de pronto escuchas un ruido que viene del motor; el sentido común te hace detenerte y abrir el cofre para ver de dónde viene y qué lo causa. Lo que no haces es acelerarle y subirle al radio para no escucharlo, ¿verdad? Entonces, ¿por qué lo hacemos con nuestro cuerpo? Simplemente ignoramos todos los mensajes que nos manda. Quizá de niños, para sobrevivir y ser aceptados, pretendimos ser alguien que no éramos. Después de un tiempo de aparentar, llegamos a pensar que eso era lo verdadero. Al llegar a la adolescencia, ya nos habíamos convertido en unos expertos para disfrazar nuestros sentimientos, temores y deseos.

Cada vez que ignoramos lo que nuestro cuerpo trata de comunicarnos, éste se vale de otros métodos más fuertes para que le hagamos caso: se enferma. Por la fuerza, lo llegamos a comprender. La maravilla es que podemos aprender a reconocer lo que nos dice más facilmente. En el momento que dejamos de fingir, comienzan el alivio y la paz interior. Lo primero es reconocer qué nos dicen las "sensaciones clave".

¿Qué es la sensación clave?

Cierra los ojos. Respira hondo y, por 10 segundos, pon atención a tu cuerpo. Toma una fotografía mental de las tres zonas que más información nos comunican:

1. La espalda alta, el cuello y los hombros.
2. La garganta y el pecho.
3. El estómago y el abdomen.

¿Qué sientes en cada parte? ¿Las sientes relajadas o tensas, abiertas o contraídas? ¿Tienes una sensación agradable o incómoda? Estas zonas tienen una forma específica de comunicarse con nosotros ¡hazles caso! Nos hablan mediante "sensaciones clave", las cuales componen un sistema interno de señales que vienen del sistema nervioso, formado hace millones de años, y no de la mente.

Partamos de la base de que el cuerpo siempre tiene la razón. El cuerpo no miente, sólo que nunca lo escuchamos.

El poco entrenamiento que tenemos y el ruido auditivo y visual que tiene la vida moderna han hecho que perdamos contacto con nosotros mismos. Si aprendemos a reconocer el lenguaje del cuerpo, tendremos un gran instrumento de navegación que nos servirá para conocernos y relacionarnos mejor. ¿Qué nos dicen las sensaciones clave? Si en alguna de las partes que recorriste mentalmente sentiste una especie de incomodidad, tensión u opresión, es señal de que hay que ver más de cerca algún asunto al que no le has puesto suficiente atención. Si por el contrario, notas una sensación agradable, relajada, es señal de que estás haciendo lo correcto: sigue así. La sensación clave tiene su lugar y está ahí lista.

Las tres zonas importantes

La zona uno. La espalda alta, la mandíbula y el cuello se tensan cuando estamos enojados. El enojo lo puede causar una injusticia o el hecho de que alguien transgreda nuestro espacio físico o moral. Piensa cuántas personas viven con dolor crónico de cabeza o de espalda.

La zona dos. En la garganta o el pecho se siente una opresión cuando estamos tristes o anhelamos algo. La contracción puede variar desde una leve sensación, como cuando hieren nuestros sentimientos, o un nudo en la garganta cuando estamos frente a una gran pérdida. Lo que dispara la tristeza es la pérdida de algo importante. Puede ser desde la más fuerte, la de un ser querido, o la pérdida de respeto hacia alguien, la pérdida de la aprobación de algo que nos importa, etcétera.

La zona tres. Las sensaciones agitadas e incómodas en el estómago nos avisan que tenemos miedo, que algo nos amenaza. Las sensaciones pueden ser mariposas, un hueco, o como si tuviéramos un bloque de hielo. Los miedos pueden ser de tipo físico o estar relacionados con la crítica, la humillación, la pena y el rechazo. En lugar de jugar a las vencidas entre un "estoy enojada" que nos dice el cuerpo y un "cállate" que nos dice la mente, lo mejor es detenernos y revisar qué sentimos y por qué lo sentimos.

Practica respirar

Algunas técnicas de respiración te pueden ayudar a relajarte, así como un masaje de tejido profundo.

Siéntate muy cómodo en una silla sin cruzar las piernas. Apaga el teléfono, la tele y la computadora; ahora cierra los ojos y pon atención a tu respiración conforme inhalas y exhalas por la nariz. Cuando tu mente divague, simplemente regrésala a observar gentilmente la sensación de respirar, inhalar… exhalar…

Haz esto por 10 minutos y cuando termines escribe lo que sentiste. Procura hacerlo todos los días.

Verás que cuando nos detenemos a escuchar lo que el cuerpo dice y nos permitimos sentirlo sin juzgar, comienza el alivio y la luz.

Así que te invito a escuchar: ¿Qué dice tu cuerpo?

> *Existen en nosotros varias memorias. El cuerpo*
> *y el espíritu tienen cada uno la suya.*
>
> Honoré de Balzac

LA RISA TE DA LIBERTAD

"Nunca se me va a olvidar. Tenía ocho años, y mi mamá insistió en que ese día era el festejo de la entrada de la primavera. Yo iba vestido de pollo, con un gran disfraz lleno de plumas amarillas, alas y pico. El atuendo se completaba con un triciclo decorado que, como tenía un cartón entre los rayos, hacía gran escándalo. Le dije a mi mamá que el desfile era al día siguiente, pero ella ignoró mis argumentos. Como llegué tarde a la escuela, no me extrañó no ver a nadie. Corrí cargando alas y triciclo hasta el pasillo de mi salón. Ahí, mi mamá insistió en que me subiera en él para completar el cuadro antes de entrar a la clase. Se me hizo raro ver la puerta cerrada. Cuando abrí, quise que me tragara la tierra: Mis 35 compañeros vestidos en uniforme dejaron de escribir para voltear a verme. ¡Nunca me he sentido tan ridículo! ¡Tardé tres días en regresar al colegio de la pena!" Esta anécdota me la contó divertido mi querido amigo Alex, ahora papá de tres hijos.

El incidente refleja la vieja fórmula de la comedia: "Si te pasa a ti es gracioso; si me pasa a mí, es trágico."

A cualquier edad, cuando tenemos un resbalón de éstos, la mayoría de nosotros queremos regresar el tiempo, desaparecer o morir. ¡Nadie quiere hacer el ridículo!, ¡es de las cosas que más tememos! Nos gustaría que los demás siempre nos vieran como inteligentes, y no como tontos; como ganadores, no como perdedores. Sobre todo, lo peor que nos puede pasar es que alguien sea testigo de nuestra humillación. Lo malo es que este miedo natural a hacer el ridículo también es la principal barrera que nos impide abrirnos y liberarnos a través del humor. Cuando somos capaces de reírnos de un suceso, de una situación, o de nosotros mismos, es cuando hemos acomodado esa circunstancia en el lugar que le corresponde. Muchas veces estamos indefensos ante las eventualidades cotidianas; sin embargo, podemos minimizar su efecto al encontrarles un poco de humor. Es un hecho que reír nos ayuda a suavizar las asperezas cotidianas y las pruebas de la vida. A veces no sufrimos por las dificultades en sí, sino por cómo las vemos. El humor nos puede dar una nueva percepción de la realidad. Charles Chaplin dijo: "La vida es una tragedia cuando la vemos de cerca y una comedia si la vemos de lejos." La *regocijomiopía* es quizá la enfermedad más grande de nuestro tiempo; estamos tan atrapados en nuestra lucha diaria que olvidamos ver la comicidad que existe en algunas de nuestras acciones.

¿Tienes buen humor?

La palabra humor viene del latín *umor*, que quiere decir fluido, como el agua, que es un fluido capaz de erosionar al granito. De igual forma, el humor relaja la tensión y nos mantiene flexibles, en lugar de rígidos, ante las adversidades. Así como el agua le da vida a cualquier ambiente, el humor nutre la vida misma y hace que valga la pena el esfuerzo.

"Es ridículo tomarse en serio", dice André Compte-Spontville en *Pequeño tratado de las grandes virtudes*: "Carecer de humor es carecer de humildad, de lucidez, de liviandad es estar demasiado lleno de uno mismo, demasiado engañado por uno mismo es ser demasiado severo o agresivo y carecer, por ello, de generosidad, de dulzura, de misericordia... Hay algo sospechoso e inquietante en el exceso de seriedad."

Seguramente has comprobado cómo una película que te hace reír rompe la tensión, cómo un buen chiste aligera un momento de crisis. También has sentido los beneficios psicológicos y bioquímicos que te da soltar una sabrosa carcajada. Cuántas caricaturas vemos en los periódicos que, en unos cuántos trazos, revelan y simplifican de una manera cómica una grave situación política. Así, el sentido del humor se convierte también en mensajero de las más profundas realidades humanas. Si sabemos todo esto, ¿por qué no, cuando se nos presente una situación adversa, en lugar de

Ja...Ja... Ja...

sentirnos frágiles o convertirnos en una pantera, mejor optamos por reírnos de la situación o de nosotros mismos?

De seguro esto hará que nuestra mente se aclare y podamos pensar mejor.

Relájate

Quizá desde niños nos hayan enseñado que a los problemas hay que enfrentarlos con seriedad y que se pueden resolver si somos más fuertes o si trabajamos más duro. Nuestra obsesión por ganar hace que sintamos todas las indulgencias, como reír, simplificar las cosas y divertirnos, y que parezcan frívolas. Eso, por supuesto, aumenta el grado de estrés y cerrazón. Nos tomamos demasiado en serio la vida y estamos llenos de preocupaciones.

Las investigaciones han comprobado que la simpleza ante la adversidad es una señal de salud mental. La risa nos da libertad. Así que si te pasa a ti es gracioso; y si me pasa a mí... también. Y sólo cuando nos liberamos de complejos, de culpas y de absurdos temores ante situaciones amenazantes, podemos reír. Cuando comprendemos lo cómica que puede ser la vida, comenzamos a entendernos mejor y a ser más felices. La incapacidad de encontrar el sentido del humor puede ser indicio de rigidez, falta de madurez o de inteligencia. Así que relájate y busca reírte más.

El buen humor contagia y atrae

Billy es un buen amigo, de esas personas que gozan del privilegio de caerle bien a cuantos lo conocen. Tiene el extraño don de hacer que la gente se sienta a gusto cuando está con él. ¿Su secreto? Intuyo que es el contagio involuntario de su buen humor y de la ilusión con que ve la vida.

Sin importar el tipo de problemas que tenga, Billy siempre busca una experiencia positiva.

No es de sorprender que a pesar de sus casi 50 años, Billy sea un hombre que puede pasar por uno de 35 y goza de una maravillosa salud. Su filosofía de la vida es una prueba tangible de que el descubrimiento más importante de nuestro tiempo es que todos podemos alterar nuestras vidas cuando alteramos nuestras actitudes.

Los beneficios de reír

De acuerdo con investigaciones, cuando reímos con frecuencia y tenemos una visión positiva de las cosas, el cerebro segrega dos importantes hormonas, encefalonas y endorfinas, que además de reducir el dolor, la tensión y la depresión, son las causantes de que despidamos, como Billy, una especie de aroma mental tan armonioso, agradable y atractivo para los demás que se traduce en paz interior y buenas relaciones con los que nos rodean. Esto no sólo nos hace sentirnos bien, sino que además agrega salud y verdaderos valores a nuestra vida. "Pensar bien y reír" es la causa; "sentirnos bien" es el efecto.

En un congreso celebrado en Arosa, Suiza, se demostró que es necesario que aprendamos a reírnos más. Poder encontrar el humor en las cosas y reír libremente de nosotros mismos nos abre a sentimientos positivos de alegría, amor y confianza nos da la habilidad de encontrar el gozo y de relajar las tensiones, aun ante la adversidad. Reírnos de nosotros mismos, de nuestra situación o problemas, nos proporciona ese "buen sentimiento" de superioridad y poder; además de que puede ser un antídoto contra el estrés.

Más beneficios

¿Has sentido cómo al reír pareciera que las preocupaciones disminuyen, las emociones se purifican y nos relajamos mental y emocionalmente? Esto sucede porque la risa disminuye los niveles de cortisol (la hormona del estrés) y reduce la presión, por lo que protege al sistema inmunológico y, de acuerdo con el doctor Paul McGhee, funciona como medicina en caso de enfermedad, aun de las más graves (incluso ayuda a destruir células cancerígenas).

Otro de los grandes beneficios de la risa es que tiene un efecto catártico que nos aleja de la depresión porque desbloquea el flujo de energía en el cuerpo y nos da la oportunidad de liberar emociones incómodas que, al ser reprimidas, pueden crear cambios bioquímicos que dañan nuestro organismo. Por eso, con el humor y la risa, la salud mejora notablemente y esto se refleja en nuestro cuerpo y en nuestro espíritu.

Te invito a liberar tu sentido del humor y a aprender a reírte más. Aquí te doy algunas simples sugerencias:

1. Ríete de ti mismo, a solas o frente a los demás.
2. Convive con personas que tienen facilidad para encontrarle lo positivo o divertido a las situaciones.
3. Ábrele la puerta a tu niño interior, a ese niño juguetón y relajado que todos tenemos y que quizá hemos olvidado por el estrés y la seriedad de nuestro trabajo.
4. Cuenta chistes. Compártelos con tus amigos y familia.
5. Libérate de tu crítico interior. Sé ocurrente, agudo, gracioso y espontáneo.
6. Ve programas de televisión, DVD's, obras de teatro y películas chistosas y disponte a reír.

7. Lee libros humorísticos y los chistes del humorista Catón, todos los días, en el periódico.
8. Haz una lista de las cosas que te hacen feliz y ¡hazlas!
9. Sé ligero contigo mismo y serio con tu trabajo.
10. Libera tu mente del miedo al ridículo. La vida sólo se vive una vez.

La risa que alivia no es nada más de dientes para afuera; es la cima de la expresión humana; es la que surge del corazón; con la que por instantes se visita el paraíso; es una liberación emocional y una actitud. Además, es como un perfume delicioso que, al rociarlo, nos envuelve en su aroma y todos, al mismo tiempo, salimos beneficiados. ¿Por qué no hacemos un esfuerzo para reír más? Quizá nos ayude a ser más humanos, a comprender mejor a los demás, a nosotros mismos y a la existencia. Además estoy segura que podemos cambiar nuestra vida al cambiar nuestra actitud.

Nuevos pecados mortales

Quizá la imagen del diablito con trinche hoy en día esté un poco devaluada, pero esto no quiere decir que hemos desterrado de nuestro mundo materialista el concepto de pecado. Al contrario, lejos de esto, han surgido nuevas reglas, y muy estrictas, sobre lo que está bien y lo que está mal, cuando se trata de objetos de deseo.

Claro que todavía evitamos caer en los siete pecados capitales tradicionales; sin embargo, ahora hemos incorporado en nuestra sociedad posmoderna, algunos nuevos. ¿Qué es lo que hoy en día es en verdad, *en verdad*, malo?

Olvídate del orgullo, la codicia o la vanidad y considera algunos de los pecados mortales más importantes en la actualidad:

La lentitud. Cualquier cosa que se desplace despacio, que sea lenta o que reaccione fuera de tiempo se ha convertido en un enemigo a vencer. La norma es que, mientras nos mantengamos vivos, más vale no desperdiciar el tiempo para nada. "Más rápido, más rápido", parece ser el mantra de los últimos años. La velocidad se ha convertido en la esencia de las cosas. ¿Te acuerdas de los toscos patines de ruedas? Ahora son unos elegantes y veloces aparatos. El microondas ha venido a remplazar a la ollita de agua que hervía sobre la estufa. La idea de sentirnos satisfechos —sentirnos bien, vernos bien, estar bien— también tiene que ser inmediata. Por esto mismo, productos como el *Prozac*, el *Botox*, la comida rápida y las clases de *spinning* han tenido tanto éxito.

Lo irónico es que, conforme las cosas continúan acelerándose, algo extraño sucede: nuestro asombro sobre la rapidez, da un giro y nos preguntamos por qué esto o aquello no puede ser un poco más rápido. Las papas que antes se cocían en una hora, ahora están listas en el microondas en 10 minutos. "¿Pero, por qué no están listas en cinco?" Antes, para investigar un tema, buceábamos en libros el día entero; ahora los datos llegan a nuestra computadora en fracciones de segundo. "¿Pero por qué se tardan tanto en bajar?" ¿Por qué tenemos tanta prisa?

La gordura. Olvídate de la época en que las personas regordetas eran símbolos de salud y bienestar. La gordura es hoy uno de los peores pecados capitales. Claro que estamos de acuerdo que estar pasados de peso no es muy sano. Sin embargo, la gordura ha ido más allá de ser un mero asunto de salud para convertirse en un pecado de tipo moral, aplicable aún a quienes están apenas un poco arriba de su peso ideal.

Ahora, cualquier tipo de gordura connota una especie de dejadez moral. Y no tiene nada que ver si la gordura es de tipo genético, metabólica, o debido al tipo de cuerpo o edad: estar delgado, hoy en día, se percibe como un reflejo de disciplina, respeto a uno mismo; de que somos felices y mejores personas. A nadie le gusta estar gordo, y quien está delgado se asume como un objeto de envidia. Y claro, si estamos gordos, sin importar la razón, implícitamente se nos dice, por medio de las revistas, el cine y la televisión, que hemos fallado.

Lo viejo. Sin importar de qué estemos hablando, ya sea de tecnología, de personas o de una casa, el adjetivo "viejo" se ha convertido cada vez más en algo casi insultante.

La velocidad con que nuestras computadoras, cámaras y agendas se vuelven viejas y obsoletas es cada día mayor. Lo viejo no sólo es algo que describe un periodo de tiempo; es algo que se percibe como malo y desechable.

La relación tecnológica entre la edad y lo inservible se ha extendido a otras áreas. Así que ahora somos más cuidadosos al referirnos a otros aspectos de la edad; por ejemplo, decimos: "clásico", "tradicional", "maduro", "grande", "la tercera edad", "retro", "antiguo", ya sea en la moda, los coches, conceptos, o al referirnos a las personas. Incluso es mejor decir "más grande" que "viejo", en fin... todo menos usar la palabra "viejo". Pero, ¿qué es viejo? Y ¿comparado con qué? Vieja puede ser una actitud. Todos conocemos personas mayores que encanecen por casualidad, y jóvenes que parecen unos ancianos, sin embargo éste es otro de los pecados mortales de hoy en día que no perdonamos ni a los famosos.

Así que si queremos ser aceptados y bien vistos en esta sociedad de consumo más vale que seamos rápidos, delgados y jóvenes.

Me pregunto, ¿por qué si sabemos que estos pecados mortales modernos nada tienen que ver con vivir éticamente permitimos que nos influyan de esta manera?

> *A diferencia de la vejez, que siempre está de más, lo característico de la juventud es que siempre está de moda.*
>
> FERNANDO SAVATER

¿USAR MARCAS ES IGUAL A TENER ÉXITO?

"Disculpe, ¿podría decirme dónde encuentro ropa a la que se le vea la marca?", escuché a un señor preguntar a la señorita que me atendía en una tienda departamental. "¿Se refiere usted a la que dice por fuera el nombre del diseñador?", le contestó ella un poco confundida. "Sí, la que dice Gucci, Escada, Christian Dior..." Después de mandarlo hacia el área de la tienda que buscaba, la señorita y yo nos quedamos viendo con un signo de interrogación en la cara.

¿Conoces a alguien que esté dispuesto a pagar un precio desorbitante por alguna prenda que ostente un logo para que todo mundo pueda ver que usa sólo lo más exclusivo? ¿Crees que una mujer pagaría por una bolsa de plástico de color la ridícula cantidad de 10 mil pesos si no mostrara las iniciales del diseñador por todos lados? Hay quien siente gran satisfacción al usar unos lentes en los que se puede ver de perfil dos C entrelazadas, un cinturón con una gran H dorada al frente o una corbata con una V bordada en la punta.

¿A qué responde este fenómeno? ¿Es un logro de *marketing*? ¿Apela a nuestro sentido de pertenencia? ¿Nos hemos convertido en víctimas de la moda? ¿Nos falta identidad? ¿Por qué el mundo se ha complicado tanto que tenemos que esmerarnos para pertenecer y emanar un sentido de éxito?

El materialismo de nuestra cultura está tomando niveles alarmantes. Parece que al poseer objetos exclusivos esperamos que se realice una magia tal que nos haga de inmediato ganadores.

"Consumo competitivo", es como la economista de Harvard Juliet Schor describe el clima actual en las compras, y afirma que mediante los niveles económicos, la presión social por poseer un mayor número de objetos de alta escala se ha acentuado hoy más que nunca. Hoy en día, afirma Schor, la gente cree que el afán por "mantenerse" en cuanto a cosas materiales con amigos, colegas y vecinos, no es un asunto de estatus, sino de sobrevivencia. De acuerdo con sus investigaciones, el gastar ahora es percibido por muchas personas como una medida "defensiva". Si quieres mantenerte en el juego social, más vale que le apuestes a los objetos.

¿Quién soy?

Asimismo, una de las preguntas que el ser humano por siempre se ha hecho es: "¿Quién soy?" Y por siglos, tanto la filosofía como la psicología la han explorado sin lograr contestarla del todo. Es nuestro punto débil, nuestro lado flaco que otros aprovechan para darnos... identidad.

El ritmo de vida, la competitividad, la presión por obtener el éxito hacen que nos alejemos cada día más de nosotros mismos. Al perder contacto con mi interior, y no dialogar con mi verdadero YO al no tomarme tiempo para buscar dentro de mí lo que me hace persona, lo que me gusta o me disgusta, necesitaré que otros me lo digan.

Sabemos que en la adolescencia una de las principales motivaciones que tenemos es la de pertenecer al grupo. Así, si la moda consiste en usar los jeans a la cadera, ponerse un aro en la nariz, pintarse el pelo de amarillo o tatuarse un brazo, el adolescente lo hará con tal de identificarse y perfilar una identidad.

Una vez que pasamos la etapa de la adolescencia, supuestamente estamos más preparados para responder a la pregunta "¿quién soy?" Con frecuencia no sucede así, y nos apropiamos de otros medios que tienen muy definida su identidad y optamos por lo que unos cuantos deciden qué se debería usar para ser.

Si uso esta marca de ropa soy una mujer de éxito; si conduzco un coche de tal o cual modelo, soy un hombre afortunado; si llevo el último diseño de teléfono celular, soy alguien importante. Y así nos vamos.

¿Qué pasa si no puedo?

¿Qué pasa si no puedo? ¿Entonces soy nadie? ¿Existo realmente? Cuando la respuesta es no, nos esforzamos por conseguir a como dé lugar nuestro sitio en el mundo con las marcas.

Si tengo suerte y puedo usar la bolsa de moda, el vestido que ostenta el nombre del diseñador y los zapatos adecuados, quizá logre aceptación. Lo malo es cuando yo no me acepto, cuando los demás admiran de mí lo que uso, no lo que yo soy.

Podríamos comenzar por reconocernos, por generar un enorme aprecio por nosotros mismos y conformar una opinión sobre quiénes somos para depender menos de los demás. Para esto es indispensable recurrir a la soledad que significa estar conmigo, descubrirme y disfrutar de mi persona. Este trabajo requiere de tiempo y, sobre todo, de disciplina. Otro refuerzo es vernos por medio de la mirada amorosa del otro. Ese otro que nos ve, que nos ayuda con su mirada a existir. El YO existe en relación al TÚ.

Al ver a una persona llena de insignias y rúbricas, procuremos no reducirla a la firma de su bolsa, corbata o bolígrafo. Hagamos un esfuerzo por traspasar y ver lo que el otro es en verdad; por ver más allá de los símbolos externos que utilice. Quizá, al hacerlo, ayudemos al otro a reconocerse; y al mismo tiempo, tal vez estaremos conociéndonos un poco mejor nosotros mismos.

> *La moda muere joven.*
>
> JEAN COCTEAU

¿SER O ESTAR ELEGANTE?

¿Qué es ser elegante? Elegancia evoca muchas impresiones. Es algo difuso, intangible y misterioso que logran determinadas personas y las hace especialmente atractivas. ¡Qué agradable es ver a una persona elegante! Alguien que nos dice todo sin decir nada y cuya personalidad es más importante que las cosas que posee. Pero, ¿cómo se logra? ¿En qué consiste?

Dice Miguel Ángel Martí, en *Elegancia, el perfume del espíritu*: "El secreto de la elegancia es inaccesible, pero de alguna forma se pueden rastrear las huellas de donde emerge."

Algunos puntos sobre cómo describir la elegancia

- La elegancia, más que una cualidad externa, tiene que ver con la riqueza interior de la persona. Tal vez con el bien, la verdad y la belleza, más que con su clóset o con su coche
- Lo que somos por dentro lo manifestamos por fuera. La elegancia muestra nuestra forma de ser y, por eso, tiene algo de irrepetible
- La elegancia conlleva una fuerte carga de humanidad, de delicadeza y de cariño, que, después de todo, es lo que nos hace la vida agradable. Ahora que, al tratar de "estar elegantes", corremos el riesgo de actuar con frialdad
- Existen muchas personas que, por su educación, pueden "portarse" elegantes, pero carecen absolutamente de esa calidez.
- Dice Martí que hablamos de lo que pensamos y pensamos en función de lo que somos: elegantes o vulgares. Lo que de bello o elegante pueda haber en las personas, es una expresión de la belleza que anida en el espíritu.

- La elegancia no es una cualidad que se dé de vez en cuando o en una circunstancia determinada porque, en realidad, más que "estar elegante", de lo que se trata es de "ser elegante"
- La ropa y los cosméticos no logran ocultar la vulgaridad que puede albergar el alma
- La elegancia no se improvisa, como un vestido, sino que se adquiere en un largo proceso de elecciones personales. La palabra elegancia viene de "elegir". De ahí su valor
- La elegancia es exigente, y fácilmente se puede perder. El abandono, la pereza y el desinterés pueden producir auténticos estragos
- Como la elegancia no es una virtud cómoda, exige que el alma esté alerta para evitar concesiones que la dañen
- Detrás de un comportamiento elegante hay inteligencia y voluntad. La inteligencia nos ayuda a escoger lo mejor y la voluntad favorece que lo llevemos a la práctica

La elegancia en el vestir

- Decía Coco Chanel que la elegancia es eterna mientras que la moda es pasajera
- Cada época tiene cánones de elegancia que responden a la sensibilidad estética del momento. Sin embargo, una persona anticuada nunca es elegante, porque la elegancia siempre tiene un toque de vanguardismo
- Aunque la moda no sea una garantía de belleza, tampoco lo clásico tiene ese privilegio
- Lo más llamativo o lo más ostentoso, nunca será lo más elegante

- La elegancia se crea en torno a un sello personal, a un estilo particular en el que puede estar presente la moda, pero en forma discreta
- Hay que evitar los estereotipos, lo muy común o popular, porque siempre despersonalizan
- Sólo las cosas se pueden hacer en serie, por eso son tan fáciles de manejar y terminan siendo aburridas. Recuerde el dicho: *conocido uno, conocidos todos*
- La elegancia es un bien adquirido, una conquista personal
- Es la cualidad humana que consiste en elegir lo mejor con base en la inteligencia y el conocimiento. Lo paradójico es que cuando nos empeñamos en que el atuendo personal sea el centro de nuestras ocupaciones y preocupaciones, por lo general conseguimos el efecto contrario y la frivolidad nos delata como personas poco inteligentes
- Ser esclavo de la moda no es sinónimo de elegancia, por lo que el interés por vestir elegante no debe rebasar los límites de lo razonable

La elegancia como actitud

- La elegancia se asocia al silencio, al saber escuchar y callar
- La persona elegante cuida lo que dice para no apabullar a los demás con palabrería exagerada y para no caer en comentarios inoportunos
- La elegancia también está presente en el modo de llevar la conversación, en los temas que se tratan, en los que se omiten y, por supuesto, en el vocabulario que se utiliza

- La forma de hablar de una persona dice más que su vestuario

A manera de conclusión: en la manera de hablar, de moverse, en la expresión del rostro, en el vocabulario que utilizamos, en las prendas que elegimos, en los temas de conversación, en el modo como resolvemos las situaciones conflictivas, en el tono de la voz, en el respeto que manifestamos y en los detalles de educación está la elegancia ¡Y, por supuesto, todo esto debe rodearse con sencillez y naturalidad! Así que, como ves, ser elegante es algo más que estar elegante.

¿Qué es la inteligencia sexual?

Te has preguntado: ¿Qué es lo que nos hace vivir más años? ¿Qué ha inspirado grandes obras de arte, musicales y literarias? ¿Qué hace que la piel adquiera un brillo especial? ¿Qué ha sido capaz de originar renacimientos y batallas? ¿Qué es esto tan importante para la humanidad y que, sin embargo, sigue siendo un misterio? Efectivamente, estamos hablando del sexo.

Tony Buzan, uno de los más importantes investigadores del aprendizaje y autor de 80 libros acerca del cerebro, afirma que los seres humanos tenemos 10 tipos diferentes de inteligencia. Sostiene que una persona inteligente no sólo puede hacer buen uso de los números y las palabras, sino que es alguien que puede reaccionar efectivamente ante cualquier situación.

Hacemos deporte con el cerebro, nos relacionamos con los demás por medio del cerebro y, cuando hacemos el amor, el cerebro tiene mucho que ver.

Los últimos descubrimientos han revelado que la inteligencia sexual es una superinteligencia, ya que combina y manifiesta los otros tipos de inteligencia: creativa, personal, social, espiritual, física, sensorial, numérica, espacial y verbal.

¿Cómo obtenerla?

Al contrario de lo que se suponía, el sexo está en el cerebro y no es un asunto exclusivo del nivel genital; es una energía que conduce todos los recursos intelectuales y físicos de las personas para asegurar la supervivencia de la raza humana.

Entonces, ¿a qué se le llama ser sexy? Esta pregunta la hizo la periodista Nancy Hellmich a los mejores escritores de novela-ficción para saber cuáles características eran indispensables para sus héroes.

El héroe es fuerte, ingenioso, inteligente, con un gran sentido del humor y se puede comunicar fácilmente con los demás.

La heroína es vista como alguien inteligente, divertida y con criterio propio. Por lo tanto, no debe sorprendernos que la gente considere que la personalidad es lo más atractivo de las personas.

No son los músculos marcados en el hombre ni el cuerpo escultural de la mujer lo que en realidad atrae al sexo opuesto, sino el cerebro y la inteligencia.

Marylin Monroe, considerada el símbolo sexual del siglo XX, no lo era por su cuerpo perfecto ni porque su cara fuera la mas bonita de la historia: era por su capacidad de seducir lo que la hacía irresistible y eso es asunto de la inteligencia.

Creo que todos lo hemos experimentado, de momento nos atrae un guapo o una guapa que vemos de lejos. En el momento que nos lo presentan y empieza a hablar, la ilusión se desmorona.

¿Cuántas veces habremos visto personas que decimos que no tienen ese "no sé qué?" Tienen altura, facciones bonitas, buena figura pero, a pesar de todo, les hace falta "algo". Como que les falta vida, chispa, brillo en los ojos, orgullo y seguridad. Caminan como feos, hablan como feos, se comportan como feos y ¡se ven feos!

Por otro lado, también hemos conocido personas que no son físicamente atractivas, pero decimos que tienen ese "no sé qué" que atrae. Ese "no sé qué" es actitud, calidez, inteligencia, capacidad de escuchar y de comprender, educación, porte, carisma.

Y todo esto son rasgos de la personalidad, ni más ni menos. Ser seductor no es asunto fácil y requiere de la aplicación de todas las inteligencias que tenemos. Los sentidos juegan un papel primordial en este proceso: el olfato, la vista, el tacto y la voz se ponen en juego para abrir la mente del posible amante.

Es por eso que detalles como cenar a la luz de las velas, vestir de manera atractiva, estar limpios y perfumados, poner un fondo de música romántica o caminar por el campo tomados de la mano crean un ambiente propicio para el amor.

Se necesita de la imaginación y la creatividad para experimentar y sorprender al otro. El aburrimiento y la rutina matan la pasión, mientras que el juego une, divierte y relaja. Se requiere hacer buen uso de las palabras para que nuestra conversación sea interesante.

Se necesita ser cariñoso, abrazar, acariciar y besar para nutrir la relación. Asimismo, se requiere estar enamorados de la vida y asombrarse de la magia de nuestro alrededor para, así, poder contagiarlo.

Se necesita tener un cuerpo sano, tonificado y flexible, no sólo por lo visualmente estimulante, sino como resultado de una autodisciplina y amor por uno mismo.

¿Por qué es importante la atracción física?

Es indiscutible que la manera en que nos vemos físicamente determina nuestra habilidad de atraer y mantener a nuestra pareja. Hemos visto que la opinión que la gente se forma de nosotros se basa 90 por ciento de las veces en la primera impresión generada durante los cuatro minutos iniciales de un encuentro. Ahora veremos los ingredientes que provocan que una mujer y un hombre se atraigan mutuamente.

La teoría de la belleza

Hay una razón por la que las flores, los pájaros, los insectos, los mamíferos tienen cada uno su belleza en particular: la naturaleza los dota con distintos atractivos naturales, simplemente para garantizar la prolongación de la especie. Y exactamente lo mismo sucede con los atributos físicos en los seres humanos. Dejemos por el momento a un lado el amor, la inteligencia y la personalidad, que ya hemos visto que son muy importantes. Veamos la atracción física, desde un punto de vista frío y objetivo.

Las personas, frente a alguien que nos parece atractivo, enviamos señales imperceptibles que nos harán deseables a la potencial pareja. Un hombre encontrará atractiva a una mujer a nivel biológico cuando ve que ella presenta cualidades como estar sana, joven, en forma, lo cual permitirá pasar sus genes a la siguiente generación con éxito. Una mujer encontrará atractivo al hombre cuando, a nivel biológico, puede ver que será capaz de proveerla de alimento y refugio durante el tiempo de la crianza de los hijos.

Así que las respuestas a la belleza y a la atracción sexual, para el cerebro podríamos decir que es lo mismo. Bello significa sexualmente estimulante. A continuación veremos sólo las características que, de acuerdo con diversos estudios, son atractivas para los sexos.

Lo que a un hombre le estimula de una mujer, en orden de prioridad

1. Un cuerpo con forma atlética
2. Una boca sensual
3. Unos senos pronunciados
4. Unas piernas largas
5. La cadera redondeada y una cintura pequeña
6. Unos glúteos redondeados
7. Unos ojos atractivos
8. El pelo largo
9. Una nariz pequeña
10. Un vientre plano
11. El arco de la espalda
12. Un cuello largo

El otro lado de la atracción

De acuerdo con las mismas investigaciones, lo que un hombre busca en una mujer como compañera a largo plazo, es lo siguiente:

1. Que tenga personalidad
2. Que sea atractiva
3. Que sea inteligente
4. Que tenga sentido del humor

Como vemos, en un primer encuentro, el hombre se enfoca primero en las imágenes visuales; sin embargo, la presentación en general de la mujer es muy importante. Esto quiere decir que si una mujer se viste y se arregla bien, le atraerá más que si tiene unos kilitos de sobra, unos granitos en la cara o las piernas delgadas. Y a largo plazo, un hombre se interesa más, en general, por la personalidad de la mujer, su inteligencia, su facilidad para reírse de las cosas, que su cuerpo; no obstante, el que sea atractiva ocupa un lugar importante en la lista.

La buena noticia es que como mujer puedes controlar en buena medida tu apariencia y puedes cambiar las cosas para que luzcas mejor. Con esto no sugiero que te obsesiones con tu físico, sino que tengas en cuenta que, para ellos, tu imagen es un asunto importante y está en tus manos atraerlo no sólo la primera vez, sino siempre.

Lo que a una mujer le estimula de un hombre, en orden de prioridad

1. Un cuerpo atlético y en forma
2. Una espalda ancha, pecho y brazos musculosos
3. Glúteos pequeños y firmes
4. Pelo abundante
5. Una boca sensual
6. Ojos compasivos
7. Nariz y mentón marcados
8. Caderas angostas y piernas musculosas
9. Vientre plano
10. Una barba de tres días

El otro lado de la atracción

Lo que una mujer busca en un compañero a largo plazo, es lo siguiente:

1. Que tenga personalidad
2. Que tenga sentido del humor
3. Que tenga sensibilidad
4. Que sea inteligente
5. Que tenga buen cuerpo

A diferencia de los hombres, para la mujer es más importante sentirse protegida, que el hombre sea inteligente, leal, con sentido del humor y comprensivo, que toda la parte visual que para ellos es tan importante. A la mujer no le importa tanto si él tiene o no un cuerpazo, o si su apariencia es impecable. En cambio, le importa mucho sentirse valorada, amada y que la traten bien. Así que, hombres..., ya saben.

Conclusión: cuando logramos un cuerpo bien cuidado, una mente inteligente, creativa, ágil y abierta, reímos con frecuencia, con una actitud de curiosidad exploradora como de niño, romántica y consciente, entonces logramos ser la persona más sexy sobre la tierra.

> *La belleza es aún más difícil de explicar que la felicidad.*
>
> *Simone de Beauvoir*

¿Por qué nos atrae una persona y no otra?

¿Lo has sentido? Decimos cosas tontas, las manos nos sudan, todo se nos olvida, las rodillas se aflojan, pasamos noches sin dormir, soñamos despiertos, pasamos la calle donde debimos dar vuelta, reímos demasiado fuerte, no dejamos de hablar y sufrimos mareos deliciosos. Casi podemos tocar el campo magnético que nos atrae hacia aquella persona, pero: ¿por qué él?, ¿por qué ella?, ¿por qué, entre miles, nos llama la atención alguien específico? ¿Qué es lo que hace latir nuestro corazón? ¿Qué nos provoca rechazo?

Casi todos conocemos los síntomas de la atracción, los sentimos, los gozamos y los sufrimos. Existen miles de poemas, canciones, libros, obras, mitos y leyendas que retratan esta "química sexual". Sin embargo, todavía no sabemos qué es lo que dispara ese atractivo ni por qué y, mucho menos, cuáles son sus componentes exactos.

Podemos conocer al hombre o mujer perfecta, a esa persona con la que "creemos" que todo funcionaría muy bien; no obstante, si no sentimos esa "química", la chispa no prende.

Para los psicólogos, y para la mayoría de nosotros, este concepto intangible e inexplicable, que desafía las leyes de la naturaleza, es difícil de definir. ¿Qué es? ¿Cómo se mide?

El "mapa del amor"

El doctor John Money, pionero en la investigación sobre sexualidad humana, llama a lo que conocemos como química sexual, "mapa del amor". En realidad, Money se refiere a un mosaico inconsciente de características, además de una serie de diversos factores situacionales, físicos, emocionales y espirituales, que dictan las cualidades que necesita tener nuestra posible pareja ideal.

De acuerdo con Money, los niños empiezan a desarrollar su mapa del amor entre los cinco y los ocho años de edad. La relación que establecen con los padres y el ambiente tienen un gran impacto en el niño. Por ejemplo, uno se acostumbra a la tranquilidad o al ritmo acelerado de su casa, a los valores que su mamá le ha inculcado, a cómo se ríe su papá, a cómo camina o huele. Cosas tan sencillas y cotidianas como si una niña admira en su papá la habilidad de arreglar todo lo que se descompone en la casa, por poner un ejemplo concreto, dejan una marca profunda en nosotros. Es muy probable que, en este caso, el día de mañana esa niña se sienta atraída por hombres que tengan esas mismas características. Está dentro de su propio "mapa del amor", pero si la relación con los padres no fue buena buscaremos lo opuesto a ello. Asimismo, cualidades de temperamento, de amigos o familiares que de chicos admiramos, ayudarán a formar el patrón de lo que nos atrae y lo que rechazamos.

Conforme crecemos, nuestro primer encuentro amoroso completa ese mapa del amor y, así, vamos creando la imagen prototipo que buscamos: rasgos físicos, complexión, actitudes y demás, así como escenarios, tipos de conversación y actividades que nos estimulan.

¿Por qué nos enamoramos?

Hay tres tipos de relaciones:

- La aventura
- La de "por ahora está bien"
- El matrimonio

Según el tipo de relación que deseamos establecer, nos atraen distintas cosas. En cada relación buscamos valores totalmente diferentes.

Sin embargo, mucho antes de que nos encontremos a nuestro "amor" en el salón de clases, en el centro comercial o en la oficina, ya habremos enlistado en nuestra mente los requisitos básicos. Entonces, cuando te topas con alguien que reúne más o menos las características idealizadas de tu propio mapa del amor, es fácil que te enamores. De hecho, una de las formas para garantizar un amor duradero es que llene, en lo posible, tu mapa del amor. Sin embargo, es común encontrar que él o ella se desvíen del ideal. Lo curioso es que hacemos a un lado todas las inconsistencias para

adorar nuestra propia construcción. Por eso dice Hence Chaucer que: "El amor es ciego."

El mapa del amor va cambiando con la edad, pero hay ciertas cosas en su estructura principal que nunca cambian. ¿Cuáles son las razones por las que el amor se enfría? Una de ellas es que, al excavar las características de personalidad del "ideal", te das cuenta que la persona no era lo que querías. O bien, descubres que hay cosas que faltan en tu mapa del amor y no encuentras algo que te conecte con tu supuesta pareja ideal.

Los mapas del amor varían de una persona a otra. Algunos se sienten atraídos por un traje formal o un uniforme médico, tal vez unos senos pronunciados o unos pies chiquitos. A lo mejor a ti te puede atraer su voz, la forma en que se ríe, su paciencia, su espontaneidad, su sentido del humor, sus intereses, sus aspiraciones, su carisma, en fin… Tanto las obviedades como las sutilezas trabajan para hacer a una persona más atractiva que otra. Qué cierto es que todo es según el color del cristal con que se mira.

Dice Carl Jung: "En el encuentro de dos personas, como en el contacto de dos sustancias químicas, si hay una reacción, los dos se transforman." Así es el amor, así de inexplicable y mágico. Aunque no sepamos a ciencia cierta en qué consiste ni cómo se establece, es indudable que modifica nuestra vida.

LOS ANTISEDUCTORES

Estos gringos… ¡ya no saben qué inventar! Pablo y yo criticamos el programa, mientras lo vemos completito y sin cambiar de canal. Se trata de un nuevo *reality show*. El tema central es el arte de seducir. Quince mujeres guapísimas concursan para ser "la elegida" de un apuesto y exitoso galán, vestido con *smoking*, que habita una casa palaciega, aunque el verdadero premio consiste en ganar un millón de dólares. Posteriormente, en otro programa, presentan el caso al revés. Quince hombres aspiran a ser el elegido por la mujer que podría representar el sueño de todo hombre.

Observo con atención. Es interesante ver las reacciones, las miradas, los juegos y las distintas artimañas a las que podemos recurrir hombres y mujeres con tal de obtener la atención y la aprobación del sexo opuesto, sin contar, por supuesto, en cómo se intensifica la astucia ante la promesa de convertirse en millonarios.

Hasta ahora hemos visto cómo, cuándo y por qué nos seduce alguien del sexo opuesto. Ahora comparto contigo las características que, de acuerdo con estudios, matan cualquier pasión o atractivo inicial.

En la historia ha habido grandes personajes, famosos por su capacidad de seducción: Helena de Troya, Cleopatra, Marylin Monroe, John F. Kennedy, Matta Hari, Eva Perón, Winston Churchil y Emiliano Zapata, entre otros; han sido grandes maestros en este tema. Primero, atraen a su presa mediante la coquetería. Recurren a la palabra, al aroma, a la estrategia, al vestuario o al maquillaje para adoptar una imagen de dios o de diosa vivos. Después, las mujeres permiten que un poco de piel se asome por aquí y por allá, estimulando y atrapando la imaginación de su víctima. Los hombres apelan a todos sus encantos masculinos para atraer a la mujer. Una vez que captan su interés, con la voz llevan a su presa en un viaje por el Nilo, como literalmente lo hizo Cleopatra, y una vez que la aseguran en sus redes, estos personajes se vuelven fríos y calculadores. Así es como enganchan a su presa.

Las personas que seducen no necesitan nacer con los atributos de Brad Pitt o Nicole Kidman. La seducción no es física sino psicológica, indirecta y astuta.

Los antiseductores más comunes

• *Los impacientes*. La seducción es una especie de ritual, una ceremonia y parte de su encanto es la duración, el misterio y la espera. Los impacientes quieren que todo suceda rápido. Les preocupa su satisfacción, no la de su compañero(a) y muy pronto reflejan en su mirada la planeación de una noche entre sábanas o la luna de miel. Es como una sinfonía acelerada. Recordemos que la principal cualidad del cazador es la paciencia

• *Los sofocantes*. Estas personas se enamoran de inmediato. Ellos suelen decir "sí" a todo. Se cuelgan del brazo de su amado(a) y se ponen de tapete. Para el hombre o la mujer, de momento, puede ser halagador, pero tanto interés y tanta muestra de amor se vuelven empalagosos y, finalmente, asfixiantes. Mientras más persigas excesivamente a tu deseada pareja, más la alejarás

• *Los maestros*. La seducción es un juego y debe ser ligero, divertido. Llenas de buenas intenciones, este tipo de personas son de ideas fijas y se esmeran en hacer que su compañero(a) sea una mejor persona, por lo que su palabra favorita es "deberías" y alecciona, critica y juzga con frecuencia. Se toman la vida demasiado en serio. Su rigidez mental puede estar acompañada de una rigidez física en los labios, en la espalda y en el cuello. No hay un hombre o una mujer en el mundo que se sienta atraído por alguien así

• *Los nerviositos*. Cuando una persona es segura de sí misma, audaz y un poco misteriosa, siempre resulta seductora. Una persona nerviosa e insegura está tan consciente de sí misma que contagia a su pareja y, al rato, los dos están nerviosos. ¿Quién quiere andar con alguien inseguro? Su preocupación se centra en cuestiones como: "¿Me veo bien?" "¿Habré dicho lo correcto?" "¿Qué pensará de mí?" Esta persona rara vez llega a las etapas avanzadas de la seducción. La falta de naturalidad o espontaneidad borran todo el encanto

• *Los tarabilla*. La seducción radica en hacer que el otro se sienta importante. Y hablar en un monólogo salpicado de las palabras "yo, mi, me, conmigo", es la mejor forma de hacer sentir al otro inexistente. Un hombre o una mujer guapos, bien vestidos y atractivos, que hablan sin parar, de inmediato rompen el hechizo. Los que gustan de apoderarse del micrófono ignoran la vocecita interior que pregunta: "¿Te estaré aburriendo?" Si la oyeran, la respuesta casi siempre sería: "Sí, y mucho"

• *Los ultrasensibles*. Estas personas presumen de ser todo sentimiento, de ser víctimas de la vida y de lágrima pronta. Incapaces de reírse de sí mismos, de conversación intensa, tienden a quejarse amargamente de todo y son muy susceptibles. Esta manera de antiseducción es más frecuente encontrarla en mujeres. De pensamiento laberíntico, es fácil que, a la primera, se adentren en conversaciones filosóficas o cuenten todas sus intimidades. Ojo, como decía Voltaire: "El secreto para aburrir es contarlo todo"

• *Los descuidados*. Un poco torpes, estas personas descuidan puntos claves en la seducción: los detalles, el tacto, el estilo, la estrategia, el lenguaje, la prudencia y las señales que envían los demás. A ellos parece no importarles su apariencia física y se rinden a sus impulsos. Además de ignorar el momento adecuado para hacer o decir algo, suelen ser torpes, muy indiscretos y gozan hablando mal de los demás

Casi todos tenemos en nuestra personalidad uno que otro rasgo latente de antiseductores que al hacernos conscientes, podemos eliminar. Recuerda que la seducción es un juego de atención, de llenar suave y lentamente la mente del otro con tu presencia. Es la habilidad de crear una ilusión es un arte que se requiere en lo familiar, en lo personal y en el trabajo porque, en la vida, mucha de la buena suerte viene en el momento en que logramos seducir a los demás.

> *El verdadero amor no se conoce por lo que exige,*
> *sino por lo que ofrece.*
>
> *Jacinto Benavente*

Un código de barras en la frente

"¿Por qué las mujeres son tan difíciles de entender?" Con las cejas arqueadas y los brazos abiertos, me pregunta un señor al término de mi conferencia sobre comunicación. Y continúa: "Me gustaría que las mujeres, especialmente mi esposa y mi hija, tuvieran un código de barras en la frente para poder leer, saber y descifrar ¡qué es lo que quieren!"

Lo que en realidad me quiere decir es: "Estoy desorientado y necesito que alguien me guíe", y ¡tiene razón! Honestamente, las mujeres podemos ser un poco, o un mucho, más complicadas, enigmáticas, sofisticadas y contradictorias que los hombres, quienes están acostumbrados a un estilo de comunicación más directo, más al grano y más simple. Y estoy segura que la mayoría de los hombres quiere hacer lo correcto pero, la verdad, es que a veces no saben ni cómo.

El señor continúa: "Fíjate, un día, mi esposa llega a la casa y me hace esa pregunta que siempre me pone a temblar: 'Mi amor, ¿qué me notas diferente?' Yo la veo de arriba abajo y, ¡no noto nada! ¿Qué era? ¿Un vestido nuevo? ¿Se pintó el pelo? ¿Traía aretes nuevos? Vi sus zapatos pero me acordé que ya se los había visto la semana pasada. Pensé: ¿Ahora qué le digo? Para salir del atolladero, le contesté: 'te ves muy bonita, mi amor'. Pero mi esposa continuó presionando. 'No, dime bien, ¿qué me notas diferente?' Como no le pude decir qué era, ella se sintió ofendida ¡y me hizo un tango que no te imaginas! Resulta que la habían maquillado en una tienda y, dime tú... ¡cómo voy a adivinar!" Me dio risa porque, estoy segura, esa pregunta la hemos hecho todas las mujeres. Por eso no es de extrañar que cuando las mujeres se juntan su queja sea: "¡Es que los hombres nomás no captan!"

Afortunadamente, ¡somos diferentes! Sabemos que los hombres tienen muchas fortalezas; sin embargo, en el terreno interpersonal, nosotras les sacamos ventaja. Muchas veces sabemos que "sabemos cosas", aunque no estemos seguras de por qué las sabemos.

El estudio más importante que existe sobre las diferencias entre los sexos para decodificar los comportamientos no verbales, lo condujo el psicólogo Robert Rosenthal, de la Universidad de Harvard. La prueba que desarrolló se llama PONS (*Profile of Nonverbal Sensitivity*). El PONS consiste en una serie de videoclips de mujeres jóvenes expresando una serie de emociones como amor maternal, gratitud, búsqueda del perdón, seducción, ataques de celos y odio. En cada videoclip, se encubren las palabras y se oculta, por lo menos, uno de los canales no verbales; en algunos, sólo es evidente; la expresión facial, en otros, nada más el lenguaje corporal y los gestos. Esta prueba incluyó desde niños y niñas de tercer año de primaria hasta universitarios.

Los resultados de Rosenthal y su equipo revelan que, en 77 por ciento de los casos, las mujeres decodificaron con mayor exactitud los mensajes no verbales. Otros estudios confirman que esta habilidad, tanto de percepción como de expresión femenina, es un atributo universal que sobrepasa la cultura a la que pertenezca el grupo analizado.

Lo paradójico es que las mujeres, al expresarse, no monitorean su conducta, a diferencia de los hombres; y es aquí donde se pueden meter en aprietos. Imagina a Laura en una junta de trabajo, un lunes por la mañana. Ella, muy entusiasmada, presenta un plan que le encanta, le apasiona y cree que es el mejor para el grupo. Al exponerlo, Laura sonríe, gesticula, mueve brazos y manos y su voz refleja gran emoción.

Es probable que los hombres presentes en la junta, con las cejas encontradas, cuestionen su fervor y su credibilidad y piensen "¿Qué le pasa a ésta?", incluso puede que uno se le acerque, la toque en el hombro y le diga, "Calma, Laura. ¿Por qué estás tan emocionada?" En el mundo de los hombres, si entras al terreno de lo emocional, significa que has perdido el control, que eres vulnerable y la señal que perciben es de inestabilidad. Por lo tanto, ellos tienden a enmascarar sus emociones.

Para los hombres, el control está relacionado con el poder: entre más control de sí mismos tienen, demuestran más don de mando. Además, sus mensajes no verbales exigen atención y manifiestan mayor dominio. Ellos saben cómo dirigir y controlar estas señales. Aquí está su dilema. Su gran reto surge cuando se enfrentan cara a cara en el terreno de las relaciones interpersonales, donde se topan con un mundo lleno de mensajes que se dicen sin palabras. Por ejemplo, a la pregunta "¿qué te pasa?", una mujer contesta de forma verbal "nada", mientras que todo su lenguaje corporal manifiesta lo contrario. El hombre, satisfecho y tranquilo con la respuesta, se da la media vuelta para después sorpresivamente ser víctima de un gran reclamo. Es por eso que no me extraña la urgencia del señor mencionado, en cuanto a que las mujeres nos pongamos un código de barras en la frente. ¿Tú qué opinas?

Comunicación Verbal

SI QUIERES QUE TE QUIERAN, QUIERE

Tengo grabada la respuesta de mi papá. Hace unos días celebramos, con una cena en familia, los 50 años de casados de mis papás. Fueron momentos felices, de esos en los que uno le da gracias a la vida por tantas bendiciones. A la hora del café, Macarena, una de mis cuñadas, le preguntó a mis papás qué consejo darían a quienes aspiramos a cumplir tantos años de casados, tan compenetrados como ellos lo están. Mi mamá contestó que era cuestión de construir poco a poco, y cada día, los pilares que sostienen el matrimonio como amor, tolerancia y comprensión. Mi papá, que es de pocas palabras, sólo dijo: "Si quieres ser feliz, haz feliz a tu pareja. Si quieres que te quieran, quiere."

Este concepto retumbó en mi cerebro, y sigue haciendo eco con mucha frecuencia, ya que es aplicable no sólo con nuestra pareja, sino en cualquier campo y tipo de relación humana.

Si observamos, ¿por qué al ver un bebé que nos sonríe, de inmediato compra nuestro corazón? O, ¿por qué nos gana nuestro perro cuando llegamos a casa y al vernos ladra y se alborota como si fuéramos el único ser viviente sobre la tierra?

Si criaturas tan inocentes lo saben y lo hacen por algún instinto divino, ¿por qué no lo hacemos nosotros? Si sólo mostráramos interés y cariño por los demás, en un mes ganaríamos más amigos de los que ganaríamos en un año. Pero estamos muy ocupados. ¿Cuántas veces hemos estado dispuestos a hacerlo? Hablamos de nuestros logros y cualidades, de lo bien que va nuestro negocio, de lo inteligentes que son nuestros hijos... Y lo único que ganamos es quedar muy bien ante nosotros mismos. Nada más. La realidad es, por cruda que sea, que los otros no se interesan por mí ni por ti. Se interesan por ellos mismos. ¡Todos nos interesamos primero por nosotros mismos!

Recordemos que tenemos un gran ego. ¿Sabías que una compañía telefónica en Nueva York realizó un detallado estudio de las conversaciones por teléfono y comprobó que la palabra "yo" es la que se usa con más frecuencia? En 500 conversaciones telefónicas se utilizó 3 mil 990 veces. Yo. Yo. Yo. Yo. ¡Es asombroso!

Cuando vemos una fotografía de grupo, en la que salimos, ¿a quién vemos primero? ¡Claro, a nosotros! ¿Cómo salí? Alfred Adler, el famoso psicólogo vienés, escribió: "El individuo que no se interesa por sus semejantes es quien tiene las mayores dificultades en la vida y causa las mayores heridas a los demás. De esos individuos surgen todos los fracasos humanos." ¡Y cuán cierto es!

Cuentan que a Ghandi, al bajarse del tren en que viajaba, se le salió una de sus sandalias y fue a parar en medio de la vía. Como el tren estaba en movimiento, no la pudo rescatar. Para el asombro de sus compañeros, tranquilamente se quitó la otra y la lanzó de manera que quedara junto a la anterior. Cuando un acompañante le preguntó por qué lo hacía, Ghandi sonrió. "El pobre hombre que se encuentre ese zapato sobre la vía —respondió—, ahora tendrá un par para usar." Tú o yo, ¿haríamos lo mismo?

Podrás pensar: ¡Claro, era Ghandi! Sin embargo, podemos reducir su filosofía a la misma frase: si quieres que te quieran, quiere. No hay vuelta de hoja. Si queremos obtener amigos, o estrechar más los lazos, dediquémonos a tener pequeños detalles hacia ellos, hacer cosas por los demás, cosas que requieran entrega, tiempo, energía, altruismo...

Si quiero a las personas se los demuestro siendo cortés y amable con ellas. Bueno, hasta con un sencillo saludo. Recuerdo a mi querida amiga Pachela. Toda la gente que la conoció hablaba maravillas de ella, y le caía bien a todo el mundo. ¿Su secreto? Siempre se interesó por los demás y nos hacía sentir especial a cada una de sus 500 mejores amigas. Si la encontrábamos en la calle, nos saludaba como si fuéramos rock stars. Parecía que no nos había visto en años, aunque la hubiéramos visto la semana anterior.

¡Como nos íbamos a reunir, les traje un detallito!

También recuerdo cuando hace poco pasé mi cumpleaños en una especialización sobre el eneagrama en San Francisco, rodeada de extraños. A la hora de la cena, ¡todos cantaron y unas lindas señoras trajeron un pastel que habían ido a comprar al pueblo, me regalaron una tarjeta muy escogida y firmada por mis compañeros! Después de quedar totalmente conmovida, con remordimiento pensé que yo nunca hubiera hecho algo así. ¡Me sentí mal!

Recordemos lo que señaló Publio Syro, un poeta romano nacido antes de Cristo: "Nos interesan los demás

155

cuando se interesan por nosotros." Quizá porque me falta hacerlo, la frase dicha por mi papá sigue retumbando en mi cabeza: "Si quieres que te quieran: ¡Quiere!"

Y ahora, ¿qué digo?

"Mucho gusto." Estás en una reunión y te acaban de presentar a una persona y se dan la mano. Una vez frente a ella, intercambias miradas, sonríes y el diálogo amable del saludo se agota y se hace un silencio sepulcral. Rápido buscas en el archivo mental, pero no encuentras ningún tema que disminuya tu incomodidad.

Con disimulo, respiras hondo. Mientras tu mirada se va perdiendo en el infinito, ves cómo tu interlocutor voltea discretamente hacia la mesa de los canapés y tú sólo piensas: "Y ahora, ¿de qué platico?"

A todos nos ha pasado. Quisieras que tu plática hubiera sido tan amena como para captar su atención. Desearíamos que la otra persona pudiera darse cuenta de lo cultos y fascinantes que somos, pero no lo conseguimos. Claro que hay para quienes esto no significa reto alguno, las palabras le fluyen en forma natural. Sin embargo, para otros es motivo de angustia.

En otras ocasiones, lo que experimentamos es una terrible frustración por no habernos conectado con alguna persona a la que acabamos de conocer y que llegó con mucha energía y nos inundó con conocimientos, datos y entusiasmo, cuando nosotros apenas estábamos tratando de adaptarnos al ambiente.

¡Claro que a todos nos gustaría agradar a primera vista y conseguir que nuestras palabras fueran amables o interesantes a los oídos de quien nos escucha, además de hacer sentir bienvenido al otro! Pero si esto no es algo que se me dé fácilmente como a algunas personas, ¿qué puedo hacer?

Una buena forma de hacer que se sientan bienvenidas las personas es aplicar el arte de la plática ligera o, como los americanos le llaman, *small talk*. Es curioso ver cómo a muchas personas que en otras circunstancias son temerarias, atrevidas y no se intimidan fácilmente, cuando están en una reunión en la que no conocen a nadie, se comportan como niños desubicados y ni pensar que se atrevan a participar en un *small talk*.

Si esto te suena familiar, no te preocupes. Los estudios demuestran que mientras más brillante e inteligente es la persona, más detesta la plática ligera. El secreto para iniciar una plática y una amistad de manera natural no radica en las palabras que digamos, sino en la forma en que las decimos.

Armonizar y ecualizar

Se trata de armonizar, de componer una melodía de palabras sencillas que permitan que tu interlocutor se relaje y se sienta en confianza. Para esto es necesario, antes que nada, empatar con el estado de ánimo de la persona. Por ejemplo, cuando se hagan esos silencios incómodos, en lugar de paralizarte y sufrir o ponerte a hablar sin ton ni son, puedes escuchar el tono de voz de la gente con la que conversas y tratar de ecualizar su energía, algo así como si repitieras las notas de una maestra de canto.

Piensa en música, no en palabras. ¿Tu interlocutor está en *adagio* o en *allegro*?, es decir, tranquilo y relajado o lleno de energía y entusiasmo. Imítalo, para que de esa manera se sienta a gusto. Cualquier mamá hace esto por instinto.

Cuando el bebé acaba de despertar, le habla suavemente hasta que da señales de estar totalmente despierto. O si un niño llora, en lugar de mover el dedo y decir "cállate", la mamá lo levanta, imita por un momento el llanto con un "yaaa, yaa, ya", para poco a poco hacer sonidos de *shsh* y distraerlo con palabras más alegres.

Piensa que, en este sentido, los adultos somos un poco como los bebés. Debemos imitar el estado de ánimo de quien nos oye si queremos que nos compren algo, nos escuchen o, simplemente, enrolarlos en nuestra plática.

"¿Y ahora, que digo?" La respuesta es, por absurda que parezca lo que sea. No importa si las primeras palabras que decimos son banales, triviales o poco originales. Pueden ser del tipo: "Qué fría está la noche, ¿verdad?, Qué rico está todo, ¿no crees?" o "Qué lento está el elevador, ¿no?"

Cualquier frase sirve, siempre y cuando la digas con intención y no de manera indiferente. Claro que, si a la primera de cambio notas que la otra persona demuestra agilidad mental o ingenio, trata de estar a su nivel.

Así, la conversación escala de manera natural y en forma compatible.

Nada como la sencillez

Nunca debemos intentar impresionar a nadie, porque la persona seguro se da cuenta y a nadie le cae bien eso; además, en la frente nos pegamos un letrero que dice *presumido(a)*. Asimismo, evitemos forzar la charla, ya que ésta irá creciendo de manera natural.

El secreto está en atreverte a decir las cosas trilladas e intrascendentes. Sí, leíste bien, trilladas e intrascendentes. Recuerda que, al principio, la gente se entona más con el matiz de las palabras que con lo que dices textualmente.

¡Ojo! Lo menos recomendable para iniciar una conversación es hacerlo con una queja o diciendo algo ofensivo o desagradable. Las personas etiquetamos muy rápido a los demás. Si lo primero que sale de nuestra boca es una queja, ¡pam!, lo primero que pensará el otro es: "¡Uff!, éste es un quejoso."

Y si nuestras tres primeras frases son de crítica, no pasaremos de ser "criticones". Ten cuidado porque después cuesta mucho trabajo quitarnos esas etiquetas.

Con excepción de lo anterior, siempre podemos iniciar con preguntas: "¿Cómo conociste al anfitrión?" "¡Qué lindo prendedor!, ¿dónde lo compraste?" ¡Qué agradable está la temperatura, ¿no crees? Yo preferiría que hiciera un poco más de calor, ya que soy de Mérida y no me acostumbro a este frío." De ahí, uno puede continuar.

El truco está en preguntar cosas comunes, pero hacerlo con interés y mostrando mucha atención al escuchar la respuesta.

Lo que no hay que decir

A la mayoría de las personas lo primero que se nos ocurre decir es "¿A qué te dedicas?" o "¿Qué haces?" Grave error.

Todos sabemos que la regla de oro en la conversación es provocar que el otro hable de sí mismo, sin embargo hacer esta pregunta a un recién conocido tiene los siguientes riesgos.

- A lo mejor su profesión es ¡lo más aburrido del mundo! Y empieza a hablar con tecnicismos, bytes, megabytes, tornillos, maquinaria pesada o flores de seda. A uno no le queda más que escuchar con cara de hipnotizado y mecánicamente contestar un *ah-ha*

- Quizá se dedica a algo extraño. A lo mejor toma muestras en un laboratorio, hace trasplantes de pelo, es proctólogo o algo deprimente: "Pues tengo un rastro" O "manejo una agencia funeraria." ¡No! Y qué le vamos a decir, después de: "¡Qué interesante…!" La pregunta inocente nos puede poner en una situación de querer huir de inmediato. Una vez iniciada la conversación, entre más rápido queramos evadirla, más difícil es escapar

- Quizá la persona simplemente no hace nada. El otro día pude experimentar lo poco atinado que es hacer esta pregunta. Estábamos mi esposo y yo en una cena de ocho personas sentadas en una mesa redonda. La conversación estaba muy amena, sin embargo, noté que participábamos sólo siete de ella. Una señora no había abierto la boca para nada. En mi intento por incorporarla a la conversación, se me ocurre hacerle la fatal pregunta: "¿Fulanita, y tú a qué te dedicas?" La mesa se calló para escuchar y el silencio se hizo peor cuando contestó: "A nada…" Traté de entrar al rescate, y torpemente dije: "Bueno, pero seguro haces algún deporte, o tomas alguna clase." Y la siguiente respuesta fue: "No, nada... nada." Pensé: "trágame tierra." Callejón sin salida, fin de la conversación... Aprendí la lección

- A lo mejor la respuesta es deprimente. Después de que en la introducción todo fue sonrisa y buen humor, viene el "¿oye, y qué haces?" De pronto vemos cómo le cambia la cara a la persona y en tono apagado nos dice: "Bueno, actualmente estoy desempleado, y yo, bueno pensé que ahora lo iba a conseguir y... pues no, no he podido..." Te quieres morir

¿Cómo rescatar esta situación? Lo que podemos contestar es: "Qué lástima" ¡Cuál es la necesidad de meternos en aprietos!

- Si esta pregunta la hacemos a un grupo, por ejemplo en la mesa de una boda y nos tocó sentarnos con gente desconocida, la cosa se complica. En primer lugar, puede parecer que estamos evaluando a las personas, para ver si vale la pena conocerlas o no. Por otro lado, la plática de este tipo, por naturaleza es de persona a persona; entonces los otros se sienten fuera de la conversación o bien pueden aprovechar el pase para escapar, sobre todo si ya se habían dado cuenta de que la persona es muy aburrida

- Ahora que, si estamos en una convención de trabajo, fiesta de la compañía o de la industria, hacer este tipo de pregunta es de lo más normal y no corremos riesgo alguno. Al contrario, la pregunta se espera y da pie a futuras relaciones comerciales

"Manéjese con cuidado"

Hay temas que deberían estar en nuestra mente con una etiqueta de "manéjese con cuidado", en el primer encuentro: política, religión y aborto, ya que por polémicos es mejor evitarlos. Hay preguntas que entre amigos son aceptables, mas no con personas recién conocidas. Como: "¿Estás planeando tener bebé pronto?" "¿Cuántos hijos tienes?" "¿Estás embarazada?" (si la respuesta es "no", ambos(a) nos incomodamos mucho).

Otras preguntas que se llevan esta etiqueta

"¿Te acuerdas de mí?", "¿Por qué no tomas alcohol?", "¿Ése es tu color de cabello natural?" O: "¿Cómo estuvo el funeral? Sé que no debería preguntar esto, pero..." (Hay que hacerle caso al instinto.)

Bueno, entonces, ¿cómo iniciar la conversación una vez que estamos ahí parados con la mente en blanco durante minutos que parecen horas? Antes que nada, relájate, observa a la persona y busca algún terreno en común.

Por ejemplo, la persona, ¿tiene un logotipo en su camiseta, algún emblema en la corbata que nos indique algún interés, *hobby*, deporte, o algo que practique? ¿Se ve bronceada? Quizá regresó de vacaciones o tiene una casa de fin de semana, ¿en dónde?

La próxima ves que digas "mucho gusto" y te preguntes "ahora de qué platico?", recuerda este sabio proverbio árabe: "Cada palabra que pronuncies debe pasar por tres puertas antes de decirla. En la primera, el portero pregunta: "¿es la verdad?" en la segunda: "¿es necesario?" y en la tercera: "¿es amable?"

Nuestras palabras pueden dar pie a que la conversación continúe y, ¿quién sabe?, tal vez sea el principio de una estupenda relación amistosa o de trabajo. Así que ¡ánimo!

CONVERSAR NO ES HABLAR

¿Estás de acuerdo conmigo en que uno de los privilegios de la vida es conversar? Cuando gozamos de esos momentos sabrosos frente a una taza de café y el tiempo no cuenta, sentimos la libertad de expresarnos sin temor a ser juzgados. Entonces no hay competencia, no hay vanidad, sólo un tranquilo intercambio de sentimientos con un amigo o con nuestra familia. ¿El tema? Es lo de menos. Incluso puede ser alguno en el cual tenemos puntos de vista totalmente opuestos, en el que disentimos con respeto y que prevalece una voluntad de conocernos y enriquecernos mutuamente.

¿Cuántas veces la magia de la conversación se da en el momento menos esperado? Por ejemplo, cuando nos estamos despidiendo de alguien y, antes de abrir la puerta del coche, alguno dice: "Oye y por cierto... ¿qué opinas de tal cosa?", o bien: "Se me olvidaba decirte que..." y la conversación se prolonga plácidamente durante tres horas.

Una relación entre dos personas puede iniciarse por química o por atracción física; pero en el momento en que empezamos a entablar una conversación, intuimos de inmediato si la relación podrá crecer o no. El atractivo físico no es suficiente para que se dé un acercamiento. La conversación agrega algo infinitamente precioso a cualquier relación. Cuando tenemos el privilegio de estar con alguien que nos reta, nos estimula o nos convierte por la vía verbal, nos damos cuenta de lo mucho que esa persona puede contribuir a nuestro desarrollo intelectual, moral o emocional mientras que, al mismo tiempo, permanecemos como personas únicas. El contacto físico es básico en la intimidad, pero la conversación extiende esa intimidad a muchos aspectos en los que tomarnos de la mano no es suficiente.

Los errores

Sin embargo, conversar no es hablar. Al intentar una buena conversación podemos incurrir en varios errores:

1. *Jugar a las vencidas.* ¿Cuántas veces nuestra supuesta conversación se reduce a un absurdo intercambio de monólogos, no siempre interesantes, en los cuales lo único que deseamos es mostrar nuestro ego, nuestra sabiduría o nuestro nivel de información como si se tratara de un juego de vencidas mentales? Además, a ninguna de las dos partes les interesa realmente lo que el otro dice. Es como si nos dijéramos uno a otro: "¡Mírame, mírame! ¿No soy lo máximo?"; hasta que nos damos cuenta (si es que lo hacemos) que ha llegado la hora de callarnos, ya que la otra persona sólo mueve afirmativamente la cabeza con mirada dispersa y ya no dice nada.

   El triste resultado es que no sólo dejamos de aprender algo nuevo sino que, lejos de enriquecer la relación con los demás, nos distanciamos. Por más fascinantes que creamos ser, si cedemos nuestros reflectores a los otros, descubriremos que tienen infinidad de cosas interesantísimas que enseñarnos y la persona menos esperada puede ser una gran fuente de inspiración.

2. *Las interrupciones.* Por lo general estamos tan ocupados, tenemos tantas interrupciones (¡el celular suena tantas veces!), que no dejamos espacio para una verdadera conversación.

3. *Temer a los silencios.* Para ser un buen conversador no necesariamente se tiene que hablar mucho. Dice Montesquieu: "Entre menos piensa el hombre, más habla." Así que no temamos a los silencios. Cuentan que uno de los más famosos conversadores de la historia, fue el diplomático francés Talleyrand tuvo una infancia solitaria y, como tenía una discapacidad física, con frecuencia se sentaba en las reuniones y observaba sin decir una sola palabra. Sin embargo, de pronto, salía con una frase inolvidable, un comentario que estimulaba la conversación o la discusión amena. Las pausas son importantes. Si la música no tuviera pausas sería sólo ruido. En la pausa está el énfasis, el suspenso. Hay personas que sienten la necesidad de rellenar los espacios de conversación con palabrería que sólo aturde. El silencio nos da tiempo de reflexionar, de cambiar el tema, de tomar una decisión. Es una herramienta en la conversación. La mejor forma de saber cuándo callarse es cuando el pobre interlocutor sólo asiente con la cabeza sin decir una sola palabra.

4. *Evita las frases "clichés".* En ocasiones, no estamos seguros de lo que pensamos, ni de nuestra habilidad para expresarnos, o simplemente creemos que no tenemos nada importante que decir. Nos mantenemos ausentes durante la conversación, nos limitamos a repetir lo que otras personas dicen o bien repetimos los clichés de moda. Procura evitar los clichés como: "Adónde vamos a llegar así", "más

vale tarde que nunca", "los jóvenes de ahora"; "eso de la tecnología...", porque a la otra persona no le queda más que asentir y... ¡llega el temido silencio! ¿Cómo crear esa magia que se da con el intercambio de ideas, cuando lo que expresamos no surge del corazón o de nuestro intelecto? Aunque no tengamos ese don natural que algunas personas tienen para conversar, lo importante es estar dispuesto a pensar por uno mismo y tener el coraje de expresar lo que pensamos.

5. *Discutir en lugar de conversar*. Hay personas que sienten que deben ganar un argumento como si se tratara de probar su valía personal. Por lo general, terminan exhaustas y con la relación desgastada. Para lograr una verdadera conversación, se requiere de una buena dosis de humildad y de respeto mutuo. Lo cual no significa claudicar en nuestra opinión.

Es mediante la conversación, la comunicación con los demás, el mezclar diferentes pensamientos con el propio, que podemos convertir nuestra vida individual en algo más rico, original y productivo. Así que busquemos el tiempo para disfrutar de uno de los privilegios de la vida, que es conversar plácidamente con un amigo, la pareja o un ser querido.

> *Hay que escuchar a la cabeza, pero dejar hablar al corazón.*
>
> *Marguerite Yourcenar*

Como vimos, parece cosa fácil entablar una conversación, pero todos sabemos que es un arte que implica provocar empatía, tener un orden para estructurar las ideas de manera elocuente y, sobre todo, lograr que el otro se sienta escuchado y cómodo con nuestra charla.

Las reglas son básicas y las habilidades fáciles de aplicar. Todos las conocemos, pero quizá no siempre las recordamos o las aplicamos. Comparto contigo los secretos que todo buen conversador conoce:

1. *Escucha su nombre*. Al presentarte, escucha con atención el nombre de la otra persona, y trata de recordarlo para que puedas intercalarlo durante la plática. "Oye Pedro, esto que me dices suena muy interesante." Recuerda que no hay mejor sonido que escuchar nuestro nombre. Te puedo garantizar que la persona quedará encantada y la habrás hecho sentir importante.

2. *Dale seguimiento*. Si la persona agrega algo después de decirnos su nombre, nos da pie para seguir por ese camino: "Soy Luis Velasco y ésta es la primera vez que estoy aquí", o "soy primo de Carla (la anfitriona)". Cuando seas tú quien se presenta, procura agregar siempre algo de información para facilitar la plática.

3. *Míralo a los ojos*. Esto es muy importante, porque cuando no vemos a los ojos expresamos una falta de interés total en el otro. Asimismo, ver el reloj, quién entró, con quién vino, son distracciones normales que debemos evitar si lo que deseamos es que la persona se sienta a gusto y converse con nosotros.

4. *Evita ser categórico o impositivo.* Las personas que se expresan como si fueran las dueñas de la verdad nunca caen bien, aunque sean muy sabios. Evita usar las palabras "deberías de, yo que tú, estás mal", aunque tu intención sea buena. Recordemos que, entre la concurrencia, posiblemente haya algún otro especialista en el tema. La conversación debe ser un diálogo, no un monólogo, es decir, debemos abrirla para que intervengan en ella los demás. Seguro aprendemos algo nuevo.

5. *Permite que el otro hable.* ¿Cuántas veces podemos caer en el error de apasionarnos con nuestro tema y sostenemos un monólogo que quizá a los demás no les parezca tan interesante? Tal vez, con un poco

de soberbia, pensamos que somos los únicos que tenemos algo importante qué decir y hablamos en primera persona sin parar. Iniciamos todas las frases con: "yo, mi, me, a mí, conmigo" y no damos oportunidad a que el otro hable, porque jamás se nos ocurre decir la frase mágica: "Oye, ¿y tú?"

6. *Comparte algo de ti.* Si te abres un poco y compartes algo de ti, se facilita que el otro también lo haga: "A mí las fiestas me intimidan un poco." Con esto invitas al otro a tener una comunicación sincera y, por ende, interesante.

7. *Sé sencillo y directo.* Hay personas que dan mil rodeos para decir algo, o se desvían en cada punto de su conversación, por lo que perdemos el hilo de lo que quería decir. Es como las personas que para ir de México a Acapulco pasan primero por Tijuana: ¡son desesperantes! Por lo general lo hacen cuando saben que tienen captada la atención de los demás y tardan horas para hacer su relato. No hay como una persona que se expresa en forma clara, sencilla y sin rodeos. "Menos es más..." Esto lo decía el arquitecto Ludwig Mies Van Der Rohe. Y se aplica a la conversación. No hay nada como la sencillez.

8. *Pregunta.* Una manera inteligente de hacer sentir importante al otro es plantear una idea y preguntarle su opinión para dejar el diálogo abierto. "¿A ti qué te pareció la decisión que tomó el presidente?", "¿Tú cómo ves el asunto de los maestros?"

9. *Haz preguntas abiertas.* "¿Por qué decidiste cambiar de compañía?" o "¿Cómo conociste a Connie y a Manuel (los anfitriones)?" Si preguntas algo que el otro pueda resolver con un sí o un no es como entrar en un callejón sin salida. Por ejemplo: "¿Te gustaría ir al cine?" La conversación fluye mejor cuando las preguntas comienzan con: "¿Cuándo?" "¿Cómo?" "¿Por qué?" "Si quieres persuadir, habla con los oídos muy abiertos", dice un proverbio árabe.

10. *Escucha.* Para establecer una buena conexión con la otra persona, interésate en toda la información que

te ofrezca. Para que esto sea posible, deja de pensar en ti, en lo que vas a decir. Resiste la tentación de aconsejar, de contestar o de corregir. Evita que te gane el enojo, aunque no te guste lo que escuchas. Mejor concéntrate en el otro: ¿Qué piensa, siente, quiere y necesita? Escúchalo con sensibilidad. No escuches sólo sus palabras, escucha sus silencios, lee entre líneas, atiende su tono de voz, observa cada movimiento de su cuerpo, ya que es lo único que no se puede fingir. Una buena conversación se parece a un partido de tenis. La pelota y la atención están en un lado de la cancha para después pasar al otro. Ésta es la clave para agradar siempre. Sin embargo, recuerda siempre que quien domina la conversación no es el que habla, sino el que escucha.

11. *Haz sentir importante al otro.* Ya lo hemos dicho antes, ésta es la clave para agradar siempre. Concentra tu interés en el otro. Dale los reflectores, que sea él o ella quien hable. La clave es que al término del encuentro la persona sienta que te impresionó y no al revés. Como dijo Jared Spark: "Cuando hablas, repites lo que ya sabes. Cuando escuchas, aprendes algo."

12. *Date tu tiempo.* Procura hablar siempre a un buen ritmo. Cuando estamos muy emocionados o ansiosos porque nos escuchen, hablamos muy rápido y damos la sensación de inseguridad, de ansiedad o de que tememos no completar la idea.

13. *Modula tu voz.* Es muy incómodo hablar con alguien a quien no se le escucha bien, porque lo hace en tono de susurro, o también cuando la persona habla con voz muy fuerte. Es importante modular la

voz para que el mensaje sea bien recibido. (Esto lo veremos con detalle más adelante)

14. *Ten paciencia*. Una vez, en una cena, la señora de enfrente decidió platicarnos con todo detalle a mi esposo y a mí su pasión por las flores de seda (nada interesante) y nosotros nos dimos cuenta de que el vecino estaba haciendo reír a los demás con unas maravillosas anécdotas que nos hubiera encantado escuchar. Pero ni modo, no nos quedó más que escuchar y atender con paciencia a la señora y sus tulipanes. Así que... dejemos que la persona termine de expresar su idea, aunque ya la hayamos entendido o su mensaje nos parezca lento y repetitivo.

15. *Relájate*. Cuando tu cuerpo se nota tieso, tenso, rígido, no invita a conversar. Es horrible platicar con una momia. La persona que no gesticula, no asiente con la cabeza y no da señales de haber recibido el mensaje inquieta mucho a quien busca entablar conversación. Es muy importante mostrar nuestro interés, no sólo con palabras sino también con el cuerpo. Si por la situación te sientes estresado, respira profundamente tres veces y suelta el aire por la boca.

16. *Mantén una actitud positiva*. Los problemas que todos tenemos en lo cotidiano son suficientes como para que al entrar en contacto con una persona escuchemos quejas, críticas o comentarios negativos. Por el contrario, qué placentero y refrescante es convivir con personas que siempre tienen temas agradables, interesantes y que contestan a la pregunta: "¿Cómo estás?", con un: "De maravilla."

17. *El tacto es importante*. Si no estás de acuerdo con algún comentario, busca una forma serena de dar tu

punto de vista y tus razones. Es mejor que menospreciar al otro o balbucear expresiones como "Estás mal", "para nada" o, peor aún: "No sabes de lo que hablas." Optemos por un sencillo: "Yo lo veo de manera diferente". Cualquier cosa se puede decir, si tenemos el tacto de hacerlo en el momento y el lugar adecuados. Con esto, nunca ganarás un enemigo gratuito.

18. *Acepta cuando no sabes algo*. Esto, lejos de hacerte quedar mal, es un acto de grandeza, de seguridad en ti mismo y de sencillez que la gente aprecia.

19. *Sé valiente*. No hay nada más falso que las personas que nos dicen "Sí, sí" a todo sólo por quedar bien y no se atreven a expresar su opinión. Cuando esto sucede, la persona manifiesta estar de acuerdo con todo, no por convicción sino por conveniencia. No se atreve a expresar su opinión, o nos da por nuestro lado al decir lo que cree que nos gustaría oír. Es muy aburrido y además, a todas luces, se percibe falso. La conversación es como una novela, necesita tener diferentes opiniones, personajes, formas de ver la vida, para que sea interesante.

20. *Evita interrumpir*. Muchas veces nos sentimos tan identificados con lo que dice el otro que lo interrumpimos para dar nuestra opinión. Es un hábito que se forma sin darnos cuenta, y es muy molesto.

21. *Convive con otros*. Un error muy común es ponernos a platicar todo el tiempo con una sola persona, sin darnos cuenta de que, sin querer, podemos ignorar a alguno o algunos de los invitados. Ahora que, si la conversación está muy, muy interesante, o estás en plan de conquista, puede hacerse una excepción.

22. *Mantente al día*. Hay que estar muy atentos para darnos cuenta cuándo un tema se agota y, con

mucho tacto, sacar otro nuevo. Para esto es importante leer los periódicos, ir al cine, a conciertos o leer libros interesantes.

23. *La privacidad es importante*. Evitemos compartir intimidades, problemas afectivos, familiares o físicos. La verdad es que pueden no interesarle a nuestro interlocutor. Es un detalle de delicadeza ahorrárselos.

Por ultimo, recurro a Aristóteles, quien dice: "Piensa como sabio, pero habla como la gente común."

Las 12 barreras de la comunicación

"¡Otra vez nos enojamos! Por más que quiero llevarme bien con mi suegra, ¡no puedo! El domingo llevamos a los niños a comer con ella. Te juro que yo tenía la mejor disposición, pero empezó a mandar indirectas y a criticar la forma en que educamos a mis hijos. Y, la verdad, no me aguanté, le contesté y estuvimos muy incómodos el resto de la comida. Por más que quiero llevarme bien con ella, no sé por qué, ¡siempre pasa lo mismo! "

Esto, que me platica Erika, es algo muy común y nos puede pasar a todos, no sólo en este tipo de relación, también entre papás e hijos, jefes, colegas, amigos y empleados. Quisiéramos tener mejores relaciones interpersonales, entonces, ¿por qué, en ocasiones, se nos dificulta? Una de las razones es que, sin darnos cuenta, imponemos barreras de comunicación, especialmente cuando estamos estresados. Se estima que cuando una de las dos partes que intentan establecer comunicación tiene una queja o problema con la otra, recurre a estas barreras 90 por ciento de las veces.

Expertos en comunicación, como Carl Rogers y Thomas Gordon, coinciden en una lista de lo que llaman la Docena Sucia de las barreras que echan a perder la comunicación. Éstas incluyen:

1. *Criticar*. "¡Claro! Otra vez fallaste." O bien: "Tú siempre te las arreglas para hacer mal las cosas." A veces, equivocadamente, pensamos que si criticamos constantemente, la gente mejorará, como en el caso, de la suegra de Erika. Los papás critican a sus hijos para que sean personas de bien. Los maestros a los alumnos para que estudien más. Los supervisores a los empleados para que aumenten la producción, y olvidamos que la crítica anula cualquier buena intención y afecta negativamente la autoestima del otro.

2. *Insultar o etiquetar*. "Tenías que ser vieja…" "Eres un tonto…" "¡Qué macho eres!…" y demás linduras. Cuando para hacer sentir mal al otro recurrimos a las ofensas, o a las humillaciones, estamos cerrando con llave la puerta de la comunicación a veces para siempre.

3. *Diagnosticar*. "Te conozco como la palma de mi mano, ya sé que lo haces para molestarme." Cuando, en lugar de escuchar al otro con empatía, tomamos el papel de psicólogo barato y con rapidez analizamos y etiquetamos su conducta, estaremos usando la mejor fórmula para desesperarlo.

4. *Halagar evaluando*. Existe la creencia de que los halagos nos hacen sentir bien y nos motivan. Entonces, ¿por qué nos defendemos de los halagos? Cuando se exagera la realidad o se evalúa positivamente a alguien con la finalidad de manipularlo, se nota

y tiene resultados negativos. El supuesto halagado piensa: "No es para tanto, no estuve tan bien... De seguro, quiere algo de mí..." y por supuesto, provoca desconfianza.

5. *Dar órdenes*. Nunca le digas a la otra persona lo que debe hacer. Dar órdenes no es persuadir. Mejor muestra la realidad, para que el otro decida por sí mismo lo que tiene que hacer. "Haz tu tarea, ahorita mismo. ¿Cómo por qué?, pues porque quiero..." Cuando utilizamos este método, la gente se pone a la defensiva y, por naturaleza, se resiste. Implica que su propio juicio no importa y esto degrada su autoestima. No funciona. Siempre será mejor preguntar: "¿Tú qué opinas?" "¿Cómo ves?" "¿Qué crees que debamos hacer?" Además de que la gente se siente tomada en cuenta, hará las cosas con más gusto y nos la echaremos a la bolsa.

6. *Amenazar*. "Haz esto o, si no, ya sabes..." Lanzar una amenaza produce los mismos resultados que dar órdenes.

7. *Moralizar*. A mucha gente le gusta envolver sus palabras con un halo de autoridad, a fin de darles una fuerza social, moral o teologal. Dan discursos interminables que contienen o implican la palabra "deberías". "No deberías hacer eso. Piensa lo que pasaría con..." "Deberías ofrecer una disculpa." Moralizar es desmoralizador. Produce ansiedad y resentimiento, además de que invita a ocultar la verdad.

8. *Preguntar excesiva o inapropiadamente*. Las preguntas tienen su lugar en la plática pero, en exceso, pueden secar una conversación; sobre todo del tipo que los papás les hacen a los hijos adolescentes: "¿A dónde fuiste?" "¿Con quién estabas?" "¿Qué hiciste?" Con

esta batería de preguntas, lejos de obtener alguna apertura en la otra persona, sólo conseguimos dañar la conversación. Cuando las preguntas son incompletas, indirectas, veladas o impersonales, los demás siempre se dan cuenta y provocan reacciones defensivas.

9. *Dar consejos.* "Si yo fuera tú, haría esto y esto..." "Eso es muy fácil. Mira, primero..." Aconsejar es una de las barreras más comunes; para la mayoría de las personas, es una tentación constante. Pero, ¿por qué es malo dar consejos? Porque sugiere que tenemos poca confianza en la capacidad de la persona para resolver sus problemas. En esencia es como decirle a alguien: "La solución está en tus narices, pero eres tan tonto, que ni siquiera te das cuenta."

10. *Desviar.* Lo peor que podemos hacer en una relación es restarle importancia a lo que la persona dice, o distraernos en otra cosa e interrumpirlo: "Hablando de..." ¡y nos vamos a otro tema! "¿Crees que lo tuyo está mal? ¡No, hombre, deja que te cuente lo que me pasó a mí!" ¡Por favor! Así, ¿a quién le dan ganas de seguir platicando?

11. *Dar soluciones lógicas.* "Velo fríamente. Si no hubieras comprado el coche, ya tendríamos para la renta." Si le damos soluciones lógicas a una persona que está bajo estrés o en conflicto, podemos enfurecerla. ¿La razón? Es seguro que la persona ya se haya dado cuenta de lo obvio y por eso está estresada. Lo menos que quiere oír es lo mismo que ella misma se recrimina.

12. *Tranquilizar.* "No te preocupes, la noche es más oscura cuando va a amanecer." De momento, consolar suena bien, pero, si se hace por encimita, sin comprender la problemática de fondo, en realidad logra todo lo contrario. Es una forma

de lavarse las manos, de retraerse emocionalmente. Es como decir: "Te ayudo pero de lejitos. No me involucro."

Si somos concientes de estas barreras y nos esforzamos en derribarlas, estoy segura de que nos comunicaremos mejor. ¿No crees?

> *Aconsejar es un oficio tan común que lo practican muchos y lo saben hacer muy pocos.*
>
> *Fray Antonio de Guevara*

CÓMO Y QUÉ DECIR EN UNA SITUACIÓN DIFÍCIL

¿No te gustaría ser como los actores de las películas? Siempre saben qué decir y todo lo expresan en forma simpática y atinada. ¡Nunca hablan de más, no dicen tonterías! Su diálogo es perfecto. A mí me encantaría ser así, sólo que en la vida real no tenemos un guión; la buena noticia es que lo podemos crear.

A veces pasamos por situaciones difíciles, como cuando debemos reconocer un error, dar una mala noticia, despedir a un empleado, consolar a un ser querido, negar un permiso, pedir un favor o felicitar a un oponente y, en esos casos, lo que decimos y cómo lo decimos es ¡muy importante!

De antemano, intuimos que hay que decir esto con todo el tacto del mundo, porque la consecuencia de no hacerlo podría detonar una bomba. No obstante, hay que decir las cosas. ¿Cómo hacerlo sin herir sentimientos, sin alterarnos, sin perder los estribos?

Si sólo confiamos en nuestro "instinto natural" para sacar el problema adelante, sin prepararnos bien, lo más seguro es que los resultados sean poco exitosos.

Y, en situaciones como éstas, por lo general el cerebro se nubla, la lengua se enreda y nos arrepentimos al escuchar las palabras torpes que salen de nuestra boca, por lo menos en mi caso.

Hablar con alguien de un asunto importante causa angustia y no falta quien te dé un consejo como: "¡Sólo sé tú mismo, no lo pienses mucho! Di lo que se te ocurra. Déjate llevar por tus sentimientos."

Tenemos la idea de que ser honestos equivale a ser espontáneos y que ¡mientras menos lo pensemos, mejor nos saldrá todo! Grave error. ¡Cuántas veces nos arrepentimos de hacer esto! ¿Por qué pensar antes de hablar? ¿No se supone que sentimos lo que estamos diciendo y que los sentimientos deben ser espontáneos?

El pensamiento es lo que nos hace diferentes al resto de los animales, por eso podemos afirmar que hablar con el corazón está directamente relacionado con lo que pensamos. Las habilidades que llegamos a adquirir sin duda son una combinación de talento y esfuerzo. Sería muy práctico que todos pudiéramos correr como Ana Gabriela Guevara, que cantáramos como Pavarotti o que jugáramos golf como Tiger Woods.

Nos encantaría persuadir con palabras a nuestro hijo, a nuestro jefe o pareja en forma natural, sin embargo no es tan sencillo, porque el buen uso del lenguaje natural es algo que aprendemos. Pero todos podemos lograrlo si hablamos desde el corazón y usamos la cabeza.

Comparto contigo una fórmula muy eficaz, creada por los expertos en comunicación asertiva, que se llama "Guión DEEC" Las iniciales indican los cuatro pasos a seguir y no estaría mal que los aprendiéramos de memoria:

1. Describe. Primero hay que describir cuál es la conducta que nos molesta en la forma más simple, objetiva y específica. Al hacerlo, hay que ver a los ojos de la persona. Y decir, por ejemplo: "Ayer llegaste a las cuatro de la mañana y no avisaste por teléfono, como habíamos quedado." Hasta aquí, el otro tiene pocas bases para discutir.

Simplemente estamos describiendo el problema sin acusar de nada, sin tratar de adivinar los motivos, sin decir: "Seguro tomaste tanto que hasta perdiste la noción del tiempo", o cosas así. Este tipo de acusaciones sólo provocan protesta y enojo.

2. Expresa. Después hay que decir lo que sentimos o pensamos. Podemos usar palabras como: "Me siento inquieto(a) cuando...", "tengo la sensación de..." o bien: "Esto me hace pensar que..." Debemos expresarnos con claridad y moderación, sin ser sarcásticos ni explotar emocionalmente (esto es lo más difícil de hacer).

Podemos decir, por ejemplo: "Cuando haces esto, me preocupo mucho por tu seguridad; siento temor porque pienso que podrías sufrir un accidente." Fíjate en las palabras clave "me preocupa", "tengo", "pienso". Estas palabras describen cómo me siento cuando tú haces algo. No provocan enojo en el otro; al contrario, apelan a la comprensión.

Las palabras condenatorias como: "Me choca cuando haces eso", "eres un insensible" o "me haces enojar", prenden la chispa y, con el sobreuso, se desgastan y pierden su efecto.

3. Especifica. Ya que describimos lo que nos molesta y expresamos cómo nos sentimos, hay que pedir, con claridad, una conducta diferente. Por ejemplo: "Te pido que cuando salgas de noche, siempre llames por teléfono para que esté tranquila."

Las investigaciones demuestran que los mejores resultados se obtienen cuando pedimos "una sola cosa" a la vez (esto es otra cosa difícil de hacer). Si lo que queremos es un gran cambio, más vale lograrlo paso a paso, con pequeños acuerdos mutuos.

Las palabras que usemos deben ser concretas y muy específicas. Si pedimos un cambio vago, de actitud o de personalidad, sin especificar claramente qué pretendemos y decimos algo como: "Me gustaría que fueras más considerado", la petición queda flotando en el aire sin que la persona entienda claramente a qué nos estamos refiriendo. ¿Qué es ser considerado?

4. Consecuencias. En este punto, como en un contrato, hay que mencionar cuáles serían las consecuencias, positivas o negativas, en caso de llevarse a cabo, o no, el acuerdo. Aunque siempre es mucho mejor plantear las consecuencias positivas.

Podemos decir: "Me gustaría seguir confiando en ti, así no me voy a preocupar y tú vas a sentirte a gusto." Es mejor decir esto que llenarlo de amenazas como: "Me vas a hacer pedazos", "ya nunca te voy a tener confianza" o "te voy a dejar", y cosas por el estilo. El uso exagerado de la amenaza es contraproducente, ya que, si no somos capaces de cumplirlas, hacen que perdamos credibilidad frente a los ojos de nuestro interlocutor.

Y tampoco representa una gran dificultad si estamos hablando con un adulto, porque él sabe que la mejor recompensa es intrínseca. Basta decir: "Me voy a sentir bien", "nos vamos a llevar mejor" o "haremos las cosas con más entusiasmo". Destaca lo positivo, describe la recompensa de hacer esto o lo otro, de manera que motives a la persona a cambiar su conducta.

Así que, en esos momentos difíciles en los cuales debes tocar un punto sensible, incómodo o delicado con un hijo, la pareja o un compañero de trabajo, no olvides preparar bien tu "guión DEEC" Es mejor describir, expresar y especificar cada punto; de esta forma, a todos nos va a quedar claro que cada uno de nuestros actos tienen una consecuencia y nadie podrá poner de pretexto el clásico: "No entendí lo que me quisiste decir."

Habla del corazón

1. Recuerda que hablar honestamente no significa hablar sin pensar.
2. Quítate de la cabeza la idea de que lo espontáneo es lo mejor. No sólo está bien prepararnos para hablar, sino que es la única manera de hacerlo bien.
3. Piensa que no basta saber qué quieres decir, sino saber escoger las palabras adecuadas.
4. Algo muy importante es recordar que entre más sencilla y clara sea tu propuesta, la otra persona podrá captarla mejor. Por esto, la preparación es básica para evitar caer en esos típicos laberintos mentales y verbales que sólo confunden a todos: "Es que yo pensé que tu creías, "y entonces dije", "porque a mí me habían dicho, y entonces…" ¡Qué horror!
5. Es importante recordar que, al comunicarnos, lo mejor es hablar con palabras que unan: "Nosotros, nuestro", y evitar las que dividen: "Tú, yo, ustedes." Asimismo debemos procurar que la plática se

centre en los beneficios que la otra persona tendrá. Durante la conversación, evita a toda costa que se sienta que al final habrá un ganador y un perdedor. Utiliza palabras agradables al oído como: admiro, el mejor, experiencia, agradecido, ayuda, generoso amor, progreso, orgullo, ingenioso, honor, esperanza, ejemplo, ética, contribuir.

6. Por otro lado, evita palabras que, con sólo escucharlas, desaniman: absoluto, en contra, enojado, política de la compañía, desafortunadamente, trampa, desastre, aniquilado, retiro, obedecer, injusto.

7. También recuerda que en la comunicación ocupan un lugar muy importante tus gestos, tono de voz y lenguaje corporal. Así que atrevámonos a quitarnos las máscaras, a relajarnos antes de hablar, a escuchar con compasión y, sobre todo, a abrir nuestra mente y nuestro corazón para enriquecer las relaciones al decir las cosas bien.

Cómo evitar los malos entendidos

¿Sabías que nueve de cada 10 problemas se deben a una mala comunicación entre las personas? Esto puede sonar exagerado, pero los estudios comprueban que así es. Y como dice Graham Green: "Si superáramos el último por qué de la cosas, tendríamos compasión hasta de las estrellas."

Todos sabemos que la sinceridad, el tacto y la expresión genuina de los sentimientos son prácticas vitales en las relaciones con nuestra familia, amigos, seres queridos y compañeros de trabajo. Sin embargo, en la comunicación hay obstáculos que interfieren cuando menos lo deseamos. Como vimos, es muy común que haya malos entendidos:

"Yo pensé que tú..." "es que no sabía que..." Además, están las dificultades en la transmisión del mensaje: "Eso no es lo que quise decir..." "Entendí que…" "Nunca dije eso…" Las palabras "correctas" no salen o bien salen tarde y se establece una lucha con los vocablos que, a veces, parecen expresar algo diferente a lo que en verdad sentimos o, al salir de nuestra boca, se oyen ridículos, huecos, tontos o poco atinados.

Así, a muchos se nos dificulta encontrar la línea, el balance en que las palabras se conectan con la cabeza y el corazón de manera armónica. El resultado es que, a veces, por casualidad, le atinamos, y otras tantas nos equivocamos.

Es un hecho que hay personas dotadas de una maravillosa capacidad de empatía y convivir con ellas es una verdadera delicia. Estos seres poseen una línea de comunicación que corre derecha, firme y segura: inicia en el corazón, pasa por la cabeza y cobra forma en palabras.

Pensar las cosas antes de hablar

Como anteriormente vimos, para comunicarnos bien no basta con ser honestos y espontáneos. Por ejemplo, el amor, el enojo o el miedo, que son tres sentimientos básicos y universales, son muy difíciles de transmitir; y no hablemos de otros retos como ofrecer disculpas, expresar agradecimiento y aprecio, dar una noticia dolorosa, motivar o pedir un favor. Sin embargo, hay una manera que no falla.

La línea del corazón es una estrategia que cambia dependiendo del lugar, del momento y de las personas. Para aplicarla, se necesita tener dos caras. Sí, como Jano, el dios Romano, el mítico guardián de las puertas. Una de las caras de Jano ve hacia adentro, hacia el espacio interior que resguarda la puerta; la otra ve hacia fuera, hacia el horizonte, más allá de la puerta. Para encontrar la línea del corazón, debemos enfocar nuestra atención hacia nosotros mismos, analizar… ¿Qué siento? ¿Qué pienso de esto? ¿En dónde lo siento? Mientras que, simultáneamente, dirigimos nuestra atención hacia los otros ¿Qué sienten? ¿Qué les interesa? ¿Qué les preocupa? ¿Qué es lo que me quieren comunicar, verdaderamente? Porque, como dice Rosa Montero: "Sin el entendimiento de nosotros mismos y de los demás, sin esa empatía que nos une, no puede existir ninguna sabiduría ni belleza."

Todo esto suena muy bien pero, no sé por qué, a la hora que quiero decir las cosas, parece que las palabras se esconden. ¿No es cierto? A muchos nos cuesta trabajo comenzar. Es como el principio de la inercia: la tendencia de un cuerpo en movimiento a permanecer en movimiento o de un cuerpo estático a permanecer estático hasta que lo mueva una fuerza exterior. ¡Es igual! Las primeras palabras siempre son las más difíciles de sacar. Relájate y empieza a hablar con la línea del corazón. Sin embargo ten en cuenta lo siguiente.

Hablemos con "u"

"Si escribo sin *U* puedo hablar hasta el cansancio de mí, de lo mío, del yo, de lo que tengo, de lo que me pertenece… Pero sin *U* no puedo hablar de ustedes, del tú, ni de lo tuyo, ni siquiera hablar de lo nuestro. Así me pasa... A veces pierdo la *U*... y dejo de hablarte, pensarte, amarte, decirte. Sin *U*, yo me quedo pero tú desapareces."

Con estas palabras, Jorge Bucay nos revela el verdadero secreto de la comunicación. Simple y sencillamente, hablar con *U*. Reflexiona, ¿en qué porcentaje de tu comunicación incluyes la *U*? Quizá ahí radique la mala comunicación.

De seguir el consejo de Bucay, la verdadera comunicación dejaría de ser algo exclusivo; si usáramos la *U* al hablar, todos nos comunicaríamos mejor, nos respetaríamos más, simplemente nos comprenderíamos. Tal vez habría menos divorcios, menos guerras y menos desavenencias.

A manera de resumen, comparto contigo algunas técnicas que nos pueden ayudar a evitar malos entendidos:

1. *Piensa antes de hablar*. Las palabras espontáneas no siempre son las mejores. Tómate el tiempo necesario para descifrar tus pensamientos. Mentalmente, revisa qué sientes, qué piensas y qué quieres para, sólo entonces, ponerlo en palabras.

2. *No hay prisa*. El verdadero diálogo no es un rebote inmediato de palabras. Está bien permanecer callados mientras pensamos la respuesta adecuada. Si es necesario, gana tiempo con frases del tipo: "Esa pregunta es importante, déjame pensarla un momento."

3. *Ensaya lo que vas a decir*. Se vale. Si envidias las respuestas ágiles e inteligentes que ves en las películas, sólo recuerda que los personajes siguen un guión. De igual manera, anticipa todo tipo de respuestas que pudieran surgir de cualquier diálogo que pienses establecer, desde las más favorables, hasta las menos optimistas. Experimenta lo que sentirías y lo que dirías en caso de que sucediera cada una de ellas.

4. *Haz la tarea*. La comunicación que convence, que persuade, no sólo está llena de palabras bonitas; sobre todo, requiere de honestidad, entusiasmo, datos útiles y relevantes.

5. *Escoge el momento y lugar apropiado*. Procura que la conversación se lleve a cabo en un lugar tranquilo. Y, si se trata de pedir un aumento, hazlo después

de haber concluido un proyecto exitoso. Si, en lo familiar, sabes que tu pareja está de mejor humor después del café de la mañana, con paciencia espera ese momento.

6. *Cuida tu lenguaje corporal.* En 1971, el psicólogo Albert Mehrabian concluyó un estudio sobre la naturaleza de la persuasión. Encontró que 55 por ciento de la efectividad en la persuasión depende de las señales visuales no verbales que emitimos. Es decir, gestos y movimientos corporales: mantén un buen contacto visual, evita cruzar los brazos o inclinarte hacia atrás. En seguida, influye el tono, la inflexión de voz y el ritmo con el que emitimos las palabras. Treinta y ocho por ciento de la efectividad de la persuasión lo ocupan los tonos de voz graves y profundos que se perciben como más convincentes, y ocurre lo mismo con los tonos pausados, por lo que Mehrabian concluye que 93 por ciento del mensaje verbal tiene muy poco que ver con las palabras que utilicemos. Las palabras, de hecho, sólo importan siete por ciento.

7. *Usa el pronombre nosotros.* En una conversación, el pronombre yo se enfrenta a otro pronombre tú. Si, a través de escuchar, de hablar en el momento y lugar adecuado, logramos sumar el yo con el tú, dará como resultado un nosotros.

> *Si pierdo la U... dejo de hablarte, pensarte, amarte, decirte.*
> *Sin U, yo me quedo pero tú desapareces.... Y, si tú desapareces... ¿Con quién me puedo comunicar? ¿Con quién puedo compartir? ¿Cómo puedo ser feliz?*
>
> JORGE BUCAY

Si un hombre escuchara la plática de cinco amigas en una tarde de café, se volvería loco. Ellos simplemente no pueden seguir el curso y la lógica de una conversación en la que hablamos, interrumpimos y escuchamos al mismo tiempo. Nosotras brincamos de un tema a otro sin perder el hilo de cada asunto y, simultáneamente, platicamos de noticias, películas, hombres, la vida, de lo que está de moda, de lo que nos pasa, del trabajo, los hijos, y de todo lo demás.

Para las mujeres, platicar y verbalizar nuestros goces, preocupaciones, sentimientos e inquietudes, además de ser la mejor terapia del mundo, es una señal de apreciación, amistad y apoyo que fortalece nuestras relaciones.

Sin embargo, esto que para la mujer es prioridad, para el hombre resulta banal e intrascendente. Es común que ante una avalancha de voces femeninas, los hombres desarrollen una especie de bloqueo mental que les impide atender, y mucho menos entender, lo que las mujeres dicen; y, sin más, dejan de oír; por eso, la mayoría de las mujeres

consideran que la falta de comunicación es una de las fallas más grandes de sus novios, esposos, hijos o hermanos.

Somos diferentes

De acuerdo con algunos estudios, la diferencia radica en el cerebro. En los hombres, el área del habla y del lenguaje se localiza sólo en el lado izquierdo del cerebro, mientras que en las mujeres se encuentran en ambos hemisferios, por lo que se nos facilita más la conversación.

Una mujer puede pronunciar, sin mayor esfuerzo, entre 6 mil y 8 mil palabras al día; puede usar entre 2 mil y 3 mil sonidos para comunicarse y entre 8 mil y 10 mil gestos, expresiones faciales, movimientos de cabeza y otras señales de lenguaje corporal. Esto nos da un promedio de 20 mil "maneras" para comunicar nuestras ideas. En contraste, los hombres hablan entre 2 mil y 4 mil palabras al día, usan entre mil y 2 mil sonidos vocales y apenas 2 mil o 3 mil señales de lenguaje corporal. O sea, un promedio de 7 mil "formas", lo que significa sólo una tercera parte de las que emplea una mujer.

Es un hecho que las niñas comienzan a hablar antes que los niños, además de que las niñas de tres años tienen el doble de vocabulario que un niño de la misma edad. En la adolescencia sucede algo parecido; por ejemplo, si le preguntamos a una adolescente cómo le fue en la fiesta del día anterior, por lo general nos dará toda clase de detalles: quiénes fueron, qué se pusieron y quién dijo qué a quién. Sin embargo, a la misma pregunta, un muchacho va a contestar: "Bien, X" y por más información que deseemos sacar, será imposible.

Todo lo anterior nos lleva a comprender por qué una pareja puede tener conflictos de comunicación, especialmente cuando al final del día se juntan para cenar. Él, para esas horas, ya llenó su cuota de palabras y le quedan muy pocas ganas de platicar. El ánimo de ella dependerá de lo que hizo en el día. Si habló con mucha gente, tampoco tendrá ganas de comunicarse. Pero, si ese día la mujer se quedó en su casa, es probable que haya utilizado como máximo unas 2 mil o 3 mil palabras; así que todavía le quedan unas ¡15 mil que no ha expresado! Una conversación típica sería:

—Hola, mi amor, ¿cómo te fue?

—Bien.

—Me dijo Luis que hoy era un día importante para ustedes ya que finalizaban las negociaciones con Rafael Guerra. ¿Cómo les fue?

—Bien.

—Qué bueno, porque ese señor, en verdad, ha sido un cliente difícil. ¿Crees que de ahora en adelante será más accesible?

—Sí.

…y así continúa. La mujer habla y habla para mostrarle su apoyo y él sólo quiere un rato de paz y tranquilidad para sentarse a ver la televisión y desconectarse. Entonces surge el conflicto: ella se siente ignorada.

Para que un hombre nos escuche con atención, hay tres reglas que las mujeres debemos recordar:

Las tres reglas

1. Se comunican diferente. Comprende que la manera de hablar de los hombres es corta, directa y al grano. Olvídate de rodeos y de tocar muchos temas a la vez, háblale como a él le gusta escuchar.

2. Haz una cita. Conviene decirle con anticipación el tema que queremos hablar y cuándo queremos hacerlo.

Esto hace funcionar la estructura lógica de su cerebro y su buena disposición, además lo hace sentirse apreciado.

3. *No lo interrumpas cuando hable*. Algo muy importante: Para nosotras es un poco difícil porque hablar y escuchar al mismo tiempo es una forma de mostrar interés.

Sugerencia: Mujeres, apliquemos estas reglas y notaremos con sorpresa que los hombres ¡sí saben escuchar!

¿POR QUÉ TEMEMOS PREGUNTAR?

Cada vez que hablamos tenemos dos opciones: hacer una pregunta o afirmar algo. Realizar preguntas inteligentes y sinceras puede hacer la diferencia en nuestra vida, en nuestro trabajo y en nuestras relaciones.

¿Te has encontrado contándole un secreto a un completo desconocido sólo porque te hizo la pregunta adecuada? Ése es el secreto de los comunicadores más hábiles: preguntan para obtener información, historias y conocimientos. Observa los noticiarios y los programas de televisión: por ellos pasan personas de todo tipo, desde políticos y artistas hasta personas comunes. Todos sucumben ante el poder de un buen entrevistador. Muchas veces, quien hace las preguntas es menos poderoso que el entrevistado; sin embargo, todos contestan a sus cuestionamientos y quien evade la pregunta nos hace pensar que tiene alguna oscura razón.

Las personas que cuestionan son muy respetadas; si lo dudas, observa a José Gutiérrez Vivó, Cristina Pacheco, Joaquín López Dóriga, Carmen Aristegui, Pedro Ferriz de Con, Fernanda Familiar, Jacobo Zabludovsky, Óscar

Mario Beteta o José Cárdenas, entre otros. Aprendamos de ellos la forma en que saben preguntar y conseguir excelentes respuestas.

Preguntar tiene muchas ventajas. No sólo logramos enriquecer nuestras relaciones, solucionar problemas y tomar decisiones más acertadas, sino que logramos una mejor comprensión de nosotros mismos y de los demás.

Todo esto suena muy bien, pero...

Posibles temores

¿Por qué, a veces, nos da vergüenza hacer la consulta más simple? Hay varias razones, por ejemplo:

1. *Tememos cuestionar a la autoridad*. Ésta, quizá, es la razón más común. Cuando percibimos que alguien tiene más poder que nosotros, el temor o la inseguridad nos invaden y preferimos aceptar lo que nos dice, sin confrontarlo. Cuando estamos frente a alguien con conocimientos específicos, como un doctor o un abogado, creemos que debemos hacer preguntas inteligentes, y como no nos sentimos bien preparados para hacerlas, preferimos quedarnos callados.

2. *Tememos vernos vulnerables*. Todo el mundo siente miedo de quedar descubierto al hacer una pregunta; pero si las preguntas son pensadas y enfocadas, se puede fortalecer nuestra seguridad, además de obtener información valiosa.

3. *Tememos parecer ignorantes*. A veces, la gente asume que sabemos más sobre un tema en particular; cuando esto sucede, preferimos no abrir la boca para no delatarnos.

4. *Tememos exhibirnos como tontos*. Quizá pensamos que, al hacer una pregunta, nos vamos a ver poco inteligentes. A menos de que las personas sean snobs o sabelotodo, normalmente la gente admira a quien pregunta acerca de algo que no sabe.

5. *Pensamos que saber todas las respuestas nos hace vernos bien*. De hecho, sucede lo contrario. La gente admira a quien siempre está deseoso de aprender.

6. *Tememos ser descorteses*. Hay familias donde se aprende que hacer preguntas es tanto como entrometernos en asuntos que no nos incumben y que la gente bien educada no debe preguntar. Eso puede suceder si es que hacemos un interrogatorio del tipo de la PGR o comenzamos con "¿Cuántos años tienes?" "¿En dónde vives?" "¿Eres casada?" En la mayoría de los casos, nuestro objetivo es establecer un diálogo, un dar y recibir, por lo cual, el hecho de cuestionar con inteligencia es correcto.

7. *No sabemos cómo*. Desde preescolar hasta la universidad, absurdamente nos han enseñado a tener respuestas, no a formular preguntas. Por lo general, son los maestros los que preguntan, no los alumnos. Es un error, ya que propiciar la curiosidad de los alumnos es la manera más efectiva de que aprendan.

Preguntar tiene muchas ventajas:

1. Las preguntas requieren respuestas: cuando alguien nos pregunta algo, sentimos la obligación de contestar. "¿Qué crees que podemos hacer?"

2. Estimulan el pensamiento, tanto en la persona que pregunta como en la que responde. "Si los pájaros pueden volar, ¿por qué nosotros no?"

3. Nos dan información valiosa. "¿Quién tiene la autoridad para afirmar esto?"

4. Como las preguntas requieren respuesta, otorgan cierto control a quien cuestiona. "¿Podrías tomar ya una decisión?"

5. Provocan que la gente se abra, aun la de carácter cerrado, al sentirse foco de interés del entrevistador. "¿Cuál es la fiesta más interesante en la que has estado?"

6. Nos lleva a escuchar al otro con atención. "¿Quieres que te dé mi opinión?"

7. Es una gran herramienta de persuasión ya que, con una pregunta bien planteada, podemos obtener respuestas específicas. "¿Qué crees que te puede pasar si te desvelas tanto?"

No cabe duda que a cualquier edad, las preguntas estimulan y persuaden. Son señal de una mente curiosa, de un corazón atento y de una personalidad segura de sí misma.

Así que no temas preguntar. En tu vida personal y profesional, cuestionar puede ser la diferencia entre conseguir o no lo que deseas. Y, después de todo, más vale obtener una respuesta, aunque duela o incomode, que quedarse con la duda. "Más sabe un ignorante preguntando que 100 sabios respondiendo" dice la sabiduría popular, y tiene razón.

No ha aprendido las lecciones de la vida quien no ha vencido diariamente algún temor.

Ralph Waldo Emerson

Saber escuchar hoy en día ya no es suficiente. Necesitamos tener la habilidad para descifrar lo que, algunas ocasiones, esconden las palabras, así como estar atentos a lo que no se dice, en especial aquellos mensajes que se omiten de forma deliberada.

¿Cuántas veces al oír dos versiones del mismo suceso nos damos cuenta de que la información recibida favorece a quien lo relata?

Cuando una persona quiere ocultar información con el fin de convencer o vender, por lo general se cuida de expresar lo que realmente piensa, y de mencionar cualquier dato inconveniente que la contradiga.

A veces, tanto cuidado hace débil el argumento y terminamos por no creerle. Sin embargo, hay otras ocasiones en las que sólo un experto y sensible escucha puede detectar cuándo hay intención de manipular.

Jean Marie Stin, experta en comunicación, dice que aunque una persona quiera esconder información deliberadamente, ella misma, sin querer, se delata al usar lo que llama "palabras bandera". Cuando las escuches, saca la antena y empieza a "leer entre líneas", ya que son una señal de que están escondiendo algo.

Palabras bandera

Las "palabras bandera" vienen de muchas formas y existen más de las que se puedan enlistar. Las podemos reconocer porque tienen una cosa en común: no contienen ninguna información en sí.

Sólo sugieren que lo dicho es auténtico, que no podremos escuchar algo mejor y que no hay posibilidad de contradicción alguna. Afina tu oído y sospecha que hay "gato encerrado" cuando escuches:

- Palabras que impliquen absoluta certeza.
- Palabras que minimicen los inconvenientes.
- Palabras que salven al otro de comprometerse.

Palabras que implican absoluta certeza

Desconfía de las frases que buscan convencerte y de que no te quepa duda: lo que estás escuchando es la verdad absoluta.

Este tipo de palabras por lo general se insertan antes de una frase para darle credibilidad. Por ejemplo: "Como usted seguramente sabe…", "obviamente…", "por supuesto…", "sin duda…" Este tipo de frases hacen sentir a la persona que escucha, lo es de dominio público, casi verdad universal y que se es tonto si no se está de acuerdo o no está enterado.

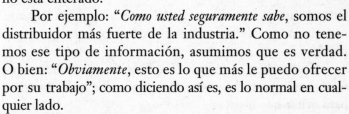

Por ejemplo: "*Como usted seguramente sabe*, somos el distribuidor más fuerte de la industria." Como no tenemos ese tipo de información, asumimos que es verdad. O bien: "*Obviamente*, esto es lo que más le puedo ofrecer por su trabajo"; como diciendo así es, es lo normal en cualquier lado.

Recuerdo cuando de chica mi colegio organizó una excursión. Anticipando que mi papá no me dejaría ir, con todo el drama que nos caracteriza a las mujeres le dije: "Papá, *por supuesto* que toodo muuundo en mi salón irá, menos yo". Cuando me di cuenta, la única de mi generación que acabó yendo, fui yo. Como vemos, este tipo de frases son un aviso seguro de que la información no es tan fidedigna como nos lo quieren hacer creer.

Palabras que minimizan los inconvenientes

Cuando el que habla quiere esconder algo o disfrazar la importancia de ciertos datos que son fundamentales, usará frases que empequeñezcan lo que sigue.

Por lo general, éstas se intercalan a la mitad de la conversación: "Por cierto, no te había dicho que...", "ya que estamos hablando de eso...", "casualmente...", "probablemente debería de haberte dicho..."

Otro ejemplo, "*Por cierto, no te había dicho* que hay un ligero problema en la tubería de la casa", "*ya que estamos hablando* de eso, no todos pueden entrar en el plan de garantía", "*casualmente*, hay un basurero junto al terreno." Así que debemos considerar que lo que sigue a estas frases, sí es muy importante.

Palabras que salvan al otro de comprometerse

Cuando una persona se enreda al explicar anticipadamente por qué no puede hacer concesiones, ojo, seguramente sí puede.

Como dice el refrán: "Explicación no pedida, acusación manifiesta." La idea es exagerar los impedimentos para evitar que insistas.

El tipo de palabras usadas son: "Desagraciadamente...", "es el último precio...", "es política de la empresa...", "no puedo porque...", e inician una larga explicación. ¿Has oído alguna vez esto?: *"Desagraciadamente* los impuestos son tan altos que no puedo bajarle la renta y..." "Me gustaría, en verdad, poder venderle el coche en ese precio, *pero por políticas de la empresa* tengo amarradas las manos y no puedo ayudarle, porque..." *"No puedo porque* mi jefe no está..."

Recuerda, explicaciones largas o estas "palabras bandera", son una clara señal de que en realidad sí puedes lograr lo que buscas, sólo es cuestión de cambiar la estrategia, pedir o insistir de manera inteligente.

Como vemos, saber escuchar es una habilidad que requiere poner toda nuestra atención para descifrar lo que realmente esconden las palabras.

¿Será mentira?

"Sí, ya hice mi tarea." "Claro que te hablé, pero no estabas..." "¿En serio no te dieron mi recado?" "Me encantó tu regalo." "Yo te busco." "Se te ve superbien." "Yo no fui." "Es que había mucho tránsito..." "No es nada personal, en serio." "Es una oportunidad que no se puede perder." "Estuve con mis cuates." o "De verdad que yo no le dije nada." ...mentiras, ¿piadosas? Grandes o pequeñas, pero que todos hemos dicho alguna vez. ¿Por qué mentimos? Quizá para no herir sentimientos de los demás, evitar conflictos, simplificarnos la vida; por evasión, por temor, porque es más fácil mentir que decir la verdad: no sé. Lo cierto es que a pesar de que todos lo hacemos, a nadie nos gusta que nos lo hagan.

¿Y, cómo puedes saber que he dicho una mentira?

> *Las mentiras, mi pequeño, se detectan de inmediato, porque las hay de dos tipos: hay mentiras que tienen piernas cortas y mentiras que tienen narices largas. La tuya, de hecho, es una de ésas que tienen una nariz larga.*
>
> *Carlo Collodi, 1892.*

No todas las mentiras fallan, algunas se desarrollan a la perfección. Sin embargo, Paul Ekman, experto en el tema, afirma que incluso los mentirosos profesionales tienen fugas en su comportamiento y, si somos capaces de observar al detalle una microexpresión facial, un gesto sostenido por mucho tiempo, la ausencia de movimiento, el pestañeo frecuente o un giro momentáneo en la voz, podremos atraparlos; aunque no siempre se presenten de manera obvia.

Algunas mentiras son inocentes, pero hay otras que pueden destruir vidas, carreras, partidos, familias o empresas. De acuerdo con los estudios, hay cuatro tipos de mentirosos:

- Ocasional
- Frecuente
- Habitual
- Profesional

Los cuatro tipos de mentirosos:

1. *El mentiroso ocasional.* Éste miente de vez en cuando para evitar una situación incómoda o lo hace cuando no quiere admitir que participó en algo malo o embarazoso. Cuando miente, se siente disgustado

e incómodo consigo mismo, por lo que es fácil detectar las señales que se le escapan, más allá de lo verbal, como inconsistencias en su conducta, en su lenguaje corporal o en su voz; es posible que hable rápido, que tenga la frente perlada en sudor, que desvíe los ojos o esté inquieto.

El mentiroso ocasional planea y repasa muy bien la mentira que va a decir para que, en caso de tener que contársela a alguien, ésta suene lógica y consistente. Es probable que no detectemos la mentira por su contenido, su contexto o por la información que pudieran corroborar terceros. De hecho, el mentiroso ocasional rara vez tratará de mentir acerca de algo comprobable con facilidad.

2. *El mentiroso frecuente*. Reconoce que miente pero no le preocupa mucho, por lo que miente con más regularidad. Como la práctica hace al maestro, el mentiroso frecuente difícilmente permitirá que su apariencia revele que está mintiendo, tampoco podrá delatarlo su lenguaje corporal o su voz. Nunca manifestará los síntomas de estrés comunes en alguien que miente, como transpiración, temblor corporal, gestos de nerviosismo o cambios en el color de la piel. Si se manifiesta cualquier clave de este tipo, será de forma sutil. Un modo de detectar al mentiroso frecuente es enfocándonos en la consistencia y lógica de sus declaraciones. Como miente con frecuencia, le dedica poco tiempo a la planeación de la mentira y puede descuidar los detalles que le dan credibilidad al cuento.

3. *El mentiroso habitual*. Este tipo de mentiroso engaña con tanta frecuencia que ya ni se da cuenta de que lo hace. Para él, mentir es algo natural. Simplemente

dice lo que se le va ocurriendo en el camino. Como no le da importancia al hecho de que dicho sea verdad o mentira, mostrará muy pocas señales, físicas o verbales, de que miente. Dado que piensa tan poco sus mentiras, y éstas surgen de modo tan burdo y rápido, no se preocupa en darles seguimiento, por lo que, con frecuencia, son inconsistentes, fantasiosas y obvias. En este caso, es difícil detectar las mentiras por pistas no verbales o físicas pero, si escuchamos con cuidado, es muy fácil descubrir inconsistencias y contradicciones en la historia.

4. El mentiroso profesional. Es el más difícil de identificar. Miente con un propósito y con un fin calculado. Es capaz de responder a preguntas directas en forma inmediata, con total control, de manera natural y espontánea y minimizando la confrontación.

El mentiroso profesional repasa tantas veces su mentira que sabe exactamente cómo, cuándo y dónde la va a decir y llega al extremo de saber en qué forma va a reaccionar la gente ante lo que diga. Vive tanto su mentira que se convence de que es verdad. Estas personas tienen todo tan calculado que es muy difícil que notemos algo en su lenguaje no verbal, en su voz o en su conducta. Suelen enmascarar el miedo a ser descubiertos mediante una pose o una falsa emoción que disimule y desvíe el verdadero sentimiento. No es raro que en los momentos cruciales echen mano de un gesto de sorpresa, indignación o enojo. Con frecuencia recurren a la enigmática cara de jugador de póker o a la sonrisa, que es la máscara más fácil de falsificar.

En este caso, la mentira es consistente en contenido y lógica, la única forma de detectarla es contrastando lo que dice el mentiroso con la información obtenida de fuentes fidedignas, totalmente ajenas e independientes.

El mentiroso es un adicto y, como tal, es incapaz de aceptarlo. Algunas veces, las señales que recibimos son obvias y abruptas, otras son sutiles, como una pausa, y sólo podemos descubrirlas por la observación cuidadosa.

Qué los descubre

A continuación te presento algunas claves que revelan cuándo está mintiendo una persona:

1. Cuando una persona miente, hará todo lo posible por evitar el intercambio de miradas. De manera inconsciente piensa que, en sus ojos, podremos ver la verdad. Por el contrario, cuando nos acusan de algo falso, seguimos la mirada de la persona sin parpadear, hasta lograr que se transparente la verdad.

2. Observa las manos y los brazos. Cuando alguien trata de engañarnos, tiende a ser menos expresivo con estas partes de su cuerpo. Puede meter las manos en la bolsa, dejarlas sobre el regazo, pegarlas al cuerpo o cerrarlas en puño. Cuando estamos relajados y abiertos, abrimos las manos y nos movemos con soltura.

3. Si la persona, al responder, se lleva la mano a la cara, especialmente para cubrirse la boca, es un indicador de que tampoco cree lo que dice; es como poner una pantalla inconsciente para esconder sus palabras. (Sólo asegúrate que no acabe de salir del dentista.)

4. Cuando una persona asiente con la cabeza después de haber dicho su punto, es que trata de demostrar

que está convencido. Pero cuando el movimiento no viene de adentro, de la emoción, es mecánico y se nota fuera de tiempo.

5. Los tiempos de las emociones son difíciles de falsificar. La cara de sorpresa es un buen ejemplo. La sorpresa viene y se va rápido, así que cuando se queda congelada en la cara, con un: "¡Noo me diiigaaasss!" casi siempre es actuación.

6. Una auténtica sonrisa ilumina toda la cara. Así que, cuando ésta es forzada, los labios se cierran, se aprietan y no involucran el resto de los músculos faciales. Cuando escondemos los verdaderos sentimientos nos ponemos nuestra máscara de "carita feliz" que, por supuesto, nadie nos cree.

7. Entre broma y broma... Desconfía de la persona que recurre al humor o al sarcasmo para desvanecer sus preocupaciones.

8. Así como nos alejamos de alguien que nos amenaza físicamente, la persona que engaña se aleja de su acusador, se voltea, gira su cuerpo o se va. Por el contrario, cuando nos apasiona una idea, nos paramos frente a la persona y nos acercamos con el afán de convencerlo.

9. Observa si la persona coloca algún objeto a manera de escudo —una almohada, una copa, un adorno—, cualquier cosa. Así como nos protegemos físicamente de un posible daño, la persona se protege con algunos escudos materiales para no delatarse.

10. Cuando una persona es cuestionada y responde con algo que despersonaliza o globaliza la pregunta, pon atención. Por ejemplo: "Ayer, ¿me dijiste la verdad?" Si la respuesta es: "Claro que sí. Yo nunca

te mentiría. Tú sabes lo que pienso de las mentiras."
¡Ojo! Porque, como en la mente del mentiroso su
propia evidencia no tiene suficiente peso, recurre a
aseveraciones abstractas para sonar más enfático y
así validar su inocencia.

11. ¿Alguna vez has experimentado la incomodidad del silencio en una primera cita? De la misma manera, a quien se siente culpable, los silencios
lo alteran mucho. Cuando sospeches que hay gato
encerrado, fíjate si, al preguntar, el otro continúa
dando información sin que se le haya pedido. Por
ejemplo: "Juan, ¿a dónde fuiste ayer?", "salí con
mis amigos". Tú no respondas. Juan se pone nervioso porque piensa que no te ha convencido. Por
lo tanto, continúa: "Fuimos al cine y..." Seguirá
dándote más y más datos hasta que reciba una
respuesta que le indique que, por fin, logró convencerte.

Observa con atención a quien, para empezar a hablar, recurre a palabras bandera como lo acabamos de ver y que
son frases del tipo: "Para ser muy honesto..." "A decir verdad..." "Si te soy sincero..." Cuando alguien es auténtico, no necesita convencernos antes de hablar. Y si lo usa
como muletilla, da la impresión de que todo lo que nos
ha dicho es mentira pero que, ahora, empezará a decirnos la verdad. También ten cuidado con aquellos que
te digan: "Yo nunca miento..." Cualquiera que necesite
declarar sus virtudes, tal vez lo haga porque no tiene otra
forma de convencernos. Y, por último, si alguien te dice:
"Soy la persona más honesta del mundo. Con sólo darte
la mano, mi palabra es más que un contrato firmado, no
necesitas papeles." ¡Huye!, o busca un muy buen abogado

y firma hasta con los dientes un contrato muy claro y en detalle. Porque los que presumen de superhonestos, ¡son los peores!

Si tienes alguna duda acerca de la credibilidad de una persona, puedes comenzar por observarla. Lo seguro es que, a la larga, hasta el mentiroso más entrenado nos va a mostrar su talón de Aquiles. Descubrir a tiempo a un mentiroso previene muchos problemas y sanea muchos ambientes, ¿no crees?

Aunque Nietzsche dice que la mentira es la condición de la vida, no olvidemos que la honestidad es la piedra angular de cualquier relación, ya sea personal o de trabajo.

¿Introvertido o extrovertido?

A Francisco le extrañó mucho cuando alguien le comentó que se cree mucho y se siente superior a los demás; no puede entender cómo alguien lo puede percibir de esa manera.

Quienes lo conocemos sabemos que no es así, simplemente es una persona introvertida que le incomoda entablar una conversación con cualquier persona.

Su manera de expresarse se va a los extremos: apenas y dice algunas palabras o hace largos discursos si conoce bien el tema. Da la impresión de que selecciona con cuidado las palabras.

Por lo general, comparte poca información acerca de sí mismo y, si lo hace, habla de su forma de pensar, más que de sus sentimientos y casi no tiene expresión corporal. Siempre se ve muy en control. Sin embargo, los cercanos a él sabemos que es una persona muy sensible, muy querendona, pero él lo expresa a su manera.

¿Sabías que tres cuartas partes de la población mundial son personas extrovertidas y que la cuarta parte restante es introvertida? En este mar de extrovertidos es fácil que una persona introvertida se sienta como pez fuera del agua. La razón es que nuestra cultura valora y premia habilidades como acción, rapidez, desenvoltura, competencia y dirección dinámica. Es más, hay una actitud generalizada de rechazo para quienes acostumbran estar solos o reflexionan las cosas antes de actuar. Ahora, los ideales son: "Sal, conquista y gánatelos", "tú, aviéntate" o "sólo hazlo." Como resultado, las personas introvertidas tienen que desarrollar destrezas extraordinarias para adaptarse a un mundo en el que se les presiona constantemente para actuar, responder y ser como los demás.

De acuerdo con varios estudios, en especial los del psicoanalista Carl Jüng, nacemos con un temperamento que nos ubica en una línea continua entre ser muy introvertidos o muy extrovertidos, y todos tenemos un "nicho natural" en el que funcionamos mejor. Si estamos conscientes de ello, mejoramos nuestra habilidad para movernos dentro de esta línea y, aunque es algo que no podemos cambiar, podemos trabajar con nuestro temperamento y no contra él.

Las principales diferencias:

1. *Carga de energía*. Los introvertidos sacan energías de su "mundo interior" de ideas, emociones e impresiones;

se enfocan hacia adentro. Son conservadores de energía, fácilmente pueden sentirse sobrestimulados por el mundo exterior. Las reuniones sociales con muchas personas los agobian. Ellos son como una batería recargable: necesitan detenerse en el camino para recargar pilas. Esto lo consiguen en un ambiente tranquilo, solos o con pocos amigos. No es que no les guste la gente o que sean tímidos o antisociales, simplemente es su "nicho natural" y son sociales a su manera.

Los extrovertidos, por el contrario, se llenan de energía por medio del mundo exterior, es decir, con actividades, gente, lugares y cosas. Les fascinan las reuniones, conocen a muchas personas y consideran a todos como si fueran sus amigos. Son gastadores de energía y se enfocan hacia fuera. Les incomodan los largos periodos de inactividad, la reflexión interior, estar solos o con una sola persona.

2. Respuesta al estímulo. A los extrovertidos le gusta experimentar mil cosas a la vez, disfrutan de la variedad y se aburren pronto. Después de estar activos se sienten estimulados y desean más acción. Gozan de palticar por encimita con todos, aun con extraños, y, para ellos, es más fácil hablar que escuchar. Hablan o actúan sin sentir que sea necesario pensar las cosas primero. Por lo general, son personas entusiastas y muy animadas.

A los introvertidos les gusta enfocarse en dos o tres asuntos sin sentir presión y prefieren informarse acerca de lo que van a experimentar. Son personas tranquilas, controladas y les gusta observar. Los introvertidos guardan mil cosas en su interior, por lo que cualquier cosa que venga del exterior eleva fácilmente su nivel de intensidad. Prefieren escuchar que hablar y, cuando lo hacen, tocan temas de interés para su interlocutor. Incluso, pueden platicar con quien sea y disfrutarlo pero, al rato, sienten la necesidad de salir a tomar un poco de aire. Asimismo, les gusta que la gente vaya a su casa, pero que no se quede mucho tiempo. La situación se parece a cuando nos hacen cosquillas: la primera sensación es agradable, divertida y, en menos de un segundo, se vuelve incómoda. Los extrovertidos también necesitan momentos de descanso, pero por diferentes razones. Cuando estudian o trabajan, les cuesta mucho concentrarse durante largos periodos y suelen levantarse del asiento, dar una vuelta a la máquina del café o hablarle a un amigo. A ellos les gusta estar en el "ambiente" y donde "está la acción".

Si un introvertido cierra la puerta de su cuarto, no contesta su celular o no te devuelve las llamadas no lo tomes a mal, simplemente está recargando las baterías.

3. *Lo ancho y lo profundo*. A los extrovertidos les gusta saber un poquito de todo. Cuando experimentan algo nuevo, no se detienen a interiorizarlo y, de inmediato, buscan su siguiente experiencia.

A los introvertidos les gusta la profundidad. Pocas experiencias, pero profundas, en las que se reflejen y se expandan. Les gusta conversar sobre puntos que sean enriquecedores y odian el small talk.

Cuando comprendemos lo diferentes y únicos que somos, podemos reflexionar que, si somos introvertidos, conviene balancear nuestro tiempo entre estar a solas y estar con el resto del mundo, para no perder perspectivas y conexiones. Procura conectar tus emociones y comunicarlas; al hablar, sé más explicativo para que la gente comprenda lo que quieres decir. Ser más calidos con las personas para no quedarnos sólo con lo que piensa nuestra cabeza y romper con esa imagen de "distantes" que podemos tener. Y, si somos extrovertidos, es necesario balancear nuestro tiempo entre periodos de hacer, con momentos de sólo estar, para evitar perdernos en un remolino de actividades y ansiedad. Pero, sobre todo, es un gran alivio dejar de ser alguien que no somos.

CÓMO LOGRAR QUE HABLE HASTA EL MÁS HERMÉTICO

Nos han enseñado que saber escuchar es importante. Mejora la comunicación y nos acerca a las personas y las comprendemos mejor. Sin embargo, para que esto se cumpla, saber escuchar no es suficiente. Es sólo parte de un juego de dos. Como en un partido de tenis, se necesita que el otro lance bien las pelotas.

Por muy buenos escuchas que seamos, si nos toca un mal conversador no ganaremos gran cosa en información ni en acercamiento. De estos hay los dos extremos. Por un lado está el muy "introvertido" o "reservado", personas que posiblemente son genios, pero como momias, de vez en cuando murmuran un monosílabo con dificultad. Poseen una mina de oro que cuesta trabajo extraer bajo una montaña de silencio.

Por otro lado, existen los muy "extrovertidos" o "mareadores". Personas que hablan y hablan sin parar. Lo hacen con tan poca sustancia que al rato ya no sabe uno cómo callarlas (de ellos nos ocuparemos después).

Ya sea que se trate de una conversación de persona a persona, de una llamada telefónica, entrevista periodística o junta de negocios, existen algunas tácticas desarrolladas por los psicólogos con las que podemos lograr que hable hasta el más hermético.

Por qué no hablan, los que no hablan

Primero habría que entender por qué no hablan los que no hablan. Varias razones:

- Algunos, como ya anteriormente vimos, literalmente son personas de pocas palabras.
- Otros, por timidez o inseguridad personal. Les da temor expresarse con libertad, ya que piensan que lo que dirán quizá no valga la pena o sea irrelevante para los demás. Temen exponerse y atraer por mucho tiempo los reflectores.
- Otros hablan poco por temor a decir demasiado. Son personas expertas en su campo, por lo general con un cerebro privilegiado. Por temor a aburrir a los demás, omiten toda clase de detalles e información que para ellos es obvia, mas no para otros.
- Algunos otros por distintas razones culturales o educativas, carecen simplemente de habilidades

para comunicarse y han tenido pocas oportunidades de desarrollarlas.

Cualquiera que sea el caso, es probable que nos topemos con ellos en varias ocasiones. Si hacemos las preguntas en forma adecuada, lograremos extraer lo que pueden ofrecernos y la experiencia será muy enriquecedora para todos.

¿A dónde quiero llegar?

Es importante saber de antemano a dónde queremos llegar. Aquí algunas técnicas:

1. Busca crear una empatía. Hazle saber a la persona que reconoces su experiencia en lo que hace y con tu actitud provoca que se sienta cómoda y relajada. A todos nos gusta sentirnos reconocidos, aun a los más tímidos. Después formula una pregunta de manera que sienta que su opinión es muy valiosa, y que sólo alguien con tanta experiencia la puede contestar. Por ejemplo: "Creo que, hasta ahora, muchos hemos pasado por alto las ventajas que podemos tener al incorporarnos a la red. Alberto, tú, como experto, ¿nos podrías hablar un poco acerca de sus múltiples posibilidades?"

2. Si te das cuenta de que se trata de un caso difícil de "reservado", de los que suelen contestar con un simple si o no a las preguntas, en lugar de trabajar contra corriente, úsalo a tu favor. Hazle preguntas directas, de manera que se sienta cómodo al contestar en forma breve. Para esto es importante clarificar exactamente cuál es la información que

deseamos obtener. Por ejemplo: "Señor Ruiz, ¿me puede decir exactamente las expectativas de ventas por internet para fines de este año?"

3. Dile al entrevistado algo controversial. Un comentario o una pregunta que le pique la cresta. Aun los más tímidos reaccionan a esto. Plantea lo que tú quieres saber de manera que lo rete o desafíe. Por ejemplo: "El otro día leí en la revista tal una historia que contradice su respuesta. Aseguraba que las empresas que se han incorporado a la red han notado poca diferencia en sus ventas, ¿cómo explicas esto?" Aunque no lo creas, este tipo de preguntas les encanta.

4. Cuando una persona de pocas palabras empieza a hablar, no hay que interrumpirla hasta que termine. De hacerlo, puede cortarle la inspiración y ser la excusa para dejar de hablar. Aunque en ese momento pensemos en algo inteligente que agregar, o una pregunta brillante que hacer, es mejor anotarla y callarnos.

5. Usa la técnica "eco" para estimular a la persona a seguir hablando. Consiste en repetir o parafrasear la última palabra o frase que pronunció en forma de pregunta. Por ejemplo:

—Las ventas se reflejarán notoriamente para finales de año.

—¿Para finales de año?

O si la persona con la que intentas platicar es cercana a ti y sabes que es de pocas palabras, puedes hacer eco a lo que refleja su lenguaje corporal.

—Veo que estás triste, ¿quieres platicarlo?

—Es que me enojé con Luis.

—Te enojaste con Luis…

De esa manera se siente acompañado y es probable que se exprese más.

6. El lenguaje corporal que uses será básico. Sonreír, asentir con la cabeza, inclinarte hacia delante y ver a la persona a los ojos, como si su respuesta fuera lo más interesante que has escuchado en tu vida, es fundamental. (Ve la sección de empatía corporal.)

Entrevistar a una persona de pocas palabras es todo un reto, requiere inteligencia y astucia de nuestra parte. Si lograste una buena entrevista en la cual la persona se abrió, se sintió cómoda y lograste sacarle ideas, pensamientos o reflexiones de fondo, habrán ganado todos. Aun los callados, porque como afirma un dicho anónimo: "Es muy frustrante cuando sabes todas las respuestas y nadie se molesta en hacerte preguntas." Así que frente al hermético… ¡ánimo!

> *Juzga a un hombre por sus preguntas,*
> *más que por sus respuestas.*
>
> *Voltaire*

QUÉ HACER CON UN MAREADOR

Todos conocemos a alguien así. "La verdad le huyo a Elsa —me dice una querida amiga—. Es muy mona, pero no le para la boca y por lo general sólo dice tonterías, te juro que me marea."

"Además, como habla tan rápido, no le entiendes, ¡apenas respira! Y cambia de tema cada segundo. Eso sin contar que no deja de tirar algo de la mesa cuando mueve las manos."

"Y si estás parada platicando con ella se te va acercando y acercando de manera que te incomoda, aunque yo me vaya haciendo al mismo tiempo para atrás. Qué pena, pero ¡si la veo le huyo!"

Basta que alguien así nos hable por teléfono para saber que estaremos horas pegados a la bocina hasta que la oreja enrojezca sin decir una palabra. Si nos la encontramos en un lugar, nos invade la flojera y la sensación anticipada de perder el tiempo; desde el saludo tramamos la forma de escabullirnos de inmediato. Si en una cena nos toca junto a ella, hacemos nudo la servilleta y nos resignamos a que la plática será un eterno monólogo. Con ojos adormilados terminamos asintiendo mecánicamente con la cabeza sin decir palabra. Recordemos lo que escribió Montesquieu: "Mientras menos piensa el hombre, más habla."

Nunca falta en la lista de amigos o conocidos un "mareador". Como Elsa, hablan y hablan sin parar, al grado de irritar la más sólida de las paciencias. Parece que el silencio los llena de pánico. Intentan llenar el espacio que sienten entre sí mismos y el otro con palabrería que sólo los aleja más de las personas. En mayor o menor grado, me atrevo a decir que, en ocasiones, muchos podemos caer en este renglón. Piénsalo.

¿Por qué somos así?

¿Por qué es tan difícil a veces cerrar la boca y permitir que otros hablen si, después de todo, no tenemos que hacer nada? Algunas razones:

1. *Podemos culpar a los medios de comunicación.* El formato de la radio o la televisión es nunca parar de hablar. El rating se cae. La audiencia simplemente se pierde si escuchamos una entrevista tranquila, sin prisas y llena de bolsas de silencio. De alguna manera, imitamos ese patrón. Nos esmeramos en sonar inteligentes, entretener y retener la atención de quien nos escucha.

2. *Estamos nerviosos.* Cosa común en un encuentro con alguien del sexo opuesto que nos atrae. La tensión nos provoca hablar sin parar. En estos casos tememos el rechazo, el ridículo, vernos ignorantes o, peor aún, ser ignorados. Con la adrenalina alta, lo menos que queremos es enfrentarnos a la mirada de alguien en silencio. Decir lo que sea, libera la tensión.

3. *Estamos inseguros.* El silencio amplifica nuestros pensamientos. Si por alguna razón la duda nos atormenta, nos sentimos más inseguros cuando la conversación llega a punto muerto. Dejar de hablar evidencia que ya perdimos una discusión. Si acaso nuestra comunicación no es sincera, el silencio nos hace escuchar nuestra conciencia. Por ende, nos convertimos en un motor de palabras.

¿Qué hacer?

¿Qué podemos hacer cuando nos toca alguien así? Aunque la tentación de huir o interrumpir con una frase como: "Qué pena, no tengo tiempo" o "necesito ir al baño" o un simple "ya cállate" sea muy fuerte, a veces es inevitable. Partamos de una base: de todas las personas podemos aprender algo. Algunas opciones:

- *Poner cara de interés y desconectarse mentalmente.* Aunque esta decisión puede costarnos. Quizá la persona dentro del huracán de palabras diga algo digno de ser escuchado y valioso. Nos lo perdimos. Situación a la que se enfrenta un alumno a la hora del examen. "¡A qué horas dijo esto!"

- *Conserva en la mente las palabras clave de la conversación.* Por ejemplo, si un cliente molesto te reclama por teléfono durante 10 minutos, enlista en tu mente las palabras importantes: "Teléfono, pago, pésimo servicio." Cuando finalmente puedas hablar, con calma responde a cada una de esas palabras. El cliente quedará con la impresión de que le escuchaste todo con atención y lo agradecerá.
- *Pregunta cuál es su punto.* Con mucho tacto, interrumpe a la persona y confiesa estar confundido.

Pídele que te resuma las ideas principales. Adopta la postura de no haber comprendido, evita que la persona se ofenda y dale la oportunidad de que se luzca como experto. Aquí corres el riesgo de que vuelva a empezar.... Ni modo

- *Pregúntale cuál es la conclusión.* Si lo anterior falla, pídele lo mismo con otras palabras. Hay personas para quienes la palabra "punto" y "conclusión" significan cosas diferentes. Quizá se extienda buscando cuál es su "punto", pero puede dar una conclusión en el momento en que se la pides

- *Adivina hacia dónde se dirige y dáselo como conclusión.* Si te toca un caso grave de "mareador", tu única opción es hacer el trabajo por él. Si él te dice "Sí, ¡eso es lo que te quiero decir!", ya la hiciste. Si te dice "no" seguro continuará divagando por una eternidad. Aunque no le hayas atinado, al menos estás más cerca de tu meta. Ya eliminaste un punto. En forma amable pero firme repite la operación hasta que des en el clavo

- *Pide ayuda.* Si todo lo anterior falla, llama a alguien conocido para que te saque del apuro. Dile al recién llegado: "Mira, que te platique esto fulano, que está muy interesante." Y tu haz un discreto mutis

Sería bueno atender las sabias palabras de Lord Chesterfield: "No trates de sostener a alguien por la manga para que te escuche; si la gente no quiere poner atención a tus palabras, deten tu lengua y no a la gente." ¡Suerte!

Qué hacer con un necio

¿Alguna vez has tratado de razonar con un necio? ¿Has intentado convencerlo de un modo, de otro, por aquí, por allá, con argumentos sólidos, comprobables, y la persona no logra salir de su estrechez mental?

A continuación comparto contigo algunas tácticas con las que podemos lograr que cualquier persona escuche de manera objetiva y esto le ayude a pavimentar el camino hacia un posible cambio.

Primero hay que diferenciar entre los cuatro tipos de necios.

Los cuatro tipos de necios:

1. El típico que, de entrada, dice "no" a todo, sin importar de qué se trate. Él o ella suelen pensar que lo nuevo es amenazador y, por eso no les gusta. Su lema es: "El cambio es malo, así que no."

2. Otro tipo de necio es el que insiste en tener problemas con las personas, en especial contigo. No importa cuán persuasivo seas, ni cuán lógica y sensata sea tu propuesta, simplemente si viene de ti, es inaceptable.

3. Existe el necio que, en otras circunstancias, se ha sentido manipulado y abusado, por lo que la herida está todavía abierta. Es incapaz de aceptar ideas que lo desvíen de su manera usual de pensar. De hecho, se siente inseguro de su habilidad para tomar decisiones y, para evitar tambalearse, regresa a la base y se convierte en una roca inamovible.

4. El último tipo de necio tiene una aversión situacional. Es decir, su resistencia no es personal, sin

embargo, por alguna razón no le late o no se identifica con la 'idea en general'.

Si alguna vez te has enfrentado con cualquier tipo de necio, sabrás que discutir con él no lleva a ningún lado. Mientras más fuerte que sea el argumento, mayor será el rechazo. La lógica se va por la ventana y nada de lo que hagamos o digamos hará alguna diferencia. A menos, por supuesto, que hagamos o digamos *lo correcto*.

Algunos consejos para convencerlos

- Cuando una persona se muestra inflexible, cambia la única cosa que puedes cambiar: su postura. Sí, su postura. ¿Por qué? Porque nuestro estado emocional está directamente relacionado con nuestra postura física. Si la persona mantiene una posición de rechazo o negación, procura que mueva su cuerpo. Por ejemplo, si está sentado, provoca que se levante y camine. Esto previene que la persona cierre su mente y facilita que cambie su actitud. Cuando nuestro cuerpo está en una postura fija, nuestra mente puede congelarse, como un reflejo

- Proporciona información adicional antes de pedirle a alguien que reconsidere las cosas. A nadie le gusta que lo vean como una persona indecisa, o inconsistente, que cambia de ideas sin razón alguna. Así que, antes de pedirle que esté de acuerdo, dale un poco más de información, o bien recuérdale algo que pudo haber pasado por alto. De esta manera, la persona siente que toma una *nueva* decisión y no que cambió su forma de pensar

- Algunos estudios muestran que, cuando estamos más conscientes de nosotros mismos, somos más accesibles. Esto sugiere que si nos podemos ver —literalmente— en un reflejo, somos más persuasibles. Cuando establecemos una conversación frente a una pared de espejo, o vidrio reflejante, aumenta nuestra docilidad. Así que ya sabes... lleva al necio adonde se pueda reflejar

- Cuando una persona mantiene una visión opuesta para ganar credibilidad, hay que presentarle los dos lados del argumento. Pensemos que basa su opinión, al menos en parte, en los hechos. Por lo que al escuchar una cara del argumento, la persona no se sentirá tomada en cuenta. En este caso, podemos bajarle la guardia si le presentamos las dos caras del asunto. Sólo asegúrate de dar primero tu punto de vista

- Los seres humanos tenemos una fuerte necesidad de ser congruentes con nuestras creencias, actitudes y acciones. Así que, antes de presentarle la propuesta a una persona, procuremos que ella diga sí a una idea similar que neutralice su propia objeción. Por ejemplo: tú quieres que tu jefe escuche y se abra a una nueva idea. Por lo que antes, con toda intención, coméntale: "¿No te parece que cerrarse a nuevas ideas es una señal de vejez?" Después de un rato, cuando desarrolles la idea, encontrarás que la persona es inusualmente cooperadora

En realidad, todos hemos sido necios alguna vez, por lo que convendría recordar lo que dijo Benjamin Franklin: "El primer grado de locura consiste en creerse sabio; el segundo en proclamarlo y el tercero, en cerrarnos al consejo"

Escuchas a tu amiga que dice: "No hago más que trabajar. No paro en todo el día: los niños, la casa, los clientes, el dentista, tres comidas... Él dice que trabaja mucho, pero no sabe lo que es trabajar de veras." Mensaje oculto: soy una víctima.

¡Gaby: yo te puedo enseñar todo sobre la imagen del éxito!

En una cena conoces a una pareja. Él resulta un sabelotodo y no suelta el micrófono. Si se trata de política, discute como experto. Si el tema gira en torno a la educación de los hijos, él es la autoridad. Si habla de deportes, él enseñó a Hugo Sánchez a jugar futbol. Si de ecología, describe todo sobre la capa de ozono. El caso es que durante la velada, lo único que se escuchó fue su tono de voz. Mensaje oculto: lo sé todo.

Todos hemos oído conversaciones similares. Historias y afirmaciones que tienen el mismo fondo: un mensaje oculto. El punto es demostrar que ellos, los narradores, son inteligentes, buenos o inocentes, valientes, sufridos, perfectos y demás. Tú o yo, ¿podríamos asegurar que nunca hemos hecho esto? Creo que no pero, entonces, ¿por qué lo hacemos?

¿Qué son y cómo los utilizamos?

Si escuchamos bien las historias que contamos con frecuencia, dejamos entrever nuestro talón de Aquiles; así, cuando tenemos algún tipo de inseguridad, los mensajes ocultos son excelentes mecanismos de defensa. Algunos de los mensajes ocultos más utilizados son: "Qué buena soy..." "Qué bueno soy (pero tú no)..." "Qué bueno eres (pero yo no)..." "¡Cómo sufro..!" "Yo no tengo la culpa..." "Soy muy fuerte..." "Soy frágil..." "Yo sé todo." Veamos algunos de éstos.

De acuerdo con los expertos, cuando una persona se siente insegura de sí misma, utiliza los mensajes ocultos como escudos o mecanismos de defensa. Busca presentar una imagen idealizada de sí misma para ser aceptada por los demás, para ganarse y preservar un lugar en el mundo o bien, para protegerse del rechazo. Cada vez que esta persona suelta su mensaje, se convence de su valía personal, aunque ésta sea falsa.

En estos casos, lo que los demás escuchan de nosotros son historias calculadas, seleccionadas o modificadas a nuestro favor, nunca mostramos quiénes somos en realidad. Al hablar con mensajes ocultos, nos alejamos de las personas debido a que se anula cualquier acercamiento íntimo o profundo.

Una vez que somos conscientes de la existencia de estos mensajes escondidos, es muy divertido detectarlos en nuestras conversaciones con otros y es muy interesante, aunque no tan divertido, percatarnos de cuándo nosotros somos los emisores.

Los más frecuentes

Aquí, algunos de los mensajes ocultos más frecuentes:

1. *¡Cómo sufro!* Es el mensaje de la víctima. Las historias que cuenta se enfocan en la injusticia, la mala suerte, el abuso y demás. Hablan de alguien desvalido que trata y trata... pero no puede, resiste sin esperanza o remedio alguno. Con estos relatos, implícitamente se dice: "No me pidas que haga algo, porque no puedo o no tengo la culpa." Las injusticias que sufre, van más allá de cualquier solución.

Este mensaje se utiliza para disfrazar o disculpar, consciente o inconscientemente, por ejemplo, un mal desempeño en el trabajo. En una relación de pareja, si algo falla, la persona que juega el papel de víctima tira, uno a uno, los argumentos que el otro esgrime para encontrar una solución. Así, la víctima revalida su sufrimiento, ¡y de algún modo siente que gana!

Una versión clásica del mensaje "¡cómo sufro!", es: "¿Por qué siempre me tiene que pasar a mí?" Hay quien anda por la vida con unos lentes con los que sólo puede ver las cosas malas que le pasan por enfrente. Y si éstas son mínimas, la persona se encarga de hacerlas grandes e importantes.

La finalidad: el mensaje de "¡cómo sufro!" es ideal para evadir nuevas y temidas soluciones o para aceptar una pena que, de otra manera, requeriría adoptar una decisión que implique un cambio de vida. Decir o pensar "es que soy feo "estoy enferma", "soy muy nerviosa...", son excelentes pretextos que ayudan a posponer el cambio indefinidamente.

Cuando el mensaje es en pasado, "¡cómo sufrí!", funciona de maravilla para conquistar al sexo opuesto. Ambos se intercambian historias de horror para referirse a la pareja anterior, lo cual sirve para construir lazos y conectarse mutuamente: "¡cómo sufrimos!"

2. *Qué buena soy.* En cada anécdota somos el héroe de la historia y realzamos aquellos atributos que valoramos más, como honestidad, fortaleza, salud, poder o prudencia. Sólo que este maravilloso papel es actuado y no refleja nuestro auténtico ser. Si yo quiero probar lo linda que soy, recurro constantemente a gestos, frases bonitas o recuerdos que lo comprueben.

Todos somos un poco actores, pero el mensaje de "qué bueno soy" es más que eso, es un trabajo permanente. Es una forma de distorsionarnos para que los demás sólo puedan ver pedacitos de nosotros y deja oculta nuestra parte menos glamorosa. Lo grave es que los demás se aburren de oír lo bueno que somos y de ver siempre la misma máscara. Así que, después de oírnos un rato, se van.

3. *Qué bueno soy (pero tú no).* Todo el mundo es incompetente, flojo, egoísta, insensible e injusto. Claro que ellos mismos no están incluidos en esta clasificación. Todas sus historias son variación sobre el mismo tema. ¿Conoces a alguien así? "Yo siempre estoy dispuesta a ayudar a todos en la oficina, no importa lo que esté haciendo, dejo todo aunque no sea mi obligación. ¿Pero tú crees que cuando necesito ayuda, alguien se acomide? Jamás."

Hay varias versiones de "qué bueno soy (pero tú no)". Una es la "crítica implícita." Nos encargamos de señalar lo duro que hemos trabajado o lo responsables que somos, implicando que el otro es un flojo o desobligado. Claro, sin decirlo abiertamente.

Otro es el "¡si no fuera por mí...!", que suele darse entre parejas en las que, mutuamente, se acusan de ser la causa de su infelicidad.

Este tipo de mensaje puede elevar nuestra autoestima, pero pagamos el precio. Nuestra familia y amigos se sienten amenazados y sobajados por nosotros, por lo que pronto encontrarán sus propios mecanismos de defensa.

4. *Qué bueno eres (yo no)*. La forma más elemental de este mensaje es la adulación. Formas más complejas involucran una especie de adoración a la gente que consideran inteligente, guapa o fuerte. Con la agravante de que la persona se hace menos al compararse con los demás. "Tú haces esto taaan bien y yo soy muy bruto. Cómo me gustaría tener tu valor para hacer las cosas, a mí me da pavor regarla." Esta actitud puede tener varias intenciones: conseguir algún favor, comprar una relación, lograr una estrategia para protegerse de un rechazo o de algún enojo; después de todo, cómo nos vamos a enojar con alguien que, de entrada, se hace menos. Esta actitud también se usa para bloquear peticiones incómodas o de grandes expectativas. Nadie va a esperar mucho de alguien que se declara incompetente.

5. *Soy fuerte*. Usamos este mensaje cuando somos adictos al trabajo o manejamos una agenda con 100 asuntos a la vez. En cualquier conversación es típico soltar las miles de cosas que hicimos o estamos en proceso de hacer. Cansamos a nuestro escucha con sólo recitarle los pendientes, los detalles y el esfuerzo que nos costó sacar adelante cada asunto. Nuestro mensaje señala que somos fuertes y trabajamos más intensa y rápidamente que cualquiera. La respuesta que esperamos es la admiración y la seguridad de que no seremos criticados. Además, la gente no nos pedirá mucho porque... ¡estamos tan ocupados!

¿Para qué nos sirven?

Los mensajes ocultos sirven para dos cosas: la primera es para construir y mantener una posición actual, una postura en el mundo, una máscara; el mensaje oculto se convierte en una estrategia para lidiar con alguna inseguridad que tengamos. Por ejemplo:

- Para reafirmar lo mucho que valgo como persona, utilizo el mensaje: "Qué buena soy", y cuento historias que reflejen lo honesta, lo trabajadora y lo leal que puedo ser.
- Quizá necesite robarle un poco de valor al otro para resaltar el mío, entonces utilizo el mensaje "qué buena soy (tú no)" y mis historias devalúan al otro y resaltan lo bien que hago las cosas, lo clara que es mi forma de pensar y la razón que tengo en todo.

- Si quiero encubrir mi vulnerabilidad, me protejo con mensajes tipo: "yo sé todo", "soy muy débil" o "soy muy fuerte".

La segunda función de los mensajes es promover motivos o necesidades diferentes a los que se dicen textualmente. Por ejemplo:

- Si quiero hacerme amiga de alguien y no sé cómo hacerle, puedo halagarla y utilizar el mensaje: "Qué buena eres (pero yo no)."
- Puedo pedir, indirectamente, ayuda o consuelo desde la postura: "¡Cómo sufro!" o "soy muy débil".
- Podemos, también, disculpar de antemano nuestras fallas con el mensaje oculto: "Soy inocente, yo no tengo la culpa."

Sin duda, los mensajes ocultos nos sirven para adaptarnos o para lograr un propósito pero, al final, terminan aislándonos porque nos impiden sentir el gran alivio de ser conocidos y aceptados tal y como somos. ¿No crees?

EL DICCIONARIO FEMENINO

Muchas mujeres utilizamos con frecuencia lo que se llama discurso indirecto. No es más que el uso de la inteligencia y la suspicacia femeninas para mediar, manipular, controlar o salirnos con la nuestra. Y los métodos... son muchos.

Es común escuchar a los hombres decir: "Las mujeres nunca van al grano." "Las mujeres siempre hablan con indirectas." ¿Por qué, cuando tienen calor, en lugar de decirte "abre la ventana", insinúan "no sería bueno abrir la ventana"? ¿No odias cuando dicen: "hay que componer esto, ¿no?", en lugar de: "repara esto." ¿Te has dado cuenta de que cuando dicen que no tienen "nada" siempre tienen "algo"?

Es cierto. Nosotras, para conseguir nuestro objetivo, muchas veces, preferimos seducir, adular, dar pistas de lo que queremos, sugerir o preguntar antes que ordenar. Buscamos, casi siempre, la mejor forma de decir las cosas, aunque no siempre con éxito, y hay una razón para hacerlo: nos preocupa que el decir las cosas de manera directa suene muy evidente, agresivo o manipulador, por lo que procuramos mediar para evitar alguna negativa, desacuerdo o confrontación. Esta forma de actuar puede funcionar muy bien cuando hablamos con otras mujeres y muy pocas veces genera problemas; sin embargo, con los hombres no funciona porque ellos prefieren el discurso directo y utilizan las palabras en sentido literal.

De hecho, cuando usamos el discurso indirecto con otras mujeres, captan la intención y el verdadero significado de lo que queremos decir, pero a los hombres les desconcierta la falta de objetividad y estructura de la conversación femenina y si se dan cuenta del intento de manipulación, ¡les choca!

Según varios estudios la mujer evolucionó en una situación de grupo, acompañada por otras mujeres y niños, mientras permanecían cerca de la cueva. La capacidad de hacer vínculos y relacionarse era primordial para su supervivencia. El hombre, por el contrario, evolucionó en silencio, sentado en un promontorio y buscando un blanco en movimiento. Siempre que las mujeres se reunían, utilizaban la plática como método de unión. Y cuando los hombres cazaban o pescaban, permanecían en silencio por miedo a espantar la presa.

El cerebro masculino está configurado para resolver problemas y encontrar soluciones. El cerebro femenino trabaja pensando en procesos. Es decir, el hombre habla para comunicar hechos, datos o soluciones. Esto genera problemas de comunicación porque cuando una mujer habla, lo hace para relacionarse, para mostrar que la persona le cae bien, para hacerle saber que está de acuerdo con su opinión o para hacer que el otro se sienta aceptado. Si no es el caso, la mujer, simplemente, no le dirigirá la palabra.

Nosotras usamos el silencio como una forma de castigo. ¡Oh, ignorantes! No nos damos cuenta de que los hombres adoran el silencio, por lo tanto el verdadero castigo sería hablarles sin parar. ¿Te imaginas?

Regresando al discurso femenino, aquí te presento un "diccionario de términos indirectos" utilizado por las mujeres:

Ahorita o *Cinco minutos*: Eso, ya sabemos, significa media hora.

¿De veras?: No es que cuestione la validez de lo que estás diciendo, pero, cuando se acompaña de cierto tono sarcástico, sencillamente no cree una palabra de lo que dices.

Está bien: Esta expresión se usa al final de una discusión cuando creemos tener la razón pero necesitamos que él cierre la boca. El hombre nunca debe utilizar el calificativo "bien" para describir el aspecto de la mujer porque, de hacerlo, provocaría una discusión que concluiría con la mujer diciendo "está bien".

Nada: Muchas veces significa el inicio de una discusión que durará "cinco minutos" y acabará con las palabras "está bien".

¿Ya viste qué bien está fulano desde que bajó de peso?: Ponte a dieta.

¡Es admirable su fuerza de voluntad!: Párate del sillón y ¡haz algo!

¿Como a qué hora vas a apagar la tele?: Ya me quiero dormir.

Me encantaría ir, pero no tengo cómo irme: Pasa por mí.

Al ratito: No quiero hacerlo y no quiero pelearme.

Ay, qué frío hace: Necesito que me des tu saco.

¿No habrá un refresco?: Tráeme un refresco.

¿Ajá?: Al inicio de una frase significa: ¿Esperas que te crea?

La decisión es tuya: Siempre y cuando yo esté de acuerdo.

Ahorita vengo, voy a hablar por teléfono (una joven a un galán): No quiero estar contigo.

Suspiro sonoro: Estoy aburrida. ¿Qué hago desperdiciando mi tiempo?

¿A qué hora es tu clase?: Ya vete que no llegas.

Necesitamos: Quiero.

¿Me quieres?: Quiero que me compres una cosa… cara.

Y así podríamos continuar con una lista interminable de frases y su verdadero significado.

Dice Rodney Dangerfield: "Existen dos teorías sobre cómo discutir mejor con las mujeres. Ninguna de las dos funciona." ¿Tú que opinas?

Es que… ¿no se da cuenta?

Me platica una querida amiga: "Estoy molesta con mi esposo, y últimamente he estado un poco distante y seria con él, pero ¡ni cuenta se da! Lo que más coraje me da es que ¡actúa como si nada, ni siquiera pregunta qué me pasa! ¿No se da cuenta?" "¿Ya hablaste con él?", le pregunto. Y ella responde: "Si en verdad le interesara, él me tendría que preguntar."

Cuando Bety me platica esto, ya ha construido un caso sobre lo insensible que es su marido. Lo curioso es que Luis, el esposo, no tiene ni la más remota idea del enojo de Bety.

Con la objetividad que da observar las cosas de lejos, nos damos cuenta de que Bety ha cometido un error muy común en la comunicación de pareja: asumir que el otro tiene poderes de clarividencia. Esto le puede suceder tanto al hombre como a la mujer.

¿Te suena familiar? A veces pensamos que nuestra pareja puede comprender lo que estamos pensando o sintiendo sin necesidad de que se lo digamos directamente. Es tanto como asumir que la señora que se la pasa bajándole a la tele durante los comerciales, lo hace para que su esposo se dé cuenta de que ella quiere platicar con él. Y, como él no es adivino, aprovecha esos minutos para leer la sección de deportes del periódico. Un día, ella explota y, por supuesto, ¡el esposo no entiende nada de lo que pasa!

Por alguna razón, quizá con la falsa idea de ser más fuertes, o más prudentes, o más algo, callamos sentimientos o los exteriorizamos de una manera indirecta, esperando que nuestra pareja tenga dotes de clarividente. Tal vez hacemos uso del lenguaje no verbal, sugerimos cosas, mandamos pistas o, peor aún, hablamos con la persona equivocada. Y, por supuesto, las cosas nunca mejoran y el costo emocional es muy alto. Además, le negamos a nuestra pareja la oportunidad de defenderse, de explicar por qué hace las cosas o de analizar nuestro punto de vista y posiblemente cambiar.

¿Por qué es importante hablar?

Porque la comunicación en la pareja es tan esencial que, en el momento que empieza a perderse, como fichas de dominó, se desencadena una serie de hechos predecibles. Cuando no hablamos las cosas clara y directamente, es muy fácil que nos malinterpreten. Y cuando sentimos que alguien no nos entiende, o no recibe nuestro mensaje, podemos anidar resentimientos y emociones negativas que pueden explotar a la menor provocación y cuando menos vienen al caso.

Cinco consejos

1. *Sé directo.* Para evitar que un problema pequeño se haga grande, lo primero que debes hacer es encontrar el momento y lugar oportunos para hablar con tu pareja y hacerlo de manera directa y sin rodeos. Evita terciar la información con la idea de que el otro la reciba, ya que esto sólo complica las cosas.

2. *Háblalo pronto*. Si tardas en decir que estás muy molesto o dolido, con frecuencia empeoras las cosas. El enojo crece y el resentimiento se acumula para después salir, de manera pasivo-agresiva, por otro lado. Además, cuando hablas pronto, compartes las reacciones del momento, lo cual ayuda al otro a comprenderte mejor y, entonces, puede tener tiempo para adaptarse o reaccionar adecuadamente.

3. *Sé claro*. Cuando das el mensaje completo reflejas tus sentimientos, pensamientos y observaciones. No dejas nada afuera, ni los disfrazas. Esto exige que hagas consciente lo que te molesta y por qué te molesta. Tampoco es bueno decir las cosas en forma de pregunta. Por ejemplo, el esposo a la esposa: "¿Por qué debes regresar a estudiar, si aquí tienes mil cosas que hacer?" El mensaje escondido es: "Temo que si regresas a la universidad, no podré verte lo suficiente y me sentiré solo." Es mejor ser honestos, te aseguro que tu pareja te comprenderá más fácilmente.

4. *Sé congruente*. El contenido, el tono de voz y el lenguaje corporal deben ser uniformes. La incongruencia confunde. Una mujer le pregunta a su esposo: "¿Cómo te fue en el trabajo?" Y, mientras el marido le responde, ella coquetea con el espejo que le queda enfrente. Con su voz estará diciendo: "Me importa lo que me dices", pero su cuerpo dice: "apúrate a contestarme, porque estoy un poco aburrida." Si le preguntas algo, es necesario que vea tu interés en lo que respondes. Esto hace sentirnos importantes.

5. *Toma el riesgo*. Cambiar cuesta trabajo, es más cómodo y natural repetir conductas pasadas, que aventurarnos a hacer algo nuevo.

No obstante, si queremos mejorar la relación con nuestra pareja y desafortunadamente no estamos junto a un clarividente, sería bueno recordar que somos casi tan felices como puedan ser nuestras relaciones. Y que vale la pena arriesgarnos y encontrar nuevas opciones. Mejorarlas está en nuestras manos.

NECESITAMOS HABLAR DE CORAZÓN

Qué triste es ver a una pareja sentada a la mesa de un restaurante mientras ambos pasan el tiempo observando a lados opuestos del salón sin hablarse uno al otro. El silencio sólo se interrumpe con frases como: "¿Te sirvo vino?", o "me pasas la sal". No se necesita ser psicólogo para adivinar que esa relación está destinada a morir, porque la incomunicación es desinterés, rechazo y soledad.

Habrá quien pueda pensar: "¿de qué le platico a alguien que me conoce desde hace tantos años?" o "ya sé todo de él ¡Ya no tengo nada nuevo que contarle! ¿No tengo?" Si supiéramos escuchar con el corazón, ¡nos asombrarían tantos matices y sutilezas que tiene ella o él, a quienes creemos conocer tanto!

Está comprobado que en la comunicación cotidiana invertimos, a lo mucho, 10 minutos; entonces, más que una plática es un mero intercambio de información y cortesía. "Buenos días, ¿qué vas a hacer hoy?" "¿Qué quieres cenar?" "¿Cómo están los niños?" Hasta que el sonido de la televisión ahoga las conversaciones irremediablemente: "buenas noches." Así, poco a poco vamos dejando de ser amantes para convertirnos en socios de una vida práctica y operativa.

¿Quién no tiene temores, sueños, anhelos, inseguridades o esperanzas que buscan salida? ¿Cuántos de nosotros vivimos capoteando estos vagos sentimientos que la vida llena de ajetreo nos impide aclarar, afrontar y sacar? ¿Sabes?, el silencio puede enfermarnos, sobre todo si callamos un malestar, un pensamiento, un presentimiento o una congoja. Por una extraña fermentación interna, lo que no se exterioriza tarde o temprano nos envenena. ¿Qué nos impide hablar? ¿Será miedo? ¿Falta de tiempo? ¿Evasión?

Al compartir nuestras inquietudes, especialmente con nuestra pareja, todo se transforma y, como piezas de rompecabezas, éstas se acomodan y empiezan a resolverse desde el momento en que los ponemos en palabras.

Con frecuencia sólo atendemos las cosas de afuera y no nos damos tiempo para cultivar el interior de nuestra relación. Necesitamos hablar de corazón; escucharnos de corazón. Viajar por nuestras almas, con la tranquilidad que da pasear de la mano por el campo. Debemos ser capaces de crear y retomar lazos, porque ahí es donde se empieza a hacer el amor: al cultivarlo. La comunicación, más que un lujo, es lo que mantiene viva una relación.

En nosotros está el poder de reinventarnos y de asombrarnos. Para esto se necesita amar, querer conquistarnos uno a otro. ¡Hay tantas cosas que puedo compartir contigo! Puedo platicarte de mi pasado, no como un recuento biográfico de hechos, sino de lo que me hizo reír o llorar. Puedo contarte recuerdos de quienes me ayudaron a darle forma a mi vida. Algunos eventos estuvieron llenos de luz, otros tuvieron la tristeza de la oscuridad. Puedo compartir contigo mi forma de ver las cosas, de ver a otras personas en mi vida y del Dios al que le rezo todas las noches. Puedo comentar contigo qué es lo que me interesa sobre el libro que estoy leyendo o la última película que vimos juntos.

Supera los obstáculos

- El temor a revelarme. Es cierto, el primer obstáculo que encontramos está dentro de nosotros mismos. Prefiero esconder mis puntos vulnerables. Quizá he editado la versión que conoces de mí. Te puedo mostrar mi cuarto de trofeos, pero temo abrirte mi cuarto de defectos y debilidades. Si me atrevo a mostrarme tal como soy, te puedo contar mis secretos, mis esperanzas y mis sentimientos. Algunos son buenos, otros no tanto, pero son míos. Al compartirlos siento que me conecto contigo. Y como todo lo que viene del corazón es contagioso, estoy segura que tú también querrás platicarme tus inquietudes. Te voy a escuchar sin juzgarte, sin aconsejarte, sin tratar de darte soluciones mágicas. Me esforzaré en entender más allá de lo que dicen tus palabras. Observaré qué me dice tu mirada, tus gestos, tus silencios, para comprenderte mejor.

- La rutina. Cuando se te presente la oportunidad de estar juntos, no desperdicies la ocasión de conectarte. Evita hablar para sólo intercambiar información, para quejarte de hechos pasados, para hablar de lo mal que va un hijo en la escuela (si es que lo hay), para hablar del trabajo, criticar a alguien o a todo. Aprovecha los maravillosos momentos del fin de semana que te ofrece el estar descansado, para reencontrarte con tu familia, contigo mismo y en especial con tu pareja.

La comunicación es la vida del amor y su raíz se fortalece en el acto de compartir. En sentido profundo, comunicar es compartir nuestra persona. Así lograremos no un encuentro, sino varios: yo contigo, tú conmigo, yo conmigo, tú contigo y nosotros con el mundo.

Como escuché decir a Alfonso Ruiz Soto en una entrevista de radio:

> *La plenitud del individuo es la plenitud de la pareja.*
> *La plenitud de la pareja es la plenitud de la familia.*
> *La plenitud de la familia es la plenitud de la sociedad.*
> *Y la plenitud de la sociedad es la plenitud*
> *del individuo.*

Me gustó mucho y creo que tiene toda la razón.

CUIDADO, ¡OSO AL ATAQUE!

Hay un espíritu maligno que de vez en cuando nos ataca, nos abraza por la espalda y nos hostiga hasta que sale nuestro lado oscuro, irracional, inmaduro y egoísta. Lo llamamos el oso.

¡Ojo! Porque este espíritu siempre está al acecho. Es cauteloso, observador y se vale de varios disfraces par embestir y sabotear nuestra relación de pareja, por lo que conviene conocerlo y reconocer su presencia para sacudírnoslo en cuanto sintamos su mano peluda en el hombro.

Algunos de sus disfraces favoritos

El oso perfeccionista. Este lindo ejemplar se encarga de señalar cualquier falta que tiene el otro, por pequeña que sea, y está convencido de que lo critica por su bien. Sus expresiones favoritas son: "Deberías de…" "Tú siempre…" "Tú nunca…" Si su pareja tiene que hacer 10 cosas y ocho de ellas ya las hizo a la perfección, este oso se pasará la mayor parte del tiempo reclamándole las dos cosas en que falló. Suele quejarse de lo injusta que es la vida y siempre encuentra un culpable que le impide obtener aquello que se merece. Con esta actitud deja entrever al otro que él o ella es el responsable. Este oso es de los que dicen a su pareja: "Nos la pasamos muy bien, menos cuando tú hiciste o dijiste…"

El oso contador. Lleva la cuenta exacta de todo lo que el otro hace o deja de hacer con el tiempo de ocio, salidas con los amigos o amigas o las horas dedicadas a los niños. Cuando concede un favor, no lo hace como apoyo, sino a cambio de algo: "Yo hago esto por ti, si tú haces esto otro por mí." Sus palabras favoritas son: "Me debes", y se esmera por salir ganador siempre. Si en alguna ocasión se sacrifica por el otro, se encarga de comunicar a los cuatro vientos el trabajo que implicó hacerlo.

¡Tu siempre llegas tarde!

BANG

El oso controlador. Es rígido, inflexible y todo tiene que ser y hacerse como él dice. Es aquel que espera que los demás obedezcan pasivamente. En las conversaciones suele interrumpir a su pareja, en lugar de esperar pacientemente a que el otro o la otra termine de hablar. Las discusiones sólo finalizan cuando consigue que le den la razón. Le encanta "cambiar la jugada", cuando nota que su pareja está ganando terreno y dice algo como: "no me hables en ese tono" o "no tienes por qué ver las cosas así". Ante la familia y amigos adopta una postura de santo.

El oso rabioso. Este maléfico oso ataca con rapidez y es difícil quitárselo de encima. Sabe dónde apretar, cuáles son los botones rojos que debe oprimir y cuáles acusaciones hacer para lastimar a su pareja. Al interactuar con el otro suele enchuecar la boca, poner ojos de "Virgen María"; también señala a la cara con el dedo índice, levanta la voz y es muy irónico. Le gusta intimidar y con frecuencia rebasa la línea del respeto. Las cicatrices y el daño que es capaz de hacer son difíciles de reparar.

El oso "mátalas callando". No ataca de frente ni levanta la voz; sin embargo, se las arregla para salirse con la suya. Por ejemplo, si su pareja le sugiere un lugar para ir con la familia de fin de semana, al cual no quiere ir, en lugar de aclaralo abiertamente, le dice: "Me parece perfecto", y empieza a jalar todos los hilos para impedirlo. Su mejor momento es cuando escucha al otro decir: "Olvídalo, mejor tú dices qué hacemos." Le encanta fingir demencia cuando debe hacer ciertas actividades que le disgustan, como regresar al niño a media noche a su cama. Suele empezar las frases con "Sí, pero…"

El oso inseguro. Necesita que otros lo reafirmen constantemente, quiere que le digan lo bien que se ve o lo bien que hace las cosas para elevar su autoestima. Una mujer puede decir: "Dime que no me veo gorda" o "¿Está muy cocida la carne, verdad?", aunque sepa que está bien. Un hombre puede preguntar: "¿Crees que se me está adelgazando el pelo?" o "¿te gustó?" El mensaje es el mismo:

"Dime que estoy bien, porque no estoy convencido." Ochenta por ciento de las preguntas son aseveraciones o reclamos disfrazados. Su piel es tan delgada y sensible a la crítica que su pareja no puede hacerle un chiste o una broma. Nunca se enoja abiertamente, pero le encanta jugar a la víctima.

El oso conformista. Es tan pasivo que se anida en su comodidad. Juega a lo seguro y nunca se arriesga. Su relación es rutinaria, es como su pantufla vieja, muy cómoda pero fea y descuidada. Nunca se reta a sí mismo, no lucha por ser mejor. Se acostumbra a su forma de vida, se da cuenta que no es lo que soñaba, lo que deseaba, pero no hace nada por cambiarla. Se dice a sí mismo que no puede hacer las cosas. Siempre está cansado.

El oso vencido. Este oso ha perdido toda esperanza de mejorar su relación. Piensa: "¿Qué caso tiene? Nunca va a cambiar". Conscientemente acepta y se acostumbra a ese "dolor sonso" como forma de vida. Ya ni siquiera se molesta en reclamar cuando su pareja lo ataca. Se siente solo y empieza a buscar en otras personas o actividades un sentido a su vida.

Como vemos, los disfraces del astuto espíritu maligno son muy destructivos en una relación. ¡Claro!, siempre nos resulta más fácil identificar al que se apodera de nuestra pareja, de un amigo o del vecino, que aceptar cuando lo tenemos encima.

Con suerte, ninguno de estos osos logra apoderarse de ti o de tu pareja ¡ojalá! En caso de que uno de los dos sienta su cercanía, hay que actuar con rapidez. Lo primero es identificar al enemigo, platicar con nuestra pareja y, con paciencia, ayudarse uno a otro a eliminarlo. Aquí no hay ganador ni perdedor. La única forma de ganar, de verdaderamente ganar, es volvernos a conectar amorosamente con nuestra pareja para regresar la relación a tierra firme. Así que: ¡Cuidado con el oso!

La ira es un código

¡Envejecí en una hora! Estoy de compras en El Palacio de Hierro, con mi hija Paola de cinco años. Algo llama mi atención y me distraigo por un segundo. Cuando busco a la niña, simplemente no está. Con el corazón acelerado, busco entre la multitud, debajo de las mesas y entre los vestidos. Trato de recordar cómo va vestida mi hija. En mi mente se atropellan toda clase de escenarios... Imagino la escena ante mi esposo: "Perdí a Paola..." Sudo frío. Las dependientas, muy amables, me ayudan.

Después de una hora interminable, alguien encuentra a Paola en otro piso, tras un mostrador, sentada en el suelo, entretenida y jugando como si nada. *Furiosa*, mi primera reacción es regañarla y darle una fuerte nalgada.

—Paola, ¿dónde andabas?

El enojo llega después de otro sentimiento: el miedo.

- En una fiesta, Alicia observa las exageradas atenciones de su esposo con otra mujer que, según ella, es mucho más joven y guapa. Cuando él regresa a su lado, Alicia le dice, con sarcasmo: "¿Qué pasó, Romeo? ¿Te batearon?"

   Celosa e insegura por la conducta del marido, ella disfraza sus sentimientos y lo hiere verbalmente.

- Toño llega a su casa, agotado después de un largo día de trabajo. Apenas abre la puerta, sus hijos lo acosan a gritos pidiéndole que les adelante su domingo para comprar las estampas de moda. "Ustedes sólo piensan en dinero. ¡Váyanse de aquí! ¡No los quiero ver!"

El agotamiento se transformó, de manera instantánea, en enojo.

La ira es normal. Todos conocemos lo que es estar enojados; hemos sentido el enfado en la escala que va desde la ligera incomodidad, hasta la furiosa explosión de un volcán.

¿Podríamos sacarle provecho a esta reacción tan humana? La respuesta es "sí". Debemos comprender que el enojo disfraza algunos sentimientos anteriores. Si no reconocemos este simple hecho, los problemas pueden crecer, agravarse y convertirse en una maraña difícil de deshacer.

Recordemos nuevamente que la ira es un código. La clave es preguntarnos: ¿Qué siento? ¿Qué hay detrás de mi enojo? ¿Frustración, inseguridad, celos, miedo, hostilidad? ¿Me siento poco valorado? ¿Cuál es el verdadero significado del enojo de mi hijo, esposo, amiga o jefe?

Cuando nos critican, es natural que nos pongamos a la defensiva. En lugar de regresar los golpes, tratemos de escuchar qué hay más allá de las palabras. Quizá tu hijo se siente abandonado y lo expresa con un "ya no te quiero". A lo mejor, después de que te sentiste ignorada por tu jefe, te enojas, gritas y te desquitas con quienes menos culpa tienen: tus hijos, tu novia o tus papás. Quizá por el trabajo has desatendido a tu pareja y, por eso, ella se siente lastimada o agredida por cualquier cosa.

¿Qué hago con mi enojo?

Hay tres formas, conscientes o inconscientes, de lidiar con el enojo: expresarlo, suprimirlo o relajarlo.

- La primera y la más instintiva, es responder a las amenazas con la agresión verbal o física. Sobra decir que no ayuda en nada. No podemos andar dando latigazos a cualquier objeto o persona que nos irrite. Si podemos controlar lo que dispara nuestro enojo y si somos capaces de reconocer el sentimiento y ponerlo en palabras, sin herir al otro, estaremos empleando la manera más sana y madura para eliminarlo. Si un hijo nos dice: "Me gustaría tener otra mamá o papá", hay que felicitarnos porque tiene el valor de expresar lo que siente. Sólo nos queda acompañarlo en su sentimiento y ayudarlo para que identifique la emoción primaria
- La ira se puede reprimir y, después, convertir o redireccionar. Esto sucede cuando nos tragamos el enojo, dejamos de pensar en él o nos enfocamos en otra cosa. Lo hacemos con la idea de inhibirlo y convertirlo en un comportamiento más constructivo. Esto puede sonar muy civilizado, pero si no está bien manejado puede resultar muy peligroso ya que, al no darle salida, el enojo puede volverse hacia nosotros. Esto nos puede producir hipertensión o depresión. Asimismo, el enojo no expresado abiertamente puede salir de manera pasivo-agresiva y manifestarse al desquitarnos con la gente indirectamente y sin decirle por qué. Quienes constantemente critican, se burlan o hacen comentarios sarcásticos de los demás, no han aprendido a expresar su enojo. No es

raro que a estas personas se les dificulte establecer buenas relaciones

- Finalmente, podemos calmarnos. Esto no sólo implica controlar las expresiones externas, sino también controlar las internas. Tomar medidas para bajar el ritmo cardiaco, respirar hondo varias veces, contar hasta 10, decirnos: "Cálmate, no es para tanto, no arreglas nada enojándote.. En fin, podemos relajarnos y dejar que los sentimientos disminuyan y se vayan

Lo cierto es que no podemos evitar enojarnos o que se enojen con nosotros. La vida siempre tendrá frustraciones, pena, pérdidas y, de vez en cuando, alguna reacción impredecible por parte de los demás. Eso no lo podemos cambiar, pero sí podemos modificar la forma en que el enojo nos afecta y, también, podemos encontrar el verdadero mensaje que se encuentra debajo de él. Si conocemos la emoción primaria, podremos aceptar y controlar la ira y establecer relaciones más satisfactorias con los seres que nos rodean.

Ahora valdría la pena observar qué pasa en nuestro cerebro cuando nos enojamos.

¡Un cuarto de segundo… es todo!

No sé qué me pasó. Me salí de mis cabales y exploté. Estaba hecha una furia, grité y dije cosas horrorosas. Lo peor es que mis hijos vieron todo. No sabes. La gente me decía: "cálmese, señorita." Cuando llegó el agente de seguros, yo ya estaba un poco más calmada y, por supuesto, no quería ni ver al señor del choque. Mis hijos, adentro de la camioneta, encogidos y calladitos, sólo se me quedaban viendo con una expresión de miedo y asombro. Pensé: "¡Qué bruta soy! Mira nomás, qué bonito ejemplo les diste…"

Me moría de la pena. No quería ni decir mi nombre en voz alta, ¿qué tal si conocía a mis papás o a mi marido? ¿Qué tal sí era papá de algún compañero de colegio de mis hijos? No sabía dónde meterme. Este señor ha de pensar que, además de ser una histérica sin educación, de seguro soy una bruja. ¡Pero te juro que no soy así! Hasta yo misma me desconocí. La verdad me sentí muy mal conmigo misma. Hubiera querido regresar el tiempo y borrar esa tarde. Pero ya no había nada que hacer…

Entre divertida e identificada con la sensación de arrepentimiento, escucho a Maru narrar su historia. ¿Alguna vez te ha pasado lo mismo, que te sientes pésimo por haber hablado de más, por haber criticado, por haber alzado la voz, por haber dado esa nalgada explosiva en vez de razonar?

Bueno, pues todo esto, así como la reacción de Maru, tiene una explicación científica. Y conviene saber que en cada momento de la vida hay una oportunidad de escoger cómo percibimos las cosas.

Esta habilidad de alterar la percepción es una de las más grandes que podemos tener. Sin embargo, mucha gente no la usa o ni siquiera sabe que existe.

El neurocirujano Benjamin Libet condujo un experimento fascinante en pacientes que, despiertos y alertas, estaban siendo sometidos a algún tipo de cirugía de cerebro. Les pidió que movieran uno de sus dedos mientras monitoreaba electrónicamente su actividad cerebral. Ahí pudo comprobar que hay un cuarto de segundo de retraso entre la urgencia de mover el dedo y el momento actual.

Esto quiere decir que cualquier urgencia que tengamos, incluyendo las provocadas por el enojo o el miedo, tienen una ventana de oportunidad en la que podemos desengancharnos. ¡Es una maravilla de descubrimiento! Hay un cuarto de segundo de distancia entre querer, pensar y hacer.

Un cuarto de segundo puede sonarnos muy poco pero, para el pensamiento, es una eternidad virtual. Es un tiempo más que suficiente para interpretar las cosas de diferente manera. Por ejemplo, darnos cuenta que un sonido muy fuerte no es un balazo, que un palito entre el pasto no es una víbora, que un comentario sarcástico no tiene la intención de herirnos o que resbalar con una cáscara de plátano es gracioso en lugar de irritante.

¿Por qué sucede esto?

Cuando el cerebro recibe un estímulo de cualquiera de los cinco sentidos, lo manda a dos lugares: uno es la amígdala y el otro es la neocorteza, el lugar desde donde funciona el intelecto y el espíritu.

La amígdala —esencial para la supervivencia— es la primera en recibir el mensaje; es muy rápida y, en un instante, nos dice si debemos atacar, huir o congelarnos. La neocorteza está más lejos y los mensajes le llegan más tarde pero, a diferencia de la amígdala, tiene enormes poderes de evaluación y considera las cosas. Además, la neocorteza se comunica con la amígdala para ver qué opina antes de reaccionar.

Lo bueno es que 95 por ciento de los estímulos que recibimos llegan a la neocorteza y sólo cinco por ciento van derecho a la amígdala. Pero, ojo, ese cinco por ciento, ¡puede crear un absoluto caos! Puede desencadenar una reacción inesperada, un comportamiento ilógico e incontrolable.

Si le hacemos caso a ese cuarto de segundo, es como contar hasta 10 antes de enojarnos. Si lo has hecho, es probable que te hayas dado cuenta que puedes controlarte más de lo que pensabas. Pero no se necesitan 10 segundos para controlarnos. Sólo una fracción de segundo.

Si ignoramos ese cuarto de segundo y nos dejamos conducir por el piloto automático nos convertimos en impulsivos, en esclavos del enojo y del miedo. La amígdala, alimentada por el miedo, obstruye la razón y cuando le permitimos secuestrar al cerebro en repetidas ocasiones, nos pasa lo mismo que cuando transitamos un camino con regularidad: mientras más lo usamos, más fácil transitamos por él. Entonces nos convertimos en personas hipersensibles, irascibles, explotamos por todo o nos deprimimos. ¡Y quién nos aguanta!

Démosle al intelecto y al espíritu la oportunidad de prevenir las explosiones. Un ejemplo maravilloso de este poder mental y espiritual es Victor Frankl, psiquiatra que sobrevivió a un campo de concentración. En el campo se dio cuenta de que no tenía ningún control sobre su vida, excepto algo muy importante: su propia percepción. Fue capaz de ver más allá de su enojo, desesperación, odio y miedo y de enfocarse en los sentimientos reafirmantes de cada situación.

Cuando los otros sólo veían humillación, él veía la humildad que hacía la humillación llevadera. Cuando los otros estaban abatidos, Frankl veía esa tímida luz de esperanza que evita la resignación. Cuando los otros veían sólo el horror de las víctimas luchando por sobrevivir, Frank veía el coraje de las víctimas luchando por sobrevivir.

Dice Aldous Huxley: "Hay un rincón en el universo que puedes tener la certeza de mejorar, y es a ti mismo." Te invito a que, ante el miedo, el enojo o la desesperación, utilices tu cuarto de segundo para pensar antes de reaccionar impulsivamente. Te aseguro que vivirás más tranquilo, te sentirás mejor y tus relaciones se enriquecerán. ¿No crees?

> *Cuando la ira crece, piensa en sus consecuencias.*
>
> *Confucio*

CÓMO DISCUTIR BIEN

Aurora está fuera de sí. Con la cara encendida, no deja de gritar y de gesticular. Ignora que Luisito, su hijo de tres años, se asoma con la carita de angustia.

¿Te peleas con tu pareja? Es lo más probable. Todos los matrimonios, de vez en cuando, tenemos desavenencias o discusiones. Así que mejor hay que pelearnos bien. Hay quienes creen en el mito de que una buena relación debe ser pacífica. Se aterran al pensar que si una pareja discute o pelea, es una clara señal de que la relación es mala o frágil. Nada más lejos de la verdad. Sin duda, siempre habrá cosas con las que vamos a estar en desacuerdo. A lo mejor pensamos diferente en cuanto a manejar el dinero, educar a los hijos, cuidar nuestra salud o mostrar afecto. Esto es inevitable y natural. Y no hay que reprimir esa molestia, inconformidad, enojo o frustración, lo más sano es hablarlo y discutirlo. A pesar de las discusiones, se pueden llegar a cumplir 20, 30 o 50 años de feliz matrimonio. De hecho, los psicólogos afirman que si la pareja se apoya en el compromiso y en algunas reglas simples, los enojos pueden ayudar a mejorar la calidad de la relación y favorecer su longevidad.

En algunas parejas, las discusiones sirven para liberar tensiones acumuladas. En otras, es importante para los cónyuges saber que existe tanta confianza entre ellos como para discutir y explayar sus sentimientos y sus pensamientos sin que el otro los humille, abandone o rechace. Entonces, ¿es sano pelearse? No es que se aconseje hacerlo pero, por lo menos, es mucho mejor que reprimir, ignorar o negar que hay un conflicto entre los dos ya que, tarde o temprano, el enojo encuentra salida por algún otro lado.

No te preocupes por la cantidad de veces que discutes o peleas con tu pareja, éste no es el factor determinante de la estabilidad o calidad de la relación. En cambio, sí lo es el *cómo* nos peleamos, *cómo* manejamos la discusión una vez que comienza y, sobre todo, *cómo* la terminamos.

Las discusiones pueden ser muy dañinas cuando:

1. En lugar de hablar y centrarte en el tema del conflicto, atacas la valía personal del otro por medio de lenguaje corporal, insultos o palabras hirientes
2. Cuando discutes con la pareja "sólo por discutir" y por el hecho de encontrar que es más estimulante que la aburrida rutina del día
3. Cuando el coraje y los impulsos explotan sin control y en ese estado dices y haces cosas de las que, seguro, después te puedes arrepentir
4. Cuando reaccionas a un acontecimiento aislado en forma desproporcionada. Esto se puede ilustrar con el dicho: "Matar un mosquito con una escopeta"; digamos que está fuera de escala, sobre todo desde el punto de vista del mosquito
5. Cuando acumulas el enojo que, en otras ocasiones, no has platicado de manera saludable; si te muerdes

la lengua 10 veces, en lugar de expresar en su momento y con asertividad lo que te molesta, te conviertes en una olla express. El enojo, molestia o resentimiento debe aflorar eventualmente, así que la energía acumulada y callada sale en cuanto ve una rendija, y lo hace con tal fuerza que te hace sonar como alguien que está medio loco o explota a la menor provocación

Comparto contigo las sugerencias que, en mi opinión, son las más importantes para discutir, las reglas de compromiso fundamentales.

1. *Que sea en privado*. Si en tu relación hay niños involucrados, incluyendo bebés, adolescentes o jóvenes, evita pelear frente a ellos. Al hacerlo, les dejamos cicatrices emocionales difíciles de borrar que incluso, pueden dañar su personalidad por completo.

Se me quedó muy grabado el día en que Mónica, una joven mamá, me contó cómo, después de pelearse a gritos con su esposo dentro de un apartamento pequeño, en el que todo se puede escuchar a través de las paredes, su hijita de tres años salió y le pidió "curitas" a su mamá.

De pronto, Mónica descubrió que su hija estaba pegando las curitas en las paredes de su cuarto y que se acercaba a ella para pegárselas en las piernas.

Mónica, con gran remordimiento, se dio cuenta de que esa era la forma en que la niña estaba expresando su deseo de sanar aquello que está mal en su casa. Ahora tienen mucho cuidado cuando discuten.

Los hijos siempre ven en sus papás una base sólida en la cual recargarse; cuando presencian hostilidad y peleas entre las dos personas más importantes para ellos, su seguridad emocional se tambalea. Empiezan a sentir miedo de que la familia se desintegre y, con frecuencia, se culpan por las discusiones, sin importar cuál haya sido el motivo que las desató. Lo peor es que por lo general ellos no atestiguan la reconciliación y son expuestos a todas las trifulcas sin el beneficio que significa hacer la paz. Además, su autoestima y autoconfianza social se erosionan de manera importante. Particularmente, a los niños de hogares disfuncionales, les da miedo invitar a sus amigos a casa, por temor a que sean testigos de alguna posible hostilidad entre sus padres.

De manera que si vamos a discutir, y seguro lo haremos, no hagamos que nuestros hijos paguen los platos rotos, porque ellos no tienen la culpa.

2. *Evita el tiro de escopeta*. Si quieres discutir sobre un problema en particular, necesitas ponerle bardas al asunto y ser específico. Es muy común que la pelea deteriore la discusión y termines hablando de mil cosas que no tienen nada que ver con lo que tenías en la mira. Por ejemplo, si vas a discutir sobre tu mamá y, a los 15 minutos, te das cuenta que ya están hablando de su mamá, o de alguno de tus cuñados, ya se salieron del tema.

Así que, en medio de la discusión, puedes decirle a tu pareja: "A ver... ¿de qué estamos discutiendo?" o "¿no crees que nos estamos saliendo del tema?, ¿por qué no discutimos sólo sobre tu mamá y de lo demás hablamos otro día?" Si no lo haces así, es fácil que el motivo de enojo vuelva a surgir en otra ocasión porque nunca terminaste de decir todo lo que tenías que hablar.

3. *No uses disfraces*. En ocasiones nos enojamos por una cosa y, al empezar la discusión, decimos que es por otra. Por ejemplo: es más fácil atacar a tu pareja porque pasa mucho tiempo con sus amigas(os), pero lo verdaderamente complicado es abordar la causa real del enojo que en este caso es: "Me siento rechazado(a) porque prefieres pasar tu tiempo libre con otras personas y no conmigo." La realidad es que nos sentimos inseguros o frustrados y como no nos atrevemos a manifestar esa inseguridad con palabras, tomamos cualquier pretexto para disfrazarlo y desahogarnos. Lo peor es que discutimos durante horas sin revelar el verdadero origen del enojo. ¿No es ridículo?

¡Si vamos a pasar por la incomodidad de discutir con nuestra pareja, por lo menos que valga la pena hacerlo por la verdadera razón! Recuerda que el enojo no es más que un síntoma colateral de dolor, temor o frustración. Cuando está muy presente, lo más probable es que no hemos confrontado lo que hay debajo de él. Habría que tener el valor y la madurez para ventilar las causas reales de nuestra inconformidad.

4. *Evita presionar el botón rojo*. Otra forma común y dañina de sacar el enojo es atacar a tu pareja en forma personal. Enfoca tu artillería en el tema específico, no en la autoestima del otro; ése es el botón rojo que nunca hay que tocar. Si tu tono de voz es burlón o sarcástico, o si criticas a la persona y no a lo que hizo, es una invitación abierta para que la contraofensiva sea mayor, lo cual puede desembocar en un zafarrancho.

Aunque no te guste lo que haya hecho o dicho tu pareja, resiste esa tentación, liberadora pero destructiva, de darle rienda suelta a palabras acusatorias, como: "Tú eres esto, o lo otro", sólo para desahogar la ira. Procura, en cambio, hablar con el "Mensaje Yo". Yo pienso, yo siento, yo creo. El "Mensaje Yo" abre corazones; propone, no reclama ni pone etiquetas y con él podemos ganar mucho más.

5. *Ten claro qué quieres lograr.* ¿Cuántas veces discutimos como ratones que dan vueltas en la rueda porque no tenemos claro el objetivo? Si vas a pasar por la turbulencia de la discusión, al menos ten en mente lo que pretendes conseguir. El problema es que muchas veces no sabemos lo que queremos; por lo tanto, somos incapaces de reconocer cuándo hemos llegado a la meta y la pelea puede prolongarse innecesariamente.

6. *Permite que tu pareja se retire con dignidad.* Si tu relación está basada en la amistad, en algún punto de la discusión uno de los dos sacará la bandera blanca para ponerle fin a las hostilidades. Como respondas a ello, puede determinar el resultado del desacuerdo y también la calidad de la relación. La bandera blanca puede aparecer de varias formas: una disculpa, un chiste que nos conceda la razón o un cambio sutil de tema. Para que la situación sea un ganar/ganar, asegúrate siempre de que el otro haga su retirada con dignidad. Esta muestra de nobleza y de clase será muy apreciada y agradecida y terminará fortaleciendo la relación.

Sabemos que los desacuerdos son inevitables, sin embargo, pueden ser constructivos en la medida en que los manejemos bien. El primer requisito es: mantén el control. Significa que tenemos derecho a expresar lo que sentimos y pensamos de una manera razonable. Un buen comienzo sería no tomarnos demasiado en serio. Hay que relajarnos y reconocer que una irritación no es motivo para que el mundo se venga abajo.

Si aplicamos estas reglas, las enfrentaremos desde un punto de vista transparente, conciliador y respetuoso, nos mostrarán que las diferencias de opinión pueden llevarnos incluso a cambios constructivos en nuestra relación. Así que debemos pelearnos bien.

> *Usa palabras suaves y argumentos duros.*
>
> *Proverbio inglés*

EL ARTE SUPREMO DEL CHANTAJE

"Espérame tantito, Cristy, ahorita la convenzo." Paola deja la bocina del teléfono, sin percatarse que su abuela la está escuchando. Al instante, con una actuación digna del Oscar y con los ojos llenos de lágrimas suplica: "¡Abuueelaaa, por faavor, déjame ir!... Te lo ruuueego. Mi mamaá sieeempre me deja ir a dormir a casa de Cristy... No seas mala, voy a ser la úuunica que no vaaaa..." La abuela, sin voltear a verla, le contesta: "Tus papás no me dejaron esas

253

instrucciones." Paola regresa al teléfono: "Pérame tantito, ya mero la convenzo, ¿eh?.. ¡Ah!, es buena idea, se lo voy a decir... Abuela, nunca te he pedido un favor, te lo ruego... Me hinco, abuela, te lo suplicooooo."

En fin, después de media hora de un verdadero melodrama, la abuela, confundida y presionada, se ve obligada a acceder. "¡Gracias abuela!" Como resorte, Paola se levanta sonriendo triunfadora: "¡Cristy, sí voy!"

Esta escena es un simple ejemplo de cómo funciona el chantaje en todos los niveles. Contiene los elementos imprescindibles de manipulación emocional para conseguir un beneficio: víctima, chantajista, exigencia, amenaza, resistencia y sumisión.

¿Funciona?

El chantaje de tipo emocional se produce cuando una persona cercana a nosotros nos amenaza con castigarnos o asegura que vamos a sufrir si no cedemos a sus deseos. Esa persona conoce muy bien nuestros secretos y puntos vulnerables y los utiliza contra nosotros. Pueden ser esposos, esposas, novios, hijos de todas las edades (desde los dos años), suegros, padres o amigos.

Todos, alguna vez, hemos estado en manos de una persona que emplea tácticas de chantaje emocional para obligarnos a hacer algo a lo que, de entrada, nos negamos. También puede tratarse de una persona que, sin decir directamente lo que quiere, planea estrategias y juegos para salirse con la suya, mientras nosotros, ni cuenta nos damos. Lo malo es que los resultados de ser víctima de un chantaje emocional siempre son destructivos. Al final, acabamos haciendo algo que nunca quisimos hacer o terminamos creyendo que era la elección más inteligente.

Lo peor de todo es que, a lo largo del proceso durante el cual cedemos a sus deseos, el chantajista consigue que nos sintamos mal con nosotros mismos y, si logramos resistirnos a sus deseos… ¡nos sentimos culpables! Finalmente, cuando nos damos cuenta del chantaje, nos enojamos mucho.

De hecho, la culpabilidad es la herramienta más poderosa de la que dispone el chantajista. ¿Has escuchado frases como éstas?: "Después de todo lo que he hecho por ti." "¿Por qué lo haces?" "¡Eres sangre de mi sangre y carne de mi carne!" "Si de verdad me quisieras, no lo harías." "Quieres más a mi hermana que a mí." En todos los casos, de una u otra manera, el chantajista nos dice: Si no haces lo que yo quiero, me vas a hacer sufrir.

Lo curioso es que el chantaje se aprende y puede convertirse en una táctica común, que se transmite de generación en generación. Y muchas veces, la familia se acostumbra a que, para conseguir lo que se desea, las cosas nunca se dicen, no se piden de forma directa y clara, sino que se debe hacer de manera velada, manipulada y muy sutil. El chantaje parece el camino más sencillo porque evita la confrontación; pero, al no hablar con claridad las cosas, termina siendo el camino más tortuoso.

¿Cómo tratar con un chantajista emocional?

Piensa que la gente siempre te tratará como tú permitas que te trate. Si hemos sido víctimas del chantaje, es porque lo hemos permitido. Y de la misma manera que la conducta del chantajista emocional se aprende con el tiempo, también se puede modificar con el tiempo. El poder está en nuestras manos. El camino es arduo, pero tiene una gran recompensa. Aquí algunos puntos que debemos tener en cuenta:

1. Sin tu consentimiento, el chantajista no tiene ninguna fuerza.
2. La clave está en ser firmes y nunca mostrar debilidad, pues de lo contrario pierdes el control de la situación.
3. No debes aceptar que el chantajista te haga sentir culpable.
4. En el proceso, él o ella comenzará a exigir y saldrán las amenazas y las acusaciones, por lo que hay que tener respuestas preparadas como: "Bueno, tú decides." "Es obvio que estás enojado, mejor discutimos cuando se te pase." "Creo que tenemos opiniones distintas al respecto." "Sé que te sientes defraudado, pero este asunto no es negociable."
5. Así, también podemos prevenir un periodo de mal humor o de silencio por parte del chantajista. ¡Y es aquí donde la víctima suele ceder! No te rindas. Evita tocar el problema o quejarte mientras dura el silencio, porque así el chantajista se da cuenta de que

te sientes frustrado y eso es justamente lo que le da poder. De manera serena podemos decirle: "Estoy dispuesto a hablar del tema cuando tú también lo estés."

Los chantajistas, en el fondo, respetan a la gente que se mantiene firme en su decisión. Así que, la próxima vez que alguien te haga una pataleta o un melodrama digno de un Oscar, ya sabes... Es un chantaje y debe tratarse como tal.

Una queja es un regalo

¿Alguna vez te has comido una sopa fría o una carne mal cocida en un restaurante? ¿A media noche te ha despertado la música del bar en un hotel? ¿Tu vuelo ha salido retrasado y, por lo tanto, has perdido la cita? ¿No te atendió bien la dependienta de la tienda? ¿Salió defectuoso algún producto? Aquel trámite burocrático fue lento, muy lento, ¿te acuerdas? Y, ¿te has sentido frustrado? ¿Qué haces? ¿Te quejas? ¿Te manifiestas? ¿Escribes una carta?

Los estudios realizados por TARP (Technical Assistance Research Programs) revelan que 26 de cada 27 clientes que han recibido un mal servicio ¡no se quejan!

Preferimos no protestar tan sólo al pensar en el disgusto o la pérdida de tiempo que nos podría traer la queja. La mayoría deja de asistir al lugar, cambia de producto o de servicio.

¿Por qué no nos quejamos?

Si los clientes no manifiestan su inconformidad es porque piensan algo de lo siguiente: mi queja no será bienvenida;

no creo que me hagan caso; cuando me quejo, me tratan peor; quejarse es más difícil que encontrar otra opción; ya me he quejado y no pasa nada; no se cómo quejarme; para qué pierdo el tiempo...

Hay empresas y gobiernos que se equivocan seriamente al hacer estadísticas sobre personas satisfechas e insatisfechas. Presumen que quienes no se quejan están satisfechos y esto le da a la organización un falso sentido de seguridad o de avance. Por ejemplo, en el Distrito Federal se presentan 440 denuncias de delitos diarias, menos de las 660 de 1997. ¿No será que la gente denuncia menos ante la ineptitud?

¿Qué pasa con aquellos 26 de cada 27 clientes que están insatisfechos pero no se quejan? Cada reclamo que recibe una organización, ya sea por carta, en persona o por teléfono, representa a 27 clientes insatisfechos. Si calculamos sobre la base de 100 quejas recibidas de distintos clientes, existen 2 mil 700 clientes insatisfechos. ¿Cuántos fuimos a la marcha del 27 de junio?

Muchas organizaciones tienden a ver sólo a aquellos que expresan su desencanto y no toman en cuenta a todos los que se quedan callados. Ellos también existen, no hay que olvidarlo.

Otro aspecto ignorado es que las personas no se quejan directamente en una organización, pero sí lo hacen con quienes los rodean: parientes, amigos, compañeros de trabajo...

Cuando te acabas de comprar un coche y estás muy contento, no llegas diciendo: "Hola, antes de empezar la reunión, quiero decirles que me acabo de comprar un coche y estoy muy contento con él." Sin embargo, si llegas tarde porque el coche te dejó botado, es muy probable que digas: "Qué pena llegar tarde pero es que acabo de comprar un coche x, no sabes, ¡qué porquería!"

Cuando estamos satisfechos con algún servicio o producto se lo comunicamos a un promedio de ocho personas pero, si estamos insatisfechos, lo gritamos a los cuatro vientos para que el mundo se entere y nuestro mensaje llegue a un promedio de 22 personas. Como la frustración es un tema popular, es muy probable que esos 22 escuchas pasen el mensaje a su propio círculo, o sea, mínimo, a un promedio de ocho personas. Lo cual quiere decir que un cliente insatisfecho lo platicará a 22 x 8 personas = 176; en efecto, a 176 personas, que se van a convertir en embajadores de lo mal que funciona un servicio o un producto. Así que, si un cliente se queja, deberíamos agradecer el favor porque nos está dando la oportunidad de recuperar su confianza y, tal vez, la de otras 176 personas.

Hagamos cuentas: de acuerdo con el estudio topográfico que se realizó del domingo 27 de junio de 2004, asistimos a la marcha unas 940 mil personas. Y nos manifestamos para exponer, pacíficamente, nuestra queja. ¿Multiplicamos por 176? Bueno, digamos que hay 16 millones 544 mil personas insatisfechas. Si en esta ciudad vivimos aproximadamente 20 millones de personas, quiere decir que la mayoría está decepcionada y enojada con sus gobernantes.

Ahora, no dejemos de ver que si se ignora a la única persona que decidió quejarse, si minimizan su reclamo y si no la escuchan, es capaz de generar una gran furia.

Permíteme compartir contigo las REGLAS DE ORO que se deben aplicar ante la queja que convierte a un cliente insatisfecho en satisfecho:

1. *Escuchar*. Antes que nada escuchemos a la persona con toda atención. Sin distraernos, sin contestar el teléfono, viéndola a los ojos y asintiendo con la cabeza

2. *Decir gracias*. Antes de darle una explicación que intente justificar la falla, hay que agradecerle a la persona las molestias que se toma para exponerla

3. *Explicar por qué se aprecia la queja*. En este punto es importante hacerle sentir al cliente o a la persona que su opinión es muy importante porque ayuda a detectar las fallas que a veces, en niveles de dirección, se ignoran

4. *Disculparse por la falla*. El cliente debe oír de nuestra boca las palabras: "Le ofrezco una disculpa, esto no debió ocurrir", para sentir que transmitió su enojo y lo entiendan

5. *Prometer hacer algo, inmediatamente*. Aquí es frecuente que algunas personas se quieran salir por el camino más fácil y pasar la queja a otro departamento y así lavarse las manos. Esto enfurecerá al cliente. Así que lo mejor es asumir la responsabilidad de corregir el error o personalmente ver que se haga

6. *Pedir la información necesaria*. Una vez que el cliente se calmó, es momento adecuado para pedirle más detalles sobre quién, cómo, a qué hora sucedió todo

7. *Corregir el error pronto*. Si en verdad una empresa se esmera en solucionar de inmediato la falla, se habrá ganado al cliente para siempre. Por lo pronto, es aconsejable enviar una carta personalizada y firmada por el director dando una solución o manera de resarcir la falla

8. *Asegurar la satisfacción de las personas*. Una vez que se tomaron cartas en el asunto, hay que llamar al cliente al poco tiempo para preguntarle cómo ha visto el servicio o el producto ahora. El cliente se sentirá muy satisfecho de ser tomado en cuenta

9. *Prevenir futuros errores*. En la medida de lo posible debemos asegurarnos, mediante la implantación de nuevos sistemas o actitudes del personal, que la falla no vuelva a suceder

Sabemos que la calidad en la empresa está estrechamente relacionada con la calidad de sus dirigentes.

Todos somos humanos y muy propensos a fallar, sin embargo, cuando lo reconocemos y retomamos el camino, estamos mostrando ser personas dignas de confiar.

LAS PERSONAS SON REGALOS

¿Alguna vez has tenido un sentimiento, un problema o una inquietud rondando en la mente por días y, al callarlo, sólo parece crecer? ¿Has notado cómo, al compartirlo con alguien, todo parece ordenarse y transformarse? No sólo eso, además, al mostrarnos vulnerables, como somos, sentimos una gran liberación, al mismo tiempo que damos y recibimos el mejor de los regalos: una verdadera conexión con el otro, y descubrimos que ni joyas, flores o corbatas nos unen tanto a nuestra pareja como la autorrevelación. Así que podemos concluir que el verdadero regalo es la entrega de uno mismo.

Este concepto no se limita a nuestra pareja, se extiende a todo aquel con quien nos interese profundizar y fortalecer una relación. La realidad es que somos tan felices como puedan ser nuestras relaciones. Dice John Powell en su libro *¿Puede mi verdadero yo ponerse de pie?*, que "la comunicación es la base esencial de nuestra felicidad. Para que los seres humanos logremos nuestro máximo potencial, debemos tener por lo menos una persona con la que podamos abrirnos totalmente y al mismo tiempo sentirnos seguros". ¿Entonces, por qué a la mayoría de nosotros nos cuesta tanto trabajo abrirnos a los demás, siendo que cuando lo hacemos nos sentimos tan bien?

Hace poco viví una de las mejores experiencias de mi vida. Tuve la oportunidad de asistir, con mi hermana Andrea, a un curso de eneagrama en San Francisco, California. En él conocimos a los personajes más variopintos que puedan existir, había de todo: un monje budista, un obispo de Filipinas, un irlandés creativo y medio loco, una ejecutiva francesa muy importante, una pareja gay, un jugador profesional de fútbol americano de 150 kilos, para mencionar sólo algunos de ellos. Al conocer a los 60 integrantes el primero de ocho días, mi mente prejuiciosa fue sacando sus propias conclusiones acerca de cada uno de ellos, basada en lo que percibía: "Éste es un apretado, ella se ve mona, éste se cree mucho, la otra es una sabihonda", y así por el estilo.

Conforme el curso avanzó, nos fuimos conociendo todos. Pusimos en práctica los ejercicios que los profesores nos daban acerca de lo que es una verdadera comunicación, basándonos en nuestras distintas personalidades. Poco a poco, cada uno fuimos revelando nuestro interior y nuestro verdadero yo. La experiencia fue de lo más enriquecedora que he vivido. Primero porque nos llevó a una autoexploración muy confrontante y, después, porque aprendí que cada uno de nosotros tenemos un gran tesoro interior por compartir. Un regalo enorme que pocas veces, o nunca, nos atrevemos a abrir ni siquiera frente a nosotros mismos. Aprendimos también que, sin importar nacionalidad, edad o tipo de actividad que tengamos, todos los seres humanos tenemos en común la necesidad de ser aceptados por los demás. Y que muchas veces por esa necesidad, o por temor, es que andamos por el mundo con distintas máscaras.

A veces podemos pensar: "Si me abro a ti, a lo mejor te agobio", o "¿a quién le puede interesar lo que siento, si todo mundo tiene muchos problemas?"; o sentimos que nuestras historias deben tener tantos fuegos artificiales como el 15 de septiembre para que sean dignas de ser contadas. Entonces nos resignamos a comunicarnos con base en el papel que jugamos en la vida, en lugar de hacerlo desde nuestro verdadero yo.

También es común que en lo cotidiano, en el trabajo, con los amigos, con la propia pareja o por protección, levantemos murallas entre nosotros y los demás. Esto, de momento, nos puede dar una sensación de seguridad. "No me preocupo por nadie y nadie se ocupa de mí." Sin embargo, a la larga, sin darnos cuenta, construimos la prisión en la que nos sentiremos muy solos.

Cada uno de nosotros es tan diferente como la huella digital. No ha habido nadie como tú o como yo en toda la historia de la humanidad. Así que la apertura y la comunicación mutua nos enriquece por igual. Cada persona nos lleva a un mundo diferente, a un tiempo y a un lugar distintos. Entre ambos introduciremos emociones, esperanzas y sueños que no fueron nuestros. Conoceremos experiencias, valles y montañas que no forman parte de nuestra vida. Y esto amplía las dimensiones de nuestra mente y de nuestro corazón.

La verdad es que cualquier historia humana, si la compartimos con otra persona, es un acto de amor que extenderá nuestra percepción del mundo y nos llenará de calidez. Y, contrario a lo que podamos pensar, la autorrevelación nunca es una carga; al contrario, es un regalo en que nos damos. No nos exige nada más que escuchar y ser escuchados con empatía, con lo cual obtenemos muchos beneficios.

Además, la experiencia en San Francisco nos llevó a comprender que nunca debemos juzgar ni criticar a nadie a partir de la primera impresión. Recuerdo una vez más la frase de Graham Green: "Si supiéramos el último porqué de las cosas, tendríamos compasión hasta de las estrellas." ¡Qué cierto es! Cuando Andrea y yo escuchamos las historias de cada uno, el corazón se nos fue reblandeciendo. Empezamos a sentir verdadera compasión y cariño por todos aquellos que, de entrada, habíamos juzgado mal y terminamos el curso con la feliz conclusión de que las personas son un regalo infinito.

EL MIEDO DE MIEDOS

¿Cómo te sientes cuando tienes que hablar frente a un auditorio? Si eres como muchas, muchísimas otras personas, puedo asegurarte que ¡apanicado!, y es natural.

Porque, ¿sabías que el principal miedo de los seres humanos (aún más grande que el miedo a las serpientes, arañas, ratones, insectos, a la guerra, al hambre, a las alturas, a las enfermedades, a los ataques extraterrestres, incluso a la muerte) es el miedo a hablar en público?

De hecho, en las encuestas realizadas en Estados Unidos, el miedo a hablar en público calificó dos veces más alto que el segundo miedo de la lista.

A simple vista, este resultado podría sorprendernos; pero, analizándolo a fondo, podemos ver que es algo bastante lógico —y predecible— si partimos de la base de que no estamos preparados. ¡Es como si de pronto nos lanzaran desde un avión sin paracaídas! Imagínate que, en tu trabajo, te piden que hagas una presentación, pero resulta que nunca lo has hecho, nadie te ha enseñado ni conoces una sola técnica para hacerlo. Además, sabes que el resultado impactará directamente en tu carrera y en tu futuro. ¡De morirse! Pero, como en todo, es cosa de aprender algunos trucos que ayuden a aminorar ese pánico escénico tan natural.

Comparto contigo algunas técnicas que he aprendido en el camino y que te ayudarán a relajarte, como a mí, y a sentirte más confiado en estas situaciones.

- Primero piensa. Hablarle a un grupo es exactamente lo mismo que hablar con una sola persona. Imagínate platicando en la sala de tu casa. Al hacer esto, se nos quita la presión de pensar en el número de personas presentes y nuestra forma de exponer es más personal.

Para comprobar lo anterior, piensa cuando vas al teatro o a un concierto, ¿cómo es tu relación con los actores o los músicos? Podemos estar rodeados de cientos de personas, sin embargo, cada uno escuchamos, vemos y reaccionamos física y emocionalmente en forma individual. ¡Así que nuestra relación con quien esté en el escenario es totalmente personal, sin importar que estemos solos o con mil personas!

- Antes de entrar respira hondo, suelta el aire poco a poco y repite el proceso hasta tranquilizarte. Por alguna razón, cuando estamos nerviosos respiramos más corto y rápido, lo cual nos estresa más.
- La mente sólo enfoca su atención en un pensamiento a la vez. Antes de iniciar, piensa en algo positivo. Piensa que es un gran logro estar ahí y que tu exposición les va a encantar. Nunca pienses en que ya se te olvidó lo que vas a decir o que vas a hacer el ridículo. Elimina los pensamientos negativos. Cuando nos relajamos, todo fluye de manera natural.
- Si sientes seca la boca (lo cual es producto del estrés y no de la sed), imagínate que exprimes un limón en tu boca o muérdete los cachetes por dentro. No tomes agua, porque, para colmo... ¡querrás ir al baño!
- Al entrar, olvídate de ti mismo, enfoca a tu audiencia y piensa cómo puedes ayudarlos con su trabajo. Algo muy importante: habla desde el corazón. Habla con ellos, nunca les hable a ellos. ¡Es completamente diferente!
- ¿Cómo vas a empezar? Apréndete de memoria tu entrada. Ensáyala y repítela mirando sólo a un punto. Esto te ayudará a sentirte confiado.
- La honestidad también puede ayudarnos. ¿Por qué no comentar con la gente que estamos nerviosos? La mayoría de las veces, la respuesta será positiva. Después de todo, es de lo más humano.
- Por supuesto que preparar y ensayar muy bien lo que vamos a decir, reduce el miedo hasta 75 por

ciento; respirar profundo quita otro 15 por ciento y mentalizarse anula el restante 10 por ciento.

- Vístete de una manera que demuestre respeto al público. Te hará verte y sentirte más cómodo.
- Debemos estar conscientes de que el miedo, en realidad, no deja de sentirse nunca. Después de todo, aunque suene ilógico, sentir miedo no es tan malo. Nos pone alertas, nos da dinamismo, nos llena de adrenalina y nos da energía. Nuestro reto es controlarlo y hacer del miedo nuestro aliado.

Confieso que después de muchos años de dar conferencias, siempre me consuela pensar que Dale Carnegie, alguien tan experto para hablar en público, decía:

> *Siempre hay tres conferencias por cada una que doy: la que practiqué, la que di y la que hubiera querido dar.*

COMUNICACIÓN CONMIGO MISMO

Círculo mágico

¿Quién no quisiera caerle bien a todo el mundo? Todos buscamos la aceptación, el aprecio y el cariño de los demás. Esto requiere no sólo esfuerzo, trabajo y entrega de nuestra parte, sino un ingrediente muy importante: amor propio. Oscar Wilde decía que "amarse a uno mismo es el comienzo de un eterno romance". Este romance es con la pareja, los amigos, el trabajo y la vida misma. Un círculo mágico se crea. Cuando yo vivo en armonía conmigo mismo, lo proyecto en todo lo que me rodea.

¿Has notado cómo cuando estás en amistad contigo mismo, te caes bien y tiendes a pensar que los demás te ven con buenos ojos? Cuando estás convencido de esto, contagias a los demás tu creencia.

Los investigadores descubrieron también que las personas con alta autoestima son menos vulnerables a esta información manipulada. "Si te caigo mal, no importa, verás que al rato te caeré bien." A pesar de saberse rechazados, continúan enviando mensajes silenciosos de amistad y calidez. Y, ¿qué crees que suceda?

Muchos pasamos por etapas o épocas de falta de aceptación. Te repites mentalmente frases como: "No soy nadie", "soy un fracasado" o "¡estoy muy gorda!", y nuestro error es compararnos con el otro. Siempre va a haber ese alguien que sea, esté o haga las cosas mejor que tú. Lo importante es compararte y competir contigo mismo. No

271

estar conformes con "cómo" eres, sino con "quién" eres. Esto me recuerda una fábula de Leo Buscaglia en su libro *Vivir, amar y aprender* que me gustó mucho:

Un día los animales del bosque se dieron cuenta de que ninguno de ellos era el animal perfecto: los pájaros volaban muy bien, pero no nadaban ni escarbaban. La liebre era una estupenda corredora, pero no volaba ni sabía nadar. Y así analizaron a todos. Decidieron por lo tanto crear una escuela para mejorar el reino animal, y enseñarse mutuamente sus habilidades.

En la primera clase de carrera, el conejo corrió de maravilla y se ganó el aplauso de todos. En la clase de vuelo subieron al conejo a la rama de un árbol y le dijeron "¡Vuela conejo!" El animal saltó y se estrelló contra el suelo, con tan mala suerte que se rompió dos de sus patas y fracasó en el examen final de todo su curso.

El pájaro estuvo fantástico volando, sin embargo le pidieron que excavara como topo. Al hacerlo se lastimó las alas y el pico, por lo que ya no pudo seguir volando. Con esto, tampoco aprobó el curso. La moraleja es que un pez debe ser pez, un magnífico pez; pero no tiene por qué ser pájaro, ni sentirse menos porque no puede volar como él.

Por ejemplo, cuando vemos fotos de los artistas de Hollywood, quisiéramos ser como ellos, y a veces simplemente es imposible. Lo que debemos ver es lo qué está en nuestras manos cambiar y aceptar lo que no podemos modificar. Por ejemplo, un ingeniero experto en computación debe sacarle el mejor provecho a su habilidad y no empeñarse necesariamente en sobresalir en basquetbol, filosofía o música al mismo tiempo.

Aceptarte no significa rendirte o renunciar, es reconocer los hechos y entonces decidir lo que vas a hacer.

¡Quiérete!

"No es como juzgues que serás juzgado, sino como te juzgues a ti mismo, que los demás te juzgarán." Esto que dice el psicólogo Harry Snack, se demuestra en un experimento realizado en una universidad de Estados Unidos. Sesenta estudiantes que por primera vez se veían, fueron divididos en parejas para que durante cinco minutos platicaran entre sí. Después los separaron para decirles a algunos que la impresión que causaron en el otro había sido excelente, mientras que a otros les dijeron (sin ser cierto) lo contrario. Posteriormente los juntaron de nuevo con su pareja para que discutieran algo y observar el comportamiento de cada uno.

Las señales no verbales que enviaron los que se sentían rechazados eran de poco contacto visual, mayor distancia, recargados hacia atrás y tensos. Lo interesante es que muchas de sus parejas, sin saber nada, espejearon o imitaron estas conductas y con esto se formó un círculo "trágico". "Como yo te caigo mal, tu me caes mal." Por el contrario los que se sabían aceptados enviaron señales cálidas y empáticas, creando un círculo mágico con el otro. "Como yo te caigo bien, tú me caes bien." ¡Así de simple es!

Alimenta tu autoestima

De acuerdo con el doctor Nathaniel Braden, el padre de este concepto, los siguientes puntos reflejan que una persona tiene alta autoestima:

En la actitud

- La podemos ver cuando una persona habla con toda tranquilidad, tanto de sus logros como de sus fracasos. Lo hace con tanta naturalidad y transparencia, que da la impresión de que acepta las cosas tal y como son
- Se distingue de inmediato cuando vemos a una persona capaz de recibir un halago sin dar explicaciones ni disculpas. De la misma forma da y recibe un cariño o una expresión de afecto
- Una sana autoestima se refleja cuando la persona tiene la serenidad de recibir una crítica abiertamente. Ya que está consciente de que cometer un error es parte de un crecimiento y no se atormenta por no ser "perfecta"
- La notamos cuando una persona dice las cosas con espontaneidad y naturalidad. Esto refleja que se siente a gusto con su persona
- Se nota en la armonía entre lo que una persona dice y hace, en cómo se ve, suena y se mueve. En pocas palabras, es congruente

- Se expresa en la actitud de apertura y curiosidad que tiene hacia nuevas ideas, nuevas experiencias y nuevas maneras de vivir
- Todos, de vez en cuando, experimentamos sentimientos de inseguridad o ansiedad. Cuando tenemos alta autoestima no permitimos que éstos nos apabullen. Por el contrario, los aceptamos, de alguna manera los manejamos, y nos sobreponemos a ellos
- Pocas cosas tan importantes como saber reírse de la vida y de uno mismo. Esta cualidad pertenece a aquéllos con un fuerte sentido de identidad.
- Se manifiesta cuando se tiene flexibilidad para responder a los distintos retos y situaciones. Al confiar en sí misma, la persona ve la vida como una oportunidad
- Se nota cuando vemos a alguien que, con toda calma y valor, dice "no" a lo que no va de acuerdo con sus ideas y principios
- Quien es capaz de mantener la ecuanimidad y la dignidad bajo situaciones muy estresantes, tiene una alta autoestima

Sin duda, estar en amistad con uno mismo no es asunto fácil. Sin embargo, la felicidad existe sólo en la aceptación. Si quieres la aceptación y el cariño de los demás, enamórate de ti mismo(a). Esto significa sacar tu mejor yo, no tratar de ser otra persona, sino ser lo mejor de ti mismo(a). Esto no significa caer en un amor narcisista, sino tener hacia tu persona el mismo respeto, aceptación y tolerancia que sentimos por alguien que admiramos mucho.

Aspecto físico

En el aspecto físico se pueden observar características como las siguientes:

- Notamos autoestima en una forma de caminar, de hablar o de gesticular que refleja y contagia el placer de saberse vivo
- Los ojos se ven alertas, brillantes y vivos. Tienen una mirada sosegada, franca y transparente. La cara está relajada y tiene un buen tono muscular y color de piel. Lleva el mentón con naturalidad, en alineación con el cuerpo. Su mandíbula se mantiene reposada
- Lleva el cuerpo abierto, no siente la necesidad de poner un "escudo" frente a él; ni con los brazos, ni con papeles o con cualquier objeto. Los brazos caen al lado del cuerpo con naturalidad
- Lleva los hombros erguidos, rectos y quietos. Esta postura muestra orgullo por su persona. Las manos son tranquilas y apacibles. Camina con energía en una postura recta y balanceada
- La voz se escucha bien modulada, con la intensidad apropiada para la situación y con una clara pronunciación
- Camina con paso firme, se sienta erguido, y en su postura refleja una gran seguridad en sí mismo

Como podemos notar, uno de los elementos clave para identificar una alta autoestima es "estar relajado." Esto implica no estar escondidos y no estar en conflicto con lo que somos. Una tensión crónica conlleva el mensaje de que existe alguna forma de ruptura interna, de que hay mecanismos de evasión y de rechazo personal.

Cuanto más sana es nuestra autoestima, más nos inclinamos a tratar al otro con respeto, benevolencia, justicia y buena fe. Así que, iniciemos en nosotros y en los demás ese círculo mágico, fortalezcamos nuestra autoestima y no olvidemos aquello de que "amarse a uno mismo es el comienzo de un eterno romance" porque sólo podemos dar aquello que tenemos.

OPTIMISMO ES IGUAL A SALUD

"Siento un nudo en la garganta"; "parece que tengo mariposas en el estómago"; "has de cuenta que traigo una piedra sobre la espalda"; éstas son algunas formas en las que verbalizamos los sentimientos y, de hecho, así es como afectan nuestra salud.

¿Sabías que el sistema inmunológico enfrenta a 85 por ciento de las enfermedades? ¿Que los pacientes con SIDA tienen niveles más altos de resistencia si asumen su realidad con fortaleza y optimismo? ¿Y que no es el pensamiento en sí al que afecta éste sistema, sino a las emociones, reales o irreales, que generamos?

Investigaciones recientes demuestran que los sentimientos y los estados mentales, negativos o positivos, provocan reacciones químicas en nuestro cuerpo que pueden reprimir o reforzar el sistema inmunológico. Piensa en el éxtasis que vivimos al estar enamorados, en la enorme tristeza que sentimos en un funeral o la alegría que experimentamos en una boda. Estas emociones se traducen en sentimientos, que a su vez provocan que los mecanismos de defensa rejuvenezcan o envejezcan.

Dicen los chinos que cuando el alma sufre, el cuerpo paga la factura ¡y qué cierto es!

Si soy una persona que siempre tiene una visión negativa de la vida, que vive peleada con el mundo, que se imagina el peor escenario en todos los casos, es probable que me enferme más y que envejezca más rápido que aquella persona que, a pesar de tener una vida difícil, trata de buscar el lado positivo. No sólo eso, también nuestros pensamientos, nuestros estados de ánimo y cómo nos relacionamos con los demás afectan los mecanismos de defensa y recuperación.

La PNI

La buena noticia es que hay herramientas para compensar esto y crear un bienestar mental. Dentro de la medicina se ha creado un área de investigación con el difícil nombre de Psico Neuro Inmunología, en corto: PNI.

La PNI demuestra que cuerpo y mente se relacionan e interactúan y que las actitudes y emociones positivas como amor, entrega, esperanza, alegría, risa y humor, desencadenan reacciones químicas que nos protegen de las enfermedades, mientras que el odio, la desesperanza, el pesimismo, la indiferencia, la depresión y la soledad (o sea los que son miembros del club de la lágrima perpetua), bloquean las defensas naturales.

Como el cerebro no sabe distinguir entre una experiencia real o imaginaria, no es necesario esperar a vivir sólo experiencias positivas para que se acumulen los buenos resultados.

Tampoco significa que debemos evitar expresar o sentir emociones negativas; lo que necesitamos es encontrar formas de canalizar esas emociones. Si las reprimimos día con día, sólo vamos a conseguir "cocernos en nuestro propio jugo" y enfermarnos.

Los estados emocionales negativos breves, aparentemente, no amenazan la salud, por ejemplo, si sólo te enojas de vez en cuando. El peligro surge cuando la negatividad se convierte en un estilo de vida, por lo que necesitamos técnicas que nos ayuden a evitar la negatividad. Mientras más tiempo nos habite este negro fantasma, más perjudica nuestra salud.

¿Te ha pasado que al tratar de disimular una fuerte preocupación, a los tres meses caes enfermo sin ninguna razón aparente? Bueno, pues esta inmersión crónica en la negatividad reprimida también daña la salud. El cuerpo siempre le dará salida. Es mejor hacerle honor a tu pena o preocupación y platicarla con un ser querido, llorarla, abrazarla, vivirla, hasta que poco a poco encuentre su propia salida.

Ahora, sin importar qué tan nefasta sea la vida de una persona, con tan sólo leer o ver cómo otros se sobreponen a retos increíbles, la estimulación emocional de estas experiencias rejuvenecerá su sistema inmunológico y provocará una aceleración de energía que le permitirá sentir que también puede y va a salir adelante. ¿No te parece maravilloso?

> *Las personas son tan felices como deciden serlo.*
>
> ABRAHAM LINCOLN

Actitud positiva

Cuando un pensamiento positivo se repite o refuerza constantemente, se forma una actitud en las partes más profundas del cerebro tomando en cuenta que una actitud es la manera en que pensamos habitualmente bajo cualquier circunstancia. Un estudio realizado en la Universidad de Harvard concluyó que 100 por ciento de las razones atribuidas al éxito de una persona se pueden relacionar con la actitud. Una actitud positiva es la manifestación externa de una mente que está en armonía con el ambiente; un fuerte indicador de seguridad personal, de serenidad y paz interna. Como diría Victor Frankl: "No somos responsables de nuestras circunstancias, pero SÍ de la actitud que tomemos ante ellas."

Sé que puedo, lo voy a lograr

Había una vez, en un pueblo lejano rodeado por altas montañas, una población formada por trenes de todos los tamaños, edades y colores. Estos trenes recorrían los campos y valles que los rodeaban con excepción de un área misteriosa que, por lo alto y complicado de su acceso, nunca habían conocido. La leyenda decía que sólo un tren en toda la historia había podido visitarla y que la belleza del lugar era indescriptible.

Decididos, un día se juntan el tren más grande y el tren más fuerte de la población para intentar cruzar el valle misterioso. Todos los trenes se reúnen para presenciar la hazaña. El tren más fuerte es el primero que intenta subir por la empinada y difícil cuesta. "No creo poder, no creo poder, no creo poder", era lo que se decía a sí mismo. Después de un largo intento, se dio por vencido.

Le sigue el tren más grande. "Quizá lo logre, no sé, quizá lo logre, no sé", se decía a sí mismo, hasta que su cansancio lo venció. En el público hay un tren pequeño que asegura poder hacerlo. Incrédulos y burlones, los demás lo retan a que lo intente. El pequeño tren inicia decidido mientras repite para sí: "Sé que puedo, lo voy a lograr, sé que puedo, lo voy a lograr." Después de horas de mucho esfuerzo, ante el asombro de todos, el tren llega al pico de la cresta y los saluda feliz frente a la belleza asombrosa que descubre.

La moraleja de este cuento es que, si queremos cambiar nuestra vida, primero debemos cambiar nuestra forma de pensar. Cuando lo hacemos, cambiamos la realidad y cuando esto sucede, cambiamos de actitud para luego cambiar nuestra conducta y, finalmente, ¡cambiar nuestra vida!

¿Cómo formar caminos positivos en la mente?

Aquí las herramientas prácticas que nos da la psico neuro inmunología o PNI, para tender vías entre las neuronas y de este modo, formar caminos positivos en la mente.

1. *Analiza tus prejuicios personales*. Si con frecuencia piensas: "soy muy malo para este trabajo", "nunca podré hacer tal cosa", "a mí no se me da esto..." procura entender cuál es el origen de estas creencias y el impacto negativo que causan en tu desempeño, salud y relaciones. Haz una evaluación honesta y reemplaza los prejuicios con autoafirmaciones que te generen "buenos sentimientos": "soy muy bueno en esto", "claro que lo puedo hacer", "me siento muy bien", "tengo excelente memoria", aunque al principio ni tu mismo lo creas

2. *Afírmate verbalmente*. Repite estas afirmaciones verbales durante un periodo mínimo de 42 días. De esta forma será posible que te desahogues de las vías negativas que has construido en tu mente para que las nuevas actitudes echen raíces y modifiquen el patrón de conducta

3. *Afírmate visualmente*. Con el ojo de la mente ve los resultados positivos que quieres generar. Todos los días visualiza por unos minutos pensamientos de salud y fortaleza, de esta manera estarás motivando que sucedan. Imagina con lujo de detalle todo lo que vas a obtener. Vamos a suponer que tienes que hacer una presentación muy importante ante tus supervisores y jefes. Si te va bien, es muy probable que te promuevan. Así que, en lugar de preocuparte, de esperar o desear que te vaya bien, imagínate dando la presentación como un profesional y que es todo un éxito. ¡Todos quedaron impresionados! ¡Todos te felicitan! Piensa: "¿Qué siento al haber hecho un gran papel? ¿Cómo estoy?" De seguro satisfecho, liberado, relajado. Cualquiera que sea tu reacción, víbrala, siéntela en el estómago y aprópiate de ella. Vive con la certeza de que ya lo lograste. ¿Lo puedes ver? El jefe te llama para promoverte, tu corazón late de prisa y tú sonríes satisfecho, la alegría es tan grande que por la noche invitas a tu pareja para que te acompañe a festejar. Ya pasó todo. ¡Felicítate!

4. *Afírmate activamente*. Da el primer paso, empieza a hacer y a actuar las cosas que deseas cambiar para sentir los "buenos sentimientos": con esto reforzarás la nueva conducta e influirás positivamente al sistema inmunológico

5. *Ten buenas relaciones*. Existen evidencias que concluyen que, aunque una persona no se cuide adecuadamente, no lleve una dieta balanceada y no haga ejercicio, puede tener un estado mental saludable si sus relaciones con los demás son estables y sanas

6. *Ten contacto con la naturaleza*. Al salir al campo o dar un paseo en la playa, experimentamos sensaciones

placenteras que benefician al organismo. Adivina qué sucede cuando se monitorea a pacientes estresados mientras se les muestran escenas del mar, cascadas, campos verdes o puestas de sol y escuchan música relajante y sonidos de la naturaleza... Se relajan, y tienen una mejoría significativa ¡en todo su cuerpo!, incluyendo tensión muscular, presión sanguínea, ritmo cardiaco y ondas cerebrales, al tiempo que aumenta su capacidad de retención y comprensión

7. *Escucha música, ríete con frecuencia*. Estas son otras de las maravillosas herramientas que ayudan a rejuvenecer tu sistema inmunológico y que revisaremos más tarde en el libro

¿Sabías que cuando a los pacientes recién salidos de cirugía se les da un cuarto cuya ventana da a un parque, el periodo de estancia se reduce y necesitan menos analgésicos que quienes ven la pared del otro edificio?

Así que cada vez que te sea posible, escápate y busca refugio en lugares tranquilos, donde puedas olvidarte del estrés, sentarte plácidamente y recargar tus baterías mientras disfrutas de la vida. Asimismo, elimina esa vocecita interior que te dice "no puedo" y sustitúyela por pensamientos positivos cada vez que inicies una tarea. Esto no sólo te dispondrá a lograrla, sino que beneficiará tu salud.

Recupera tu niño interior

"Una mañana saqué al bebé para que tomara un poco de sol. De pronto, una brisa fresca nos envolvió a los dos. Al observar su reacción ante este elemento totalmente desconocido para él, me sentí conmovida y me hizo reflexionar. Lo primero que hizo el niño de ocho meses fue cerrar los ojos asustado; después, al darse cuenta lo placentera que podía ser esta nueva experiencia, se quedó quieto como para atrapar el momento, y con los párpados apretados, sonrió." ¡Con ternura veo cómo de la ingenuidad surge el asombro que permite admirar con plenitud al universo! Recuerdo lo que alguna vez leí en un libro:

No te muevas,
deja que el viento hable,
eso es el paraíso.

Los adultos olvidamos que podemos gozar de la vida con detalles simples. La mayoría vivimos inmersos en un tipo de vida en el que hacemos a un lado al niño que traemos dentro, porque adoptamos con seriedad el papel que la vida nos impone. Los años de experiencia, supuestamente, nos han dado juicio, razón y discernimiento; con esta creencia apagamos emociones espontáneas e inquietudes que algún día tuvimos, para transformarnos en personas controladas y rígidas, que conocen "de verdad" cómo es la vida. ¡Qué horror!

Convivir con un niño, entender su mundo, introducirnos en sus juegos, en su imaginación; escucharlo, darnos cuenta de las cosas tan simples que le atraen y lo entretienen; de la facilidad con la que se comunica con nuevos compañeros para de inmediato ser íntimos amigos, nos da una gran lección. Nos ayuda a recuperar ese niño que fuimos y que tenemos reprimido y al que, quizá, hemos dejado en el olvido.

Cuando dejamos que muera nuestro niño interior, perdemos muchas cosas como la capacidad de asombro, de reír y de mirar ingenuamente lo que nos rodea.

Albert Einstein dijo que lo más importante en la vida es cuestionarse siempre, y que ésa era la principal característica de un niño, la que deberíamos imitar, porque de la duda surge la necesidad de respuesta y de ahí el conocimiento.

Imítalo

Atrévete, libérate, date permiso de ser tú mismo. Al recuperar ese niño interior, rescatas muchas de tus características naturales, como:

La curiosidad por explorar, investigar y asombrarte de lo cotidiano, de lo simple. Al hacerlo te deshaces de ese mal que en la Universidad de Harvard se conoce como "síndrome del producto terminado", y consiste en creer que sabemos todo, conocemos todo y nadie nos puede enseñar nada nuevo. Cuando dejas de asombrarte de las pequeñas cosas, aparece la señal de que estás envejeciendo sin remedio. ¡No lo permitas! ¡No te lo permitas!

Sé auténtico y atrévete a sentir con todo tu ser. Un niño es abierto y sincero, se presenta tal como es, expresa sus sentimientos y sus afectos con libertad. Los adultos somos los que les inculcamos ideas acartonadas como: "los hombres no lloran", "sé modesto", "sé mona", "no seas un sabelotodo" "quédate callada", y comenzamos a sembrar prejuicios que van encarcelando sus emociones.

> *La vida no es compleja. Nosotros somos los complejos.*
> *La vida es simple, y lo simple es lo correcto.*
>
> *Oscar Wilde*

Sé espontáneo. Cuántas veces quieres expresar algo que sientes, quizá compartir un chiste que te pareció gracioso o tal vez aventurarte en algún proyecto, pero te detiene la voz de un juez interno envuelto en el ropaje del "qué dirán": entonces es cuando comenzamos a vivir metódicamente. Decía Nietzche que la palabra "método" tiene las mismas consonantes que "mitad" y que quien vive metódicamente, vive la mitad de la vida porque se vuelve predecible y aburrido.

Confía en tu capacidad de crear. ¿Has notado con qué sencillez se entretiene un niño? Qué cierto es ese anuncio donde el papá le lleva a su hijo un gran regalo y el pequeño, al abrirlo, ignora el juguete sofisticado y lo que le entusiasma es jugar con la caja en la que venía envuelto. Sirve de poco comprarle al niño el juguete electrónico de moda si a los cinco minutos deja de parecerle atractivo; te aseguro que con unos cubos de madera, con una cuerda o con unos lápices de colores, un niño va a entretenerse mucho más porque puede darle vuelo a su creatividad. Los seres humanos somos creativos por naturaleza; sin embargo, nuestros sistemas educativos se encargan de reprimir tanto esa creatividad e imaginación, que llega el momento en que nos la creemos y dejamos de crear.

Abre el corazón. ¿Has observado cómo los niños se pelean y al poco rato retoman el juego como si nada hubiera sucedido y siguen tan amigos como siempre? El secreto radica en que no conocen esas arañas negras que carcomen el alma y que se llaman resentimiento, rencor o deseo de venganza. Somos nosotros, con nuestras palabras y con nuestro ejemplo, los que les enseñamos a incubarlas: "No te dejes, si te pega, pégale; lo que pasa es que te tiene envidia." Y así nos vamos, sin darnos cuenta del mal que les hacemos. Hay que aprender de esa generosidad natural del niño. ¿Para qué complicarnos la vida cuando es tan corta? ¿No crees?

Trata a todos por igual. Un niño no hace diferencias por color, condición física, social o económica. Un niño acepta a todos por igual. Si va al parque y se encuentra con otro niño de su misma edad, es suficiente razón para jugar con él sin prejuicio alguno. Date la oportunidad de imitar esa gran cualidad para convivir relajadamente con cualquier persona.

Ahora puede ser el momento de renovarte, de abrirte, de cambiar aspectos de tu vida. Como lo dijo un novelista: "Nunca es demasiado tarde para tener una infancia feliz."

SALTE DEL CLUB DE LA QUEJA

"Es injusto." "Sí, pero…" "El maestro me trae de bajada." "Todo me sale mal siempre." "¡Ay, me duele todo!" "Tengo pésima suerte." "No puedo hacer nada." "Nunca me vienen a visitar." "¡Estoy gordísima!" "¡Está muy difícil!"

Este club es muy popular y lo constituyen numerosos miembros. Ser uno de sus socios implica incontables beneficios ya que es muy cómodo. Es el Club de la Queja. ¿Conoces algún socio? ¿Eres uno de ellos?

Aunque no lo creas, muchos de nosotros, consciente o inconscientemente, somos miembros fundadores, porque preferimos quedarnos en el limbo de la queja, de la enfermedad imaginaria y de la baja autoestima, antes que entrar al mundo de los "muy seguros de sí mismos"; esto, por temor a perder algunas cosas que consideramos muy útiles para sobrevivir.

Como gozamos de muchos beneficios psicológicos, se nos dificulta renunciar a ellos para salir adelante. ¿Te parece descabellado? ¡Por supuesto!, nunca pensamos en los beneficios como tales y jamás admitiríamos su existencia en forma consciente, sin embargo, ahí están.

No importa si tenemos o no la intención de salir de este club: en el fondo podemos llegar a tener una adicción a él y a jugar el papel de socio vitalicio. Es irónico e increíble lo que te voy a decir, pero nos llegamos a "sentir bien por sentirnos mal". Sí, leíste bien: Nos llegamos a sentir bien por sentirnos mal. ¡Claro!, porque de esa manera evadimos responsabilidades y tomas de decisión. Lo cual es muy cómodo, si pusiéramos un anuncio en el periódico que invitara a incrementar el número de miembros del club; el anuncio podría decir algo así:

¡Gran oportunidad! Inscríbase al Club de la Queja y obtenga los siguientes beneficios:

- Siempre logrará captar la atención de los demás
- Tendrá una excusa permanente para no concentrarse en sus deberes
- Encontrará el pretexto perfecto para comer lo que quiera y dejarse llevar por malos hábitos
- Podrá evadir sus responsabilidades y culpar a otro si algo sale mal
- Logrará que la gente sienta lástima por usted
- Conseguirá que los demás se transformen en sus motivadores permanentes y recibirá, constantemente, halagos y flores que le levantarán el ánimo
- Será aceptado fácilmente debido a que no representa ninguna amenaza para nadie

- Nunca fracasará porque nunca intentará nada.
- Si se comporta de una manera inadecuada, no importa. Los demás lo disculparán porque saben que es una persona que tiene problemas.
- Todos se compadecerán de usted. ¡inscríbase ya!

Inscripciones al teléfono...

Suena tentador, ¿no? Y, ¿te digo una cosa? Muchos de nosotros somos socios expertos de este club. Piensa en la cantidad de veces en que, quizá sin darte cuenta, los demás escuchan tus quejas: "Me siento apachurrado." "Estoy en la depre." "Me lleva el tren." "Es que estoy en la crisis de los 40." "Estoy chipil." "Me siento como araña fumigada." O bien: "La culpa es del maestro, del gobierno o del vecino." Criticamos todo y a todos.

El pretexto perfecto

Cada uno tenemos diferentes formas de "sentirnos", según la circunstancia y, al expresarlo, obtenemos el pretexto perfecto. Ya sea para flojear, hacer poco o nada, incluso para no tomar decisiones. Y es una maravilla, porque como nadie espera mucho de nosotros, cuando nos decidimos a "hacer algo", es la gran cosa y pasamos a ser víctimas estoicas.

Jugar el papel de víctima es la forma ideal de atrapar la atención de los demás. Funciona especialmente bien con aquellos a los que les encanta hacerle al psicólogo barato. Entre mejor haga yo el papel de "¡Aaay, pobre de mí!", más atraigo la atención y el cuidado de los demás. Lo malo es que este hábito psicológico es muy difícil de romper y superar. Mientras peor nos sentimos, recibimos más atención aunque, ojo, esto sólo funciona por un tiempo limitado, ya que la gente se cansa muy pronto de esta actitud de sufrimiento infinito. ¿Y sabes qué pasa? Tratará de evitarnos a toda costa.

Valdría la pena detenernos para analizar; quizá sólo representamos este papel en ciertas áreas de nuestra vida, como con la pareja o los hijos, en tanto con los amigos o en el trabajo somos a todo dar. ¿Por qué está sucediendo esto?

A veces llevamos tanto tiempo con este jueguito que se nos dificulta salir de él. Tal vez, la lista de beneficios nos está motivando, en forma inconsciente. Aquí lo importante es identificar los beneficios que nos han atrapado.

Es fundamental darte cuenta que, a la larga, pertenecer a este club termina por no funcionar y los aparentes beneficios se revelan como grandes limitaciones para el desarrollo del espíritu y la mente. Recuerda que la queja degrada al ser humano. Además, tus pensamientos son como imanes. Todo aquello que piensas, lo atraes y se refleja en tu vida. Es increíble, pero nuestra actitud y manera de pensar es lo que le da forma a nuestra vida.

¿Por dónde empezar?

El primer paso es darte cuenta y hacerte consciente de cada vez que te quejas de algo. Piensa, ¿cómo cambiaría tu vida si en lugar de una queja saliera de ti una palabra amable, un "gracias", un comentario de aprecio hacia el otro?

Comparto contigo una de las muchas maneras para salir de este club. Todas las noches, antes de dormir, haz una lista de cinco o 10 cosas por las que tengas que dar gracias a Dios, a la vida o a quien tú quieras. Agradece tu salud, tus amigos, los momentos agradables del día.

Poco a poco nos iremos dando cuenta de que cuando la mira está enfocada en la queja, pasamos por alto las innumerables bendiciones que la vida nos da. El cambio en tu actitud se reflejará en toda tu persona y te aseguro que los demás lo notarán de inmediato. ¡Es cierto!

Se necesita valor y decisión para salir de un cómodo círculo vicioso. Sin embargo, cuando lo logras, podrás descubrir que tu autoestima crece y, lejos de perder la atención de los demás, la sumarás a la admiración por haber tenido el coraje de desafiliarte del Club de la Queja.

¿TE CUESTA TRABAJO DECIR "NO"?

¿Alguna vez te han hablado en un tono que te incomoda y te has quedado callado? ¿Qué tal cuando un compañero, amigo o tu pareja te pide que hagas algo, de lo que en realidad no estás convencido, pero de todas maneras lo haces? ¿Cómo te sientes después?

Cada vez que te quedas callado, que dejas pasar las cosas y cedes sin convencimiento o que permites a otros que te quiten el tiempo, muestras el poco valor que te concedes ante ti y ante los demás. En esencia, nos autonegamos como personas. Pero, ¿por qué lo hacemos?

Cuando somos niños, una de las primeras palabras que aprendemos a decir es "no". Una de las razones, por supuesto, es la frecuencia con que la escuchamos y porque es una palabra fácil de repetir. Así que el "no" se convierte en un monosílabo muy popular en los primeros años de vida. Conforme crecemos, nos van enseñando que esta palabrita no es la más adecuada para contestar y, por el contrario, tenemos que hacer lo que se nos ordene.

Con esto en mente, en alguna parte de nuestra formación perdemos la habilidad para negarnos y encontramos que es más fácil decirnos "no" a nosotros mismos, que decírselo a los demás. Hacemos esto muchas veces para llevar la fiesta en paz, no ofender, por costumbre, porque es lo que nos enseñaron, para pertenecer, o sentirnos aceptados por los otros. El hecho es que, con esta forma de reaccionar, corremos un gran riesgo y, con el tiempo, pagamos el precio. Sin ser conscientes, nuestra autoestima se deteriora poco a poco, vamos anidando y reprimiendo un resentimiento que puede tomar la fuerza de un volcán que, de un día a otro, para el asombro de quienes nos rodean, puede explotar.

¿Expresas lo que piensas? Test de asertividad

Pregúntate y responde honestamente sí o no a estas preguntas:

1. Cuando me piden que haga algo, insisto en preguntar ¿por qué?

2. Cuando veo que un vendedor se ha esforzado mucho en mostrarme su mercancía, me cuesta mucho trabajo decirle que no

3. Cuido y evito no lastimar los sentimientos de las personas, aun cuando siento que me han lastimado.

4. La verdad la gente con frecuencia se aprovecha de mí

5. Me da pena regresar una mercancía defectuosa

6. No me he detenido a preguntar algo, por temor a verme tonto(a)

7. Prefiero reprimir mis emociones, que hacer una escena

8. Cuando recibo un mal servicio en una tienda o un restaurante, prefiero quedarme callado(a)

9. Cuando alguien me florea por algo que hice bien, me siento incómodo y no sé qué decir

10. Expreso rápido lo que pienso

Resultados del test:
1 y 10 – sí
2 a 9 – NO

Si acertaste de 7 a 10 preguntas, eres una persona asertiva

Si acertaste de 4 a 7 preguntas, te cuesta trabajo ser tú mismo y expresarlo

Si acertaste de 1 a 4 preguntas, sería bueno que te hagas consciente de esto y trabajes más tu asertividad

Valdría la pena detenerte y escuchar a tu cuerpo antes de contestar o de actuar. ¿Cómo me siento frente a esto? ¿En verdad quiero hacerlo? Necesitamos aprender a expresar nuestros pensamientos y deseos para hacer valer nuestros derechos, sin afectar los derechos de otros.

Reflexiona

A continuación te presento una serie de creencias que nos inculcaron de pequeños y que, como adultos, tenemos derecho a escoger para decidir si aún deben dominar nuestra forma de actuar:

1. Es egoísta anteponer nuestras necesidades a las de otros
   • A veces, tenemos derecho de ponernos antes que los demás.
2. Cometer un error es causa de vergüenza
   • Tenemos derecho a equivocarnos
3. Debes ser siempre consistente con tus ideas
   • Tenemos derecho a cambiar de opinión y actuar de manera diferente
4. Debes ser flexible y adaptarte a los demás sin cuestionarlos
   • Tenemos derecho a mostrarnos inconformes y protestar de buena manera sobre algo con lo que no estemos de acuerdo
5. Las cosas se pueden poner peor, así que, mejor, ni le muevas
   • Tenemos derecho a negociar y provocar un cambio
6. No debes robarle tiempo a los demás con tus problemas
   • Tenemos derecho a pedir consejo, ayuda o apoyo emocional

7. A la gente no le gusta oír que te sientes mal, así que mejor cállate
   • Tenemos derecho a sentir y a expresar el dolor
8. No esperes el reconocimiento de los demás. Te debes sentir satisfecho con sólo saber que hiciste las cosas bien
   • Tenemos derecho a recibir reconocimiento por los logros y el trabajo
9. No seas antisocial. Si no vas, la gente va a pensar que no te caen bien
   • Tenemos derecho a estar solos, aun cuando los demás deseen nuestra compañía
10. Siempre debes incluir a todos. Si no lo haces, cuando necesites de la gente, no estará
   • Tenemos derecho a decir no

Al decir "no" a las cosas que no deseas, en realidad te estás diciendo "sí". Esto construye y refuerza tu autoestima. Recuerda que el mejor respeto que podemos mostrar, es el respeto a nosotros mismos. ¡Date permiso!

DISFRUTA DE TUS LOGROS

Imagínate que la persona para quien trabajas dice: "Aquí tienes una lista de pendientes; si logras resolverlos te prometo un ascenso." Decides trabajar como loco, te esmeras en hacer todo bien, y llegas muy orgulloso a ver a tu jefe, quien dice: "Sí, sí, ya sé que lograste esto, pero hay algo más que quiero que hagas antes de darte el ascenso." ¿Cómo te sentirías? Te pondrías furioso, ¿no? Pues exactamente lo hacemos con nuestra aceptación personal todo el tiempo.

¿Has dicho alguna vez?: "Me voy a sentir bien conmigo mismo cuando baje 10 kilos de peso. Cuando me reciba. Cuando inicie mi propio negocio. Cuando consiga pareja o cuando ya no tenga deudas." Y ¿qué sucede cuando logras alcanzar el objetivo deseado? Caes en cuenta de que te sientes igual que antes, o no tan seguro y feliz como lo habías imaginado. Peor aún, sientes lo que en psicología se llama el "fenómeno del impostor". A la mente llegan pensamientos como: "Fue un golpe de suerte. Fue por casualidad que lo pude hacer. Gracias a que fulano me echó la mano, de lo contrario no lo hubiera logrado." De alguna manera sentimos que no merecemos el triunfo. ¿Lo has sentido? ¡Que si lo he sentido! Cuando mi amigo Enrique Castillo Pesado me invitó a escribir en el periódico *El Universal*, yo pensaba: "Claro, es que es amigo de mi papá, por eso está invitando." Estaba segura que era un golpe de suerte. Cuando vi el número de faxes que recibía con comentarios decía: "Es que los hombres no han tenido quién los oriente en su forma de vestir". Me costaba trabajo reconocer que, a lo mejor, ¡mí trabajo era bueno!

Cuando mi hermano Adrián me invito a participar por primera vez en el noticiero de MVS, dentro de mí estaba convencida que me había hecho un gran favor y lo fue. Sin embargo, cuando empecé a recibir toda clase de apoyo del publico pensé: "Bueno, pues no he de ser tan mala, a lo mejor mi trabajo si es bueno."

El punto es que con frecuencia me asalta ese fenómeno. ¿Lo reconoces? En lugar de reconocer tus habilidades, tu esfuerzo y tu trabajo, piensas que cualquier acierto es un mero golpe de suerte. ¿Por qué sucede esto?

Eso es tan absurdo como escalar una montaña que nos parece altísima y, cuando llegamos a la cima, en lugar de celebrar el logro, de inmediato localizamos otra montaña más alta; y empecinados continuamos el viaje, pensando sólo en lo que nos falta por recorrer.

En la vida es igual, podemos posponer la aceptación personal sin considerar que es imposible mantener un nivel de logros constantes. Esto nos daña mucho, porque al vivir con la idea de que tu felicidad vendrá cuando cumplas ciertas metas, pasas por alto el disfrutar lo alcanzado; y también entras en un círculo vicioso, pues al no reconocerte, tu confianza para iniciar nuevos proyectos se debilita y surge el miedo a equivocarte, al ridículo, a fracasar; y muchas veces vivimos con la esperanza de que un día ese miedo desaparezca sólo porque sí. Esto no va a pasar, de hecho sucede lo contrario.

No podemos condicionar nuestra confianza a las cosas externas. Entonces, ¿de dónde viene? De adentro, de la determinación, de un compromiso de hacer lo que se necesite en la vida, de sabernos capaces de enfrentar retos, de tener la seguridad de que, sin importar lo que se nos presente, sabremos enfrentarlo.

Sin embargo, para cultivar esta actitud es importante que reconozcas tus pequeños esfuerzos cada día, como pueden ser haber fumado menos, no comer postre, no criticar a nadie, levantarte a hacer ejercicio... En la medida en que pongas a prueba tu voluntad, y la sometas, tu confianza crecerá.

A veces, por la educación que recibimos de niños, evitamos hablar bien de nosotros mismos. Nos dejaron tatuado en la conciencia que era mejor ser humildes que presumidos. Pensamos que reconocer logros y valores es alimentar el ego y la vanidad, y la diferencia es enorme. Para nuestro sano desarrollo como personas, el reconocimiento personal es tan indispensable como el comer.

¿Con cuántas ideas todos podríamos completar la frase de "Me sentiré bien conmigo mismo cuando"? Qué te parece si cambiamos y de vez en cuando hacemos lo siguiente:

1. Nos decimos: "Me siento bien conmigo mismo porque: soy una persona honesta y trabajadora, he estado muy cariñoso(a) con mi pareja, estuve ahí cuando mi amigo me necesitó, todos los días me levanto a hacer ejercicio…", por lo que tú quieras. Darte una palmadita en la espalda te anima, estimula y te hace sentir más confianza en ti mismo.
2. Mírate en el espejo de la sinceridad y reconoce tus miedos a emprender nuevos retos. Tener miedo a fracasar no quiere decir que algo está mal en ti, simplemente significa que eres humano. Lo importante es reconocerlo y decidirte a actuar a pesar del miedo.
3. Haz tu propio comercial. En unas cuantas frases describe tus cualidades y logros y, como si se tratara de un anuncio que escuchas en la radio, repítelo varias veces al día. No esperes a bajar 10 kilos de peso, a recibirte, a conseguir pareja o a saldar deudas para sentir más confianza en ti mismo. Sobre todo, el día en que llegue lo esperado ¡disfrútalo y felicítate! Recordemos estas líneas que alguna vez leí en un libro de Zig Ziglar: "Ni la montaña más alta, ni el océano más profundo, ni el animal más poderoso pueden creer… sólo el hombre puede creer". Debemos creer en nosotros mismos, confiemos en nuestra habilidad para sacar las cosas adelante, enfrentemos nuestros miedos, y sólo así lograremos decir fuerte y claro: "Me siento muy bien conmigo mismo."

> *Pensar en grande antecede a los grandes logros.*
>
> WILFRED PETERSON

Nunca hacemos caso. Los sobrecargos, estoicamente, cumplen con su labor de darnos las instrucciones para un caso de emergencia. Mientras, los pasajeros en actitud de "Ya me lo sé", oímos sin oír y continuamos con la lectura del periódico o la plática con el vecino.

Un día puse atención a esa parte que dice: "Si viaja con un menor, colóquese primero la mascarilla y, después, colóquesela al menor." Pienso que, en la práctica, me sería difícil obedecer. La lógica y el instinto me dirían que, en la emergencia, si veo a mi hijo, sobrino o nieto de cinco años llorar junto a mí, sin duda le pondría la mascarilla primero.

Al preguntarle la razón a la sobrecargo, me contestó: "Imagínese si usted se desmaya, ¿quién va a atender al niño después?" Su respuesta me hizo pensar que el concepto también se aplica a nuestras vidas.

El trabajo contra reloj, los quehaceres, el deber, la prisa, la búsqueda afanosa de logros y perfección, hacen que vivamos la vida como si fuera una gran emergencia. Vivimos al borde del desmayo y, en lugar de identificar qué es lo primero que debemos hacer, perdemos la paciencia y casi enloquecemos. El resultado final es que nos alejamos de nosotros mismos y de los que más nos necesitan.

El problema es que confundimos el hecho de darnos un espacio para hacer lo que nos gusta, nos relaja, nos apasiona o nos divierte, con el remordimiento de vernos egoístas, de sentir culpa, especialmente si esto absorbe tiempo de la familia. Lo cierto es que, si no lo hacemos, si no nos damos permiso, en el fondo estamos insatisfechos.

Susana es una joven abogada y mamá de dos pequeños que ha renunciado por completo a ejercer su profesión en esta etapa de su vida. Es una decisión que tomó conscientemente; sin embargo, en ese afán de ser la mejor mamá no se da ningún momento para ella misma, para recargar las baterías. "Me encantaría ir al gimnasio, meterme a una clase de literatura, usar el cerebro aunque sea un rato al día", me dice y continúa: "Pero me siento mal de dejar a mis hijos, no sé por qué me siento culpable y eso me frustra."

Muchos hombres y mujeres tienen esta sensación de culpa en menor o mayor grado. No nos damos cuenta de que esa frustración la reflejamos en nuestros seres más cercanos.

Por el bien de todos

Cuando al abrir la agenda del día te das cuenta de que hay un espacio en blanco para hacer lo que quieras, la conciencia se debate entre sentarte plácidamente a leer el periódico o hacer "algo productivo". Necesitas darte permiso, sin sentir culpa. Darte tiempo para respirar y llenarte de oxígeno, consentirte un poco. De otra manera, poco servirás a los demás y a ti mismo, si estás de mal humor.

Hay que atrevernos a decir no. No al trabajo que te sobrepasa. NO a todas las demandas de tus hijos o pareja. No a todos los compromisos sociales. No a la cantidad y Sí a la calidad. Sí a tí mismo. De momento te sonará paradójico, ya que desde niños nos han inculcado lo contrario. Sin embargo, de no hacerlo, pondremos en riesgo lo siguiente:

Nuestra salud mental. El estrés que genera tratar de quedar bien con todos tiene un efecto negativo en el cerebro. Te sientes saturado, fatigado, irritable y propenso a la depresión.

Nuestra salud física. El estrés crónico provoca niveles altos de adrenalina que elevan la presión sanguínea y el ritmo cardiaco. Esto provoca que el sistema inmunológico se debilite y, por ende, te enfermes.

Nuestras relaciones. A corto plazo, puede parecerte razonable no darte un espacio para ti mismo; no obstante, después de un tiempo te das cuenta que ignorar tus necesidades es la razón por la que surgen problemas con los demás. Los estudios comprueban que cuando una relación familiar explota, no es porque estemos muy ocupados, sino por la insatisfacción de no estar disfrutando de la vida.

Si durante el día te privas de tener ratos de paz, reflexión y placer, suceden dos cosas negativas: Si ya tienes hijos puedes convertirte en un mal ejemplo para ellos y, al término de la jornada, estarás tan cansado(a) que no te quedará energía para estar con ellos.

Una vez que te concentras en tus necesidades, las atiendes asertivamente y con prudencia, todo tu esquema de vida da un giro.

Cuando entregues a los demás tiempo, cuidado y atención, hazlo basándote en tu voluntad y disposición. Además, así disfrutarás de la enorme satisfacción que da el sentirte en pleno control de tu vida.

Busca un tiempo para ti

Pregúntate: ¿Qué me relaja? ¿Qué me gusta? ¿Qué me divierte? A veces ni nosotros mismos lo sabemos. Siéntate por un rato y escribe aquello que más te gusta hacer. Quizá tomar un baño de tina rodeado por velas encendidas, hacer ejercicio, tomar un masaje, telefonear a tus amigos, leer, escuchar música, salir a caminar o comer chocolates. Y procura darte ese gusto una vez al día.

Si esperas a palomear toda la lista de pendientes para darte permiso y dejar un espacio en blanco de la agenda cotidiana, nunca lo harás. Siempre estará llena, incluso el día de tu funeral. La única solución es reservarte un tiempo, con el mismo compromiso y respeto que lo harías para una cita con el doctor o con el jefe.

Márcalo en tu agenda, por ejemplo: viernes de 1:30 a 4:30 "Cita conmigo", y esa cita es sagrada. Cuando te digan: "Es que urge que te presentes" o "es muy importante que le llames" o "necesito que atiendas este asunto", deberás tener el valor de decir: "No puedo, ya tengo otros planes ¿Qué tal a otra hora?" Al principio será difícil; sin embargo, es una manera eficiente de mantener el balance en nuestras vidas.

Y recuerda: Nada tiene de egoísta decir "primero yo", porque piensa... "Si yo me desmayo, ¿quién atenderá al niño después?" Primero lo primero. ¿No crees?

Es viernes por la tarde y salgo del cine con Pablo, mi esposo. Me quedan muchas lecciones en el corazón después del viaje emocional que implica ver la película *Mente brillante*. Por primera vez entiendo, o me acerco a entender, uno de los engañosos juegos de la mente. La historia gira alrededor de la vida de John Nash, premio Nobel de economía, genio que vive su vida en la fragilidad que hay entre la realidad y la fantasía. Estas dos vertientes se entrelazan tanto que le crean alucinaciones.

Lo más aleccionador de la película es ver cómo el amor de su esposa, aunado al dominio de sí mismo, es lo que después de un largo y arduo viaje, hacen que Nash encuentre, por fin, balance y equilibrio.

En este viaje, el director nos presenta muy hábilmente a tres personajes que nos hacen, creer que son reales. Tres personajes ficticios que acompañan al doctor Nash a lo largo de toda su vida. Personajes que le hablan, lo aconsejan, lo acosan y lo presionan a actuar.

Al verlos pensé cuántas veces, sin padecer los extremos de la esquizofrenia, quienes decimos gozar de salud mental, también escuchamos voces interiores que nos presionan, nos hablan y nos aconsejan. A lo largo del día nos acompaña esta especie de diálogo interior acerca de todo cuanto nos pasa en la vida, ya sea positivo y racional, o negativo y autodestructivo. El diálogo interior es todo lo que nos decimos a nosotros mismos, de nosotros mismos y del mundo que nos rodea. Todo esto que tú decías antes de leer este libro y todo lo que te dirán después de que lo sueltes.

Nuestro diálogo interior es, de hecho, una voz que nadie más escucha. Esto significa que, como en el caso de John Nash, sólo nosotros podemos controlarlo.

¿Has escuchado lo que te dices a ti mismo, por ejemplo, al entrar a una reunión donde no conoces a nadie? Aunque aparentemos cierta seguridad, por dentro escuchamos, como si fueran los personajes ficticios de la película, a nuestro diálogo interior que no cesa de decirnos mil cosas, por lo general negativas.

¿Cómo es el diálogo interior?

Es constante. Con nadie, ni con nuestros seres íntimos, pasamos más tiempo que con nosotros mismos. Lo hacemos todos los días del año, las 24 horas del día; en este trayecto nunca dejamos de decirnos cosas y nuestro diálogo interior está más activo a lo largo de las horas.

Habla en el presente. A diferencia de los pensamientos automáticos, el diálogo interior sucede ahora. Como si "transmitiera en vivo", lo escuchamos al mismo tiempo que mantenemos una conversación. Sus mensajes pueden ser en forma de susurro o en voz muy alta. A veces, el tono es tan fuerte que nos da la sensación de que se sale de control.

Dispara un cambio físico. Cada pensamiento genera una reacción física. Si nuestro diálogo interior nos dice que no nos saldrán bien las cosas o que haremos el ridículo, la reacción física se puede manifestar en que nos suden las manos, tengamos un tic, quizá un temblor o palpitaciones del corazón. Estas consecuencias físicas se acumulan y si el diálogo interior es pesimista puede ser tan destructivo para nuestra salud como cualquier virus.

Tiende a ser totalmente monopolizador. Cuando escuchamos esa voz interior, cualquier información externa se ahoga. A veces nos impide ver las cosas importantes que suceden a nuestro alrededor y perdemos de vista todas las bendiciones que poseemos. Los pensamientos racionales optimistas que podamos tener, simplemente son barridos porque no son tan fuertes, ni tan amenazadores o demandantes.

¿Sabes qué es lo peor? Que el diálogo interno negativo se hace más fuerte cuando menos lo necesitamos. ¿Qué tal cuando nos enfrentamos a alguien?, ¿cuando solicitamos un trabajo?, ¡cuando hacemos una presentación en público! Escuchamos frases del tipo: "No eres tan inteligente, no te creen, eres aburrido, vas a fracasar."

Nuestro diálogo interior es tenaz y se encarga de hacer bien su tarea, decirte cosas negativas: "Tu hermano es mejor que tú", esto puede incluir comparaciones constantes; miedo: "Te vas a caer"; preocupación: "Si haces esto, puedes perder todo"; ansiedad: "Y ¿si no viene por mí?" y pesimismo: "Si te vas en coche puedes chocar y a lo mejor nadie te ve y…" Una cosa es segura: tu diálogo interior vive muy a gusto dentro de ti y no quiere salirse. En lugar de pelear contra él es mejor aceptar que ahí vive y está consciente de que hará su mejor esfuerzo por intimidarnos; sin embargo, no permitiremos que sea el que domine porque tú no eres ese diálogo interior, eres más que él y tienes el poder de cerrarle la puerta cuando así lo desees.

Lo que debemos hacer es inspirarnos en el doctor John Nash y retar a esa voz. Sustituirla por un diálogo interior positivo que nos mueva más allá de nosotros mismos y que nos dé la oportunidad de creer en lo que somos, con tranquilidad y confianza.

ANTE EL MIEDO, MUÉRETE DE RISA

"Ayer tenía que hacer un examen. Media hora antes me di cuenta que estaba materialmente helado de miedo. Repasé mis notas y mi mente estaba completamente en blanco. Cosas que había estudiado durante mucho tiempo me resultaban completamente desconocidas y fui presa de pánico. Me dije: '¡No me acuerdo de nada! ¡No voy a pasar este examen!' Sobra decir que el miedo aumentaba conforme pasaban los minutos, y los apuntes me resultaban cada vez menos familiares. Las manos me sudaban y el miedo aumentaba cada vez que repasaba los apuntes. Cinco minutos antes del examen estaba convencido de que si me seguía sintiendo así durante el mismo, era seguro que me reprobarían".

Muchos hemos experimentado esta sensación que un alumno le describe al doctor Victor Frankl en su carta. No sólo con relación a un examen, sino en lo que sentimos antes de una competencia, de una junta de negocios crucial, en las torpezas que decimos en la primera cita a alguien del sexo opuesto que nos atrae o ante un reto al que encaramos.

Por ejemplo: ¿Te ha sucedido alguna vez, que, conforme más fluido quieres expresarte, más tartamudeas? ¿Te han sudado las manos cuando más secas querías que estuvieran? ¿Mientras más rápido quieres conciliar el sueño porque al día siguiente tienes que tomar un vuelo muy temprano, menos te puedes dormir? El miedo a que sucedan las cosas es, precisamente, lo que provoca todo esto. Ante esta realidad, la pregunta que debemos hacer es: ¿Cómo es posible romper este mecanismo?

Lo irónico es que esta angustia anticipada desencadena precisamente aquello que tememos que suceda. Esto genera un círculo vicioso, que empeora la situación. Es decir, el miedo al miedo aumenta nuestro miedo.

La intención paradójica

Victor Frankl, psiquiatra fundador de la logoterapia, y autor del libro *El hombre en busca de sentido*, propone un método tan sencillo, rápido y eficaz que, desde su aplicación, los terapeutas del comportamiento se han sorprendido de sus resultados. *La intención paradójica*.

Frankl dice que ante estos miedos, la reacción más típica es querer "huir" del miedo. Sin embargo, el esfuerzo por evitar la situación es lo que nos provoca ansiedad. Es decir, en el caso del estudiante, la angustia de reprobar el examen es precisamente lo que provoca que todo se le olvide. Ante esto, el método de Frankl a simple vista nos parecería absurdo y ridículo. Por medio de la intención paradójica, nos anima a "hacer o desear" que suceda lo que tememos. Un deseo y un temor son mutuamente excluyentes. No podemos tenerle miedo a aquello que deseamos que suceda.

Veamos cómo el estudiante enfrentó su miedo al examen, en la carta que continúa:

"...y entonces me acordé de lo que usted me dijo sobre la 'intención paradójica'. Me dije a mí mismo: 'Ya que de todos modos voy a reprobar, procuraré hacer cuanto pueda en este sentido. Le presentaré al profesor un examen tan malo que le va a mantener confuso durante días. Voy a escribir una porquería de examen, respuestas que no tengan nada que ver con las preguntas. Voy a demostrar cómo un estudiante hace un examen auténticamente malo. Será el examen más ridículo que tenga que calificar en toda su carrera.' Pensando en estas cosas, me estaba riendo para mis adentros, cuando me tocó examinarme. Lo crea o no, comprendí perfectamente cada pregunta. Me sentía relajado y, por raro que parezca, en un estado de humor magnífico. Pasé el examen y obtuve una buena calificación."

Así pues, la intención paradójica cura el miedo. Si a propósito intentamos tenerlo, no podemos. Para Frankl lo más importante de la intención paradójica es usar deliberadamente el sentido del humor. Comenta al respecto, que es increíble que "hasta ahora no se haya tomado al humor lo suficientemente en serio". La intención paradójica nos enseña a bromear acerca de nosotros mismos, a reírnos y ridiculizar nuestros propios miedos. Esto en virtud de la capacidad del ser humano de autotrascender para olvidarse de sí mismo, entregarse y abrirse a encontrar un sentido a su existencia.

Por ejemplo, si temes que te suden las manos al saludar a alguien, de acuerdo con Frankl, imagínate que te van a escurrir ríos de agua por tus manos. En el momento en que logras imaginarlo de verdad, notarás cómo tus manos ya no se humedecen. Incluso imagínate diciéndole al otro: "Disculpe por tanta agua, pero es que así sudan mis manos." ¿Te imaginas? Bueno, pues haz la prueba y verás que ¡santo remedio!

Una joven se mostraba nerviosa en su primera consulta y tartamudeaba. En lugar de que el doctor le dijera lo que naturalmente se espera: "Relájese, no tenga miedo", o "tranquilícese", lo que aumentaría su tensión, le dijo precisamente todo lo contrario: "Linda, quiero que esté usted lo más tensa que pueda, y que se ponga lo más nerviosa posible." "Muy bien" dijo, "eso me resulta fácil". Intentó ponerse más nerviosa aún. De pronto se dio cuenta de lo cómica que resultaba tal situación y dijo: "Estaba realmente muy nerviosa, sin embargo ya no lo puedo estar. Es curioso, pero cuanto más intento ponerme tensa, menos lo consigo."

La intención paradójica nos permite alejarnos de nosotros mismos para observar nuestros patrones de conducta con sentido del humor. Es un alivio saber que, al reírnos, podemos salir de los miedos y las reacciones automáticas para ver el poder desafiante de nuestro espíritu humano en acción. Así que ya sabes, ante el miedo: muérete de risa.

> *Sólo una cosa vuelve un sueño imposible:*
> *el miedo a fracasar.*
>
> *Paulo Coelho*

FLUYE

"Experiencia óptima", ¿la has sentido? El velerista sostiene con una mano el timón y con la otra administra la escota para dirigir la vela. Corta con éxito las olas, mientras siente que el viento fresco le peina el cabello y le recorre todo el cuerpo. Veletas, mástiles y el murmullo del mar vibran armoniosamente en las venas del marinero. El tiempo pasa imperceptiblemente, pareciera que se detiene y nada es más importante para él en ese instante.

Como el velerista, cada uno de nosotros podemos vivir, si concientizamos esos momentos en donde una sensación de gozo, plenitud y bienestar nos invade. Instantes mágicos en los que nos sentimos dueños de nuestro destino y en control de lo que hacemos. Y atesoramos la experiencia en la memoria como punto de referencia de lo que debe ser la vida.

El pintor lo siente cuando ve, con asombro, los colores que en el lienzo comienzan a aliarse entre sí para darle forma a "algo" nuevo. Una experiencia óptima es, también, lo que siente un papá cuando su hijo le devuelve la sonrisa por primera vez, o ve con asombro cómo se anima a dar sus primeros pasos solo. Son instantes que valen oro y no los cambiamos por nada en el mundo.

Estos sucesos ocurren siempre y no sólo, como solemos pensar, cuando las condiciones externas son inmejorables. Personas como Victor Frankl, que vivió en un campo de concentración, o quienes han pasado por peligros físicos casi fatales, recuerdan haber experimentado verdaderas epifanías en medio del suplicio, como respuesta a cosas tan sencillas como escuchar el canto del pájaro en el bosque, terminar una tarea difícil, ver el sol ponerse en las montañas o compartir el último pedazo de pan con el amigo.

¿Cómo se siente?

Los mejores instantes suelen darse cuando, voluntariamente, estiramos hasta el máximo de nuestros límites, las habilidades del cuerpo o la mente en un esfuerzo por

¡Esto es lo mío!

lograr algo, o cuando haces lo que más te gusta y lo disfrutas.

Mihaly Csikszentmihalyi, director del Departamento de Psicología en la Universidad de Chicago, es quien da nombre y forma a esto que el hombre ha sentido y vivido desde que es hombre. A esta experiencia óptima, él la llama *flow* o fluir. En sus investigaciones para tratar de definir cómo se siente una persona en la plenitud y el por qué del gozo, entrevistó a cientos de "expertos" artistas, atletas, escritores, músicos y cirujanos, que invertían su tiempo realizando aquello que más les gustaba.

En sus descripciones, todos usaban términos como: flotar, aire, agua, espacio, diluirse, fundirse con, o en algo. Los estudios continuaron y tanto hombres como mujeres, jóvenes o adultos, sin importar diferencias culturales o socioeconómicas, utilizaban esencialmente las mismas palabras. De ahí acuñó el término fluir.

Mihaly afirma que la felicidad no es algo que sucede así nada más. No es el resultado de tener buena suerte. No es algo que el dinero pueda comprar o que pueda controlar el poder. Tampoco depende de hechos externos, sino de "cómo" los interpretemos y valoremos.

La felicidad es una condición para la que tenemos que prepararnos; debemos cultivarla y definirla en forma individual. ¿Qué es lo que más disfrutas hacer en la vida? ¿En que momento siento que fluyo? Las personas que se vuelven conscientes de sus experiencias internas, podrán determinar la calidad de sus vidas, que es lo más cercano a estar felices. Así que esta experiencia óptima es algo que tu puedes "hacer" que suceda. Está en tus manos.

Para un niño puede ser colocar, con mano temblorosa, el último cubo de la torre más alta que ha construido; para un nadador, superar su propio récord; para un violinista, dominar su difícil pasaje musical. En cada uno de nosotros, hay muchas oportunidades de reto y crecimiento que nos acercan a la felicidad.

Lograr el control de nuestra vida no es fácil, incluso puede ser doloroso. Las experiencias no son necesariamente placenteras en el momento en que ocurren. Quizá el nadador se mareó en su mejor carrera, le dolieron los músculos y sintió que los pulmones le explotaban. Sin embargo, el hecho de concentrarse y lograr su meta hizo que viviera los mejores momentos de su vida.

Paradójicamente, en los periodos de lucha es donde podemos encontrar esa "experiencia óptima" y la mayor satisfacción. Y una vez que hemos probado este gozo, seremos capaces de redoblar los esfuerzos para volver a saborearlo. Cuando te haces consciente de este "fluir", el mismo provoca que disfrutes con mayor intensidad cada minuto. Ese esfuerzo construye la confianza que necesitas para desarrollar las habilidades que contribuirán a tu mejoramiento y al de la especie humana.

Una vez que nos hacemos conscientes del momento, del ahora, y entendemos cómo trabaja el "fluir", lo podemos poner en práctica para transformar nuestras vidas, que de otra manera se desperdiciarían en el aburrimiento, el tedio y la queja. Entonces, estarás de acuerdo conmigo que vale la pena esforzarse y encontrar el tiempo para fluir.

"¡Tengo una idea! No..., a lo mejor es muy tonta y seguro cuando se las diga, se van a burlar de mí. Mejor me callo."

Es increíble el trabajo que nos cuesta confiar en nuestro sentido común. Cuando enfrentamos un problema, por alguna extraña razón pensamos que esa simple idea que se nos vino a la mente debe ser una tontería.

¿Por qué tendremos esa inclinación natural a pensar que conforme más complicado es algo, más bueno y eficiente debe ser? ¿Por qué nos podemos sentir tan inseguros de expresar algo que es obvio? Lo cierto es que hay personas que aman la complejidad y muchas veces es para ocultar o proteger su ignorancia.

Te cuento una anécdota que se ha hecho famosa. Un día, el dueño de una importante cadena hotelera visitó un hotel de la competencia en una pequeña ciudad de Estados Unidos. Hacía mucho tiempo que había estado ahí, y le asombró que al decirle su nombre a la señorita del registro, ella lo saludó y le dijo: "Qué bueno que está usted de regreso, señor Marriott." Impresionado, al llegar a su oficina corporativa, ordenó un *software* para detectar de inmediato si un cliente ya los había visitado anteriormente en sus hoteles, para saludarlo de la misma manera, costara lo que costara.

Pasaron algunos meses y le propusieron un programa que costaría 6 millones de dólares y unos ocho meses instalarlo. Cuando estaba a punto de aprobar la propuesta, le dijo a su director que fuera al mismo hotel de la competencia que había visitado para averiguar qué sistema tenían.

Al llegar al hotel, se le ocurrió preguntar al maletero cómo podían saber si un cliente ya los había visitado. "Muy fácil" le contestó, "cuando descargo las maletas del taxi, pregunto si es la primera vez que nos visita, si me contesta que sí, al llegar a la recepción, me jalo la oreja derecha para que la señorita lo sepa". ¡Así de sencillo! Una idea simple, podríamos pensar que hasta tonta, y que funciona igual o mejor que un software de 6 millones de dólares. El señor Marriott no lo podía creer. ¿Por qué dudamos de nosotros mismos?

Según la doctora Carol Moog, actualmente existe una "paranoia de omisión". Hay una sensación de que debemos cubrir todas las opciones porque si sólo tenemos una y ésta falla, no tenemos una red de salvación. Estamos tan orientados a tener éxito, que esto magnifica un gran miedo, "el miedo al fracaso". Con una idea simple y sencilla nos sentimos desnudos. ¿No es cierto?

A veces pensamos que mientras más compleja es la idea que proponemos, nos veremos más inteligentes, o los demás notarán que hicimos mejor nuestra tarea. Buscamos cada opción y la analizamos desde cada ángulo. Eso nos lleva a una complejidad de ideas que se contradicen y van por diferentes caminos, además de una gran pérdida de tiempo.

Por otro lado, si la idea complicada y descabellada viene de alguien a quien consideramos inteligente o de un superior, y de momento nos parece ridícula, no nos atrevemos a cuestionarlo ni a contradecirlo: al contrario descartamos de inmediato nuestra "genial idea simple".

El poder de lo simple

Sin embargo, como dice Jack Trout, en su libro *El poder de la simplicidad*: "Durante años el ser llamado 'simple' ha sido asociado con algo negativo. Quería decir que alguien era bobalicón o tonto. Por eso no es de extrañarse que la gente le tema a ser simple." Sin embargo, "Ahora lo más sofisticado es la simplicidad. Tener una mente que busque la simplicidad en este mundo tan complicado." Sin duda, "el futuro pertenece a quienes puedan hacer simples las cosas".

Algunas sugerencias para rescatar tu sentido común:

1. Piensa fríamente las cosas, sin mezclar la emoción, la razón y, sobre todo, el ego. Conforme más te preocupe el "quedar o verte bien", más te alejas de la realidad.
2. Confía en tu instinto natural, escucha lo que tu cuerpo te dice: por lo general aquello que sientes o se te ocurre primero es lo acertado. No lo dudes.
3. No confíes en alguien a quien no entiendas. Ten en mente que cuando una persona se siente insegura sobre algo, tratará de complicar las cosas para disfrazar su incompetencia o ignorancia. ¿Has escuchado con atención a los políticos? ¡Nunca se les entiende!
4. Ábrete a otras ideas. A nuestro orgullo le cuesta trabajo admitir que las ideas de otros pueden ser mejores. Sin embargo, hay que aceptar las ideas ajenas con sencillez.
5. Date tiempo para pensar las cosas. A veces por falta de tiempo o por flojera de pensar, dejamos que otros resuelvan las cosas por nosotros. Y ¡claro!, para verse eficientes, nos proponen cosas muy complicadas.

Saquemos del fondo del cajón esa poderosísima herramienta que se llama sentido común. Es esa sabiduría, que todos, por obvia, compartimos: si es lógica para nosotros, será lógica para los demás. Así que confía en este sabio instinto.

> *La simplicidad es la sofisticación al grado máximo.*
>
> LEONARDO DA VINCI

SUPERA EL SÍNDROME DE LA MONTAÑA RUSA

¿Te ha sucedido esto? Tienes un mes para entregar un trabajo o una tarea, o para terminar un proyecto. Pasan los días y las semanas y no haces nada, aun sabiendo que tu reputación, trabajo o derecho a pasar un semestre, está de por medio.

"Todavía tengo tiempo. Sí la hago." Te mantienes optimista y te autoconvences de que todavía hay tiempo, para después, por supuesto, tener que elaborar historias complicadas que intentan disculpar tu falla o retraso.

Has escuchado por la radio que hay una fecha límite para empadronarte, para inscribirte a un curso o para pagar tus impuestos. Pero, por alguna extraña razón, esperas hasta el último día para hacer lo que necesitas, aunque sabes todo lo que estás arriesgando. Muchos lo hacemos, ¿por qué?

Los sentimientos que experimentamos al postergar las cosas se pueden comparar con lo que sentimos al subirnos a una montaña rusa. Con la fecha límite en la mente, vamos pensando distintas cosas y pasamos por seis etapas.

Las seis etapas

1. Empezamos diciendo: "Voy a prepararlo con todo el tiempo del mundo." Sólo que los días pasan y se van indiferentes sin que suceda nada específico que nos "motive" a comenzar.
2. Ponemos excusas como: "Ahorita me siento cansado" o "necesito hacer ejercicio primero, o "después de comer, para que me pueda concentrar". Después, a medida que la fecha se acerca, empezamos a sentir un poco de ansiedad porque no hemos hecho nada. Sin embargo, todavía tenemos esperanzas porque "todavía hay tiempo". Nos tranquilizamos y pensamos: "Es viernes; mejor empiezo el lunes."
3. Conforme pasan los días, el optimismo se transforma en un presentimiento negativo. Nos damos cuenta de todo lo malo que nos puede pasar y empezamos a lamentar el hecho de haber esperado tanto.

    Lo increíble es que, en este punto, es común empezar a hacer mil cosas, "menos" lo que debemos hacer. Arreglamos el escritorio, que no urge; hacemos limpieza, que bien podría esperar; escribimos alguna carta pendiente. Estas actividades nos proporcionan cierto alivio; sin embargo, está claro que ¡no hemos empezado "El Proyecto"!

4. También es frecuente que tratemos de distraernos con actividades que nos dan un placer inmediato. Vamos al cine, nos juntamos con los amigos, vemos la televisión... En fin, nos esforzamos por divertirnos, aunque la nube gris del trabajo pendiente siga flotando en nuestra cabeza. ¿No es el colmo?

5. Seguimos así hasta que, de pronto, nos invade un sentimiento de culpa, enojo y desesperación. Es tan grande la presión y la sensación de que el tiempo que queda es mínimo que, ahora sí, sentimos la presión y es mejor empezar.

Entonces, como prisioneros que van al paredón, nos resignamos y empezamos. Por fin, el proyecto está en camino. Para nuestro asombro, no está tan mal como habíamos pensado. Por lo menos la sensación de estar trabajando en el tan postergado proyecto es gratificante.

6. Cuando, exhaustos, terminamos la tarea, decimos: "Juro que no vuelvo a posponer nada."

¿Por qué lo hacemos?

Según los psicólogos, la razón por la que aplazamos interminablemente las tareas o las obligaciones es una estrategia para protegernos de los miedos básicos: a fracasar, a tener éxito, a perder una batalla, a la separación o el miedo al apego.

Por lo general, nos sentimos temerosos de ser juzgados, ya sea por los demás o por ese crítico implacable que habita dentro de nosotros. Nos da miedo, quizá, encontrar que nuestro mejor esfuerzo no es suficiente. Nos aterroriza no cumplir con lo requerido o con las expectativas que otros tienen de nosotros.

Por lo tanto, siempre nos queda el autoconsuelo de decirnos un pretexto: "Lo hubiera hecho mejor, si hubiera tenido otra semana más."

Los estudios demuestran que, cuando sentimos algún miedo, suponemos mil cosas que convierten el esfuerzo por lograr algo en un temible riesgo, por eso tratamos de evadirlo.

Surge entonces la siguiente ecuación:

¿Valor personal = Habilidad = Desempeño?

En tal caso, si hago las cosas bien, quiere decir que soy hábil. Por lo tanto, me siento muy bien conmigo mismo y lo que produzco refleja lo que valgo como persona.

El problema aparece cuando juzgas tu habilidad como la única medida del valor personal, sin tomar en cuenta nada más. Los que postergan las tareas se justifican pensando: "No puedo juzgar mi desempeño porque no hice el esfuerzo completo."

Este sentimiento es tan poderoso que a veces preferimos que los demás piensen que somos desorganizados, flojos o poco cooperadores, antes que sufrir la humillación de intentar algo sin conseguir lo que esperamos.

Lo primero que debo aceptar es que mi valor personal es independiente de la habilidad que yo tenga para desempeñarme.

Estarás de acuerdo conmigo en que el primer paso para ponerle remedio a un problema es reconocerlo. Para evitar el síndrome de la montaña rusa, la próxima vez que te des cuenta que dejas pasar el tiempo, sin actuar, detente. Reflexiona y analiza las excusas que estás poniéndote a ti mismo y enfréntalas a tiempo; recuerda que aunque tu vales por lo que eres, es mejor ser evaluado por lo que hacemos y dejamos de hacer por temor. No vale la pena, ¿no crees?

ACÉPTATE COMO ERES

"Me choca mi nariz..." "Soy muy chaparro..." "Estoy muy velluda..." "Me veo gorda..." Son algunos de nuestros reclamos cotidianos ante el reflejo de nuestra imagen. El espejo puede convertirse en nuestro juez más exigente, pero también puede orillarnos a que terminemos, como Narciso, ahogados en vanidad.

El espejo siempre ha sido un campo de batalla entre la ilusión y la realidad. La imagen que nos presenta es, al mismo tiempo, real y engañosa; sin embargo, para algunos es indispensable. Frente a él nos arreglamos, peinamos, rasuramos o maquillamos. Siempre lo podemos encontrar dentro de la bolsa de una mujer y hasta hay quienes arriesgan la vida mientras retocan su aspecto ayudándose del espejo retrovisor del coche. En él vemos lo que quisiéramos ver e ignoramos lo que nos desagrada. Frente a él observamos y somos observados.

En 1972, Daniel McNeill realizó una encuesta en la cual 23 por ciento de mujeres y 15 por ciento de hombres estaban insatisfechos con su apariencia. Catorce años después, el porcentaje aumentó a 38 por ciento de mujeres y 34 por ciento de hombres. Cada día somos más exigentes y se nos ha vuelto una obsesión mejorar nuestra imagen. Ésta es una de las razones por las que ha aumentado la demanda de cirujanos plásticos, gimnasios, cremas, *peelings* y demás.

En casos extremos, el espejo llega a convertirse en el termómetro que decide el estado de ánimo de una persona y, entonces, le atribuimos poderes como si se tratara del espejito mágico de la madrastra de Blancanieves.

El enemigo no está en el espejo

Esta obsesión es más común de lo que pensamos. Picasso, en la pintura *Niña frente al espejo*, muestra a una niña rubia que se mira en un espejo que le devuelve una cara más oscura, una frente con una mancha morada y un pelo color verde. No es el reflejo real de la niña, se trata de la imagen que ella tiene de sí misma. A muchas personas les pasa lo mismo. Pareciera que se están reflejando en espejos de feria que distorsionan la imagen.

Este fenómeno es más frecuente entre la gente joven, quizá por la alta competitividad en que viven, por el bombardeo de publicidad en la que aparecen modelos perfectos o, quizá, por la falta de valores reales. Es impresionante la cantidad de niñas y niños que, por su altura, cara, cuerpo, podrían ser modelos y, sin embargo, al verse en un espejo, sólo son capaces de observar algún supuesto defecto amplificado.

Cuando la forma negativa de vernos se lleva al extremo, las personas sufren lo que se llama "Síndrome de Distorsión de la Imagen" o "Dismorfofobia". Quienes lo padecen, sufren una verdadera angustia por su pretendida fealdad y tienden a encontrar, en su apariencia, algún defecto inexistente. Los estudios demuestran que en 45 por ciento de los casos, la nariz es la queja más común. Entonces, una giba normal es vista como algo monstruoso. El cabello, por ejemplo, puede parecer muy lacio, muy chino, muy oscuro o muy escaso.

La dismorfofobia puede atacar indiscriminadamente a personas atractivas y a quienes no lo son. Cuando, a quienes la padecen, se les pide que se autoevalúen, suelen ser muy acertados en sus juicios. Sin embargo, basta un solo detalle, amplificado sin proporción en su mente, para acabar con su seguridad personal. Algunas de ellas, incluso, saben que no tienen razón para preocuparse, pero no lo pueden controlar. Otras creen firmemente que tienen algún defecto, aunque se les demuestre lo contrario.

¿La razón?

¿Cuál puede ser la razón por la que aparece este síndrome? Según Catherine Phillips, de la Universidad de Brown, considerada la máxima autoridad en este tema, 60 por ciento de los pacientes fueron objeto de burla cuando eran jóvenes. Esto resultó en una autoimagen pobre que afectó, directamente, su estima.

Las personas perfeccionistas, tímidas, socialmente ansiosas o muy sensibles al rechazo, tienden a sufrir este síndrome que suele ir acompañado de depresión. En ocasiones, una mujer que acaba de pasar por un divorcio donde hubo ofensas relacionadas a su físico, es propensa a adquirir este padecimiento.

Para ciertas personas que sufren esta alteración, el espejo tiene un encanto irremediable. Se convierte en el poseedor de su destino. Se ven en él a todas horas. No pueden vivir sin observarse en las vidrieras, en la pantalla de la televisión o de la computadora o en cualquier objeto que las refleje. En cambio, otras los repelen e incluso evitan entrar a lugares donde abunden, como ciertos restaurantes. Cualquiera de las opciones es extenuante.

¿El remedio? Primero, estar conscientes de que existe un problema. En casos leves, un esfuerzo por autoafirmarse y apreciar las bondades de la vida así como el amoroso apoyo de un ser querido, puede ayudar. En casos severos, es indispensable buscar la ayuda de un profesional.

La obsesión por una imagen

Claro que es ridículo. ¿Quién, en su sano juicio, pensaría en ponerse aros de metal para estirarse el cuello o apretarse el corsé al grado del desmayo o vendarse los pies para que le queden chiquitos? ¡Qué ridículo, qué primitivo! Completamente diferente, claro, del hombre y la mujer que pagan grandes sumas para aumentar su busto, implantarse pelo, hacerse la liposucción, inyectarse toxina botulímica, tatuarse los ojos, blanquear sus dientes con ácido, engrosarse los labios o estirarse la cara.

Según la revista *The Economist*, la vanidad ha creado una industria de 160 billones de dólares al año que incluye gimnasios, maquillajes, productos para la piel y el cabello, fragancias y píldoras de dieta.

Nuestra sociedad está obsesionada por la imagen. Dietas, rutinas de ejercicio, cremas, camas bronceadoras, tacones de aguja que torturan: lo que sea con tal de ser atractivos y alcanzar un modelo de belleza que dista mucho de la realidad. Millones de hombres y mujeres se someten a algún tipo de tratamiento quirúrgico de belleza. ¿Qué nos mueve a hacerlo?

¿A qué le tememos?

La lucha por la belleza tiene su fundamento en una ambición tanto genética como social, ya que los guapos, hombres y mujeres, son vistos y juzgados como más inteligentes y mejores amantes; ganan mejores sueldos y es más probable que consigan pareja para el matrimonio. Mientras, existen otros que viven frustrados al ver que sus atributos no son los que venden los anuncios, la televisión, las películas o las revistas. ¿Es justo?

La próspera industria de la belleza explota con grandes beneficios nuestras inseguridades y nuestro miedo a ser feos. Observemos los mensajes que nos presentan los comerciales donde un shampoo, un lápiz labial, un tinte para el cabello o una loción, no sólo atraen al sexo opuesto sino pueden borrar un complejo de inferioridad.

La realidad, de acuerdo con un estudio de la Universidad de Nueva York, publicado en *El País*, es que 90 por ciento de las mujeres se sienten deprimidas después de hojear una revista femenina.

Existe una enorme presión social para que todos, especialmente los adolescentes, presenten el mismo aspecto físico y así poder "pertenecer". Para ellas, ser guapa, vestir sexy en talla siete, tener el vientre plano y lucir blusitas ombligueras, es un requisito indispensable para sobrevivir. Un buen físico, una espalda fuerte y un torso de cuadritos, es básico para los muchachos. ¡Y pobre de aquel que no cumpla con la norma!

Lo peor es que cada vez las exigencias son mayores. Con este mensaje vivimos, al grado que la salud física y mental de personas de todas las edades se puede ver afectada. Los riesgos del quirófano se minimizan ante la promesa ilusoria de estar mejor. ¿Cuántas niñas y jóvenes padecen anorexia o bulimia con la única finalidad de ser aceptadas por sus compañeros de clase? ¡Y cuántas otras están convencidas de que están gordas, aunque no lo estén! Jean Kilbourne, especialista en el tema, resume la idea errónea que tienen algunas mujeres: "No importa ser inteligente o carismática, lo único importante es ser atractivas; nuestra principal función es ser objeto sexual."

David Buss, científico estadounidense, ha registrado y analizado las preferencias al escoger pareja en más de 10 mil personas, en 37 culturas diferentes. La belleza física de una mujer es el primer, o casi el primer requisito en la lista de los hombres.

El Efecto Halo

El "Efecto Halo", según algunos especialistas en el tema, es la manifestación inconsciente de la belleza como virtud en sí misma. Asumimos que todo lo bello es bueno y tiene un gran potencial. Pensemos en los cuentos infantiles y en todas aquellas heroínas de ojos bellos: Blancanieves, Cenicienta, La Bella Durmiente o La Sirenita: son bellas y buenas siempre; mientras que la bruja será fea, mala y narigona.

El doctor Maxwell Maltz, dice: "Son increíbles los cambios que se producen en el carácter y la personalidad después de corregir algún defecto facial. Es como si el bisturí fuera un instrumento mágico, que no sólo transforma la apariencia del paciente, sino transforma su vida entera. La persona tímida y retraída se vuelve audaz y temeraria." El "Efecto Halo", ni hablar...

Lo irónico es que nuestro autoconcepto se basa en cómo somos vistos y percibidos por otros. Nos leemos en los ojos de los demás, especialmente en la adolescencia, cuando nos damos cuenta de que somos juzgados por los ojos del sexo opuesto. Entonces, atraídos, buscamos un nuevo reflejo de nosotros mismos. Nuestra autoestima está en sus manos, en la evaluación que hagan de nosotros. ¿Le gustaré? ¿Estaré bien? Y esto deja una huella permanente en nuestra vida.

Todos somos vulnerables, pero hay que reconocer que el enemigo no está en el espejo. Está dentro de nosotros mismos. Nuestra imagen es importante, cierto. Sin embargo, es cuestión de aprender a aquilatar su peso justo sin perder de vista lo que verdaderamente tiene valor en la vida.

Hay que aceptarnos como somos. ¿Acaso no nos damos cuenta de que la raíz del problema es el consumismo? ¿Que el deseo de pertenecer y la fragilidad de nuestra autoestima contribuye a que la industria de la belleza crezca en cantidades millonarias? No lo sé. Lo que es indudable es que la belleza, justo o no, tiene un gran poder.

DESPEDIR Y APRENDER A DESPRENDERTE

¡Qué iguales y, al mismo tiempo, qué diferentes somos! Por un lado nos asombra saber que no hay, ni habrá, otra persona con nuestra cara, cuerpo o manera de ser. Cada uno de nosotros vive una vida única e irrepetible; sin embargo, paradójicamente, tenemos mucho en común y acabamos siendo increíblemente parecidos y predecibles.

Por ejemplo, me acuerdo cuando cumplí 20 años, ¡20 años!, me decía a mí misma: "supuestamente ya debo ser madura, saber qué quiero y a dónde voy en la vida, ¿no?" Nada de eso era cierto. Sentí una gran nostalgia al dejar mis felices y divertidos años de irresponsabilidad. Sentía dolor.

Con el tiempo me he dado cuenta que esa misma sensación la he vivido en las distintas etapas de transición, como cuando cumplí 30, 40 y 50 años. Cuando mis hijos se casaron, cuando supe que iba ser abuela. De alguna manera se cierran unos ciclos y se abren otros totalmente desconocidos para nosotros.

Ritos de paso

Asimismo, en lo cotidiano hay momentos que se convierten en ritos de paso, que nos marcan, clara o sutilmente, que estamos dejando una etapa para entrar a otra. Por ejemplo: ¿Qué tal cuando salimos de la universidad?, ¿cuando nos convertimos en padres?, ¿cuando un hijo termina un ciclo escolar?, ¿cuando un joven nos habla de usted aunque nos sentimos casi de su misma edad?, ¿cuando nos damos cuenta de que necesitamos lentes para leer?, ¿cuando somos la mayor de tres generaciones? En fin... ritos de paso que duelen.

Lo increíble es que la manera en cómo aceptemos el paso de cada etapa y acojamos la siguiente, determinará en gran medida nuestra tranquilidad para vivir. Dice Savater: "Hay que aprender a despedirse y a desprenderse."

En cada etapa nos despedimos de algo

Si a un bebé le damos cariño, alimento y calor es muy probable que en su siguiente etapa, cuando al cumplir dos años se presente su primera crisis de crecimiento, ese bebé la pasará más confiado y seguro de sí mismo.

Cuando durante la niñez tenemos apoyo y amor, nos hacemos conscientes de nuestros límites y posibilidades y es probable que podamos enfrentar mejor la segunda crisis de la vida: la etapa de la adolescencia. En esta etapa buscamos afirmarnos y definirnos a nosotros mismos en cuanto al lugar que tenemos en el mundo y nuestra relación con quienes nos rodean. La juventud es la época del poder. Es una etapa de sembrar, hacer, crear, gozar y alcanzar: de comerse el mundo. Si viví este ciclo con plenitud, si tuve amigos verdaderos, si fui feliz y tuve una vida familiar estable, seré una persona más sana.

Después viene la vida adulta. Entre los 20 y los 30 años tomamos decisiones fundamentales para nuestra vida. Es el momento de vislumbrar mi futuro, encontrar una pareja, afianzarme en el terreno profesional y probarme continuamente como persona. Muy probablemente, en esta época nos convertimos en padres. En estos años, las amistades son esenciales.

En el momento en que establecemos la rutina familiar y profesional, aparece un nuevo reto. Entre los 35 y los 50 años surge una serie de tareas emocionales para las que necesitamos madurez, confianza en nosotros mismos y mucho apoyo de la pareja, sobre todo cuando se da la tercera crisis: la de los 40. En esta época nos cuestionamos: "¿Qué he hecho? ¿Qué he dejado de hacer? ¿Qué cosas ya no voy a poder hacer?"

A lo mejor nos encontramos con que lo que pensábamos que nos daría la felicidad, es totalmente falso. O, quizá, nos demos cuenta de que los esfuerzos han valido la pena, aunque nos falte mucho por hacer.

Después de los 65 años, la persona puede tomar uno de estos caminos: sumirse en la desgracia de saberse un ser finito e increíblemente frágil, o seguir con la voluntad de aprender y mantenerse abierto para entregar a los demás experiencia y amor.

Sin importar quiénes somos o de dónde venimos, todos vamos a recorrer el mismo camino, con pequeñas variaciones en cuanto a tiempo y espacio. De la manera cómo nos enfrentemos a estos retos, obtendremos la armonía con la que transitaremos por los años.

Como dice Rosa Montero, escritora española: "Para descubrimientos espectaculares, los que nos va deparando cada edad y, para conquista dificilísima y a menudo heroica, la de nuestras sucesivas realidades a medida que envejecemos."

Qué cierto es. Cada etapa concluida nos da el pase a la siguiente, de nosotros depende aprovechar lo mejor de cada ciclo: ¡qué mayor triunfo que vivir nuestra vida dignamente y saber crecer y envejecer con gracia y grandeza!

ENCUENTRA SENTIDO EN EL DOLOR

Pienso en el inmenso dolor de personas que sufren la ausencia de un esposo, una hija, una novia, un hermano, la

331

mamá, un amigo, quizá un conocido o vecino. Estoy segura que sienten una gran opresión en el alma ante una realidad que ni siquiera podemos imaginar. El misterio de la muerte.

Qué difícil es encontrarle un sentido al sufrimiento en medio de tanta aflicción. ¿Qué palabras de consuelo podrían decirnos ante la pena de la pérdida de un ser querido?

Tristeza, enojo, confusión, soledad... Estos son los sentimientos que afloran. Frases como: "El dolor nos hace crecer: somos tan pequeños como nuestra dicha y tan grandes como nuestro dolor"; o "con el tiempo esto te convertirá en una mejor persona", de momento suenan huecas, aun cuando sean dichas con las mejores intenciones.

Una persona que atraviesa por un momento doloroso necesita consuelo, a veces nuestra simple presencia, un abrazo cálido o un oído paciente para sanar al corazón. Recuerdo y trato de no olvidar la frase que mi papá con frecuencia dice: "Llórate pobre, pero no te llores solo." En esos momentos de pérdidas irreparables, nada como la compañía de un amigo.

La realidad es que nos resulta difícil manejar nuestros problemas y ayudar a los demás con los suyos, porque no sabemos aceptar el dolor y nos sentimos impotentes frente a él. Sin embargo, siempre podemos hacer algo para aliviar al que sufre, sentarnos junto a él, abrazarlo y ayudarlo a desahogarse, para que sienta nuestra comprensión y apoyo. No podemos acabar con su sufrimiento pero sí mitigarlo.

Dicen los psicólogos que todas las experiencias de duelo y pérdida son iguales y que sólo varían en su intensidad. Experimentamos los mismos sentimientos cuando dejamos de ver a un amigo para siempre que cuando ese amigo muere. El dolor es el precio que pagamos por vivir.

¿Qué hacemos con nuestro dolor para que se convierta en un sufrimiento significativo y no en un sufrimiento vacío? ¿Cómo puedo convertir las experiencias dolorosas en crecimiento?

Busco respuesta en la logoterapia de Víctor Frankl: y él nos invita a aceptar el dolor, a darnos cuenta que "no es la carga la que nos vence sino el modo en que la llevamos", dice que podemos soportar el dolor mientras encontremos la posibilidad de sentirlo; que dentro de la desolación, continuamos siendo personas dignas y capaces de elegir la actitud que dignifique nuestro sufrimiento, es decir, amar más y mejor.

Aceptar el dolor

Según Frankl, el dolor contiene las semillas del crecimiento porque nos obliga a sacar lo mejor de nosotros mismos: el amor a los demás, la compasión y la generosidad. Cuando no hemos padecido, es más fácil que seamos egoístas. El dolor facilita la generosidad y nos posibilita para amar al otro. Nos ayuda a darle importancia sólo a las cosas relevantes y a disfrutar más la vida. Cuando no hemos sufrido, nos amargamos por pequeñeces. El dolor nos hace mejores personas y permite que comprendamos el dolor ajeno. Nos deja ver que lo más importante es el amor y la actitud que tomemos frente a la vida y que eso únicamente depende de nosotros porque somos libres para decidir.

Nadie desea sufrir, pero, cuando estamos ante una circunstancia o algo que no podemos cambiar, entonces soy yo el que tengo que cambiar. Esto es lo que me hace crecer. "Yo no actúo ante algo por ser lo que soy, sino que llego a ser lo que soy, por cómo actúo ante las cosas", dice el doctor Frankl.

El dolor puede vivirse de tres maneras:

- Dolor físico y orgánico (enfermedades)
- Dolor psíquico (sufrimiento)
- Dolor social (soledad)

Por otro lado, el dolor también puede ser, según la logoterapia, de dos tipos: "no necesario" y "necesario". El dolor no necesario es el que tratamos de evitar, por lo cual cuidamos nuestra salud. El dolor necesario, por el contrario, dice Frankl, hay que vivirlo. Existe para ser vivido, pero sólo encontrándole sentido a ese dolor es que se puede trascender el dolor.

Cuando luchamos constantemente por eliminar un dolor, paradójicamente nos encerramos en ese dolor y por lo tanto éste aumenta. En cambio cuando asumimos el dolor, cuando lo aceptamos con resignación, parece entrar en reposo para enfrentarlo mejor.

El dolor es parte de la vida, la única manera de no sufrir es no vivir; sin embargo, somos más fuertes de lo que creemos, podemos resistir más de lo que jamás imaginamos. Juan Pablo II escribió: "El mundo del sufrimiento humano invoca sin pausa otro mundo: el del amor humano."

El dolor estéril no tiene sentido. Si no somos capaces de explicar la muerte de un ser querido, si no tenemos los medios para evitar la tragedia, lo único que podemos hacer es intentar ir más allá de la simple pregunta: "¿Por qué pasó?", y mejor plantearnos la disyuntiva: "¿Qué haré ahora que pasó?" A la manera de Victor Frankl: No le preguntes a la vida, respóndele.

Conclusión

Si te cruzas con alguien en el camino, ten por seguro que se registrará un impacto, en tu vida y en la suya. Recuerda que esa influencia puede ser positiva o negativa y que, incluso, puede cambiar nuestra vida, para siempre. Tú eliges.

Este es el verdadero objetivo del libro: recordar y hacernos conscientes de que somos tan felices como puedan ser nuestras relaciones, y la base para ello está en nuestras manos. Si sabemos comunicarnos con inteligencia, sensibilidad, pasión y compasión podremos vivir una vida más plena.

¿Sabes?, relacionarnos mejor es un trabajo que nunca termina, como tampoco las recompensas. Si con la lectura de este libro provoqué aunque sea el más mínimo cambio en tu actitud o en tus relaciones, nuestro esfuerzo (el tuyo y el mío) valió la pena.

He llegado a la espantosa conclusión de que soy un elemento decisivo.
Es mi acercamiento personal el que crea la atmósfera.
Es mi estado de ánimo el que hace el clima.
Poseo un tremendo poder de hacer la vida miserable o gozosa.
Puedo ser una herramienta de tortura o un instrumento de inspiración, puedo humillar, hacer reír, herir o sanar.

> *En todas las situaciones, es mi respuesta la que decide si una crisis se intensifica o disminuye, y si una persona se humaniza o se deshumaniza.*
>
> JOHANN WOLFGANG GOETHE

Bibliografía

Anderson, Walter, *The confidence course*, Harper Perennial, Nueva York, 1997.

Bach, Eva y Pere, Darder, *Sedúcete para seducir*, Paidós Contextos, España, 2002.

Booher, Dianna, *Communicate with confidence!*, McGraw Hill, 1994.

Bolton, Robert, *People skills*, Touchstone Book, Nueva York, 1986.

Ciaramicoli, Arthur P., *The Power of Empathy*, Dutton Book, Nueva York, 2000.

Demarais, Ann y Valerie, White, *First Impressions*, Bantam Books, Nueva York, 2004.

Fisher, Helen, *Anatomy of Love*, Fawcett Columbine, Nueva York, 1992.

Ford, Walston Sandra, *Courage*, Broadway Books, Nueva York, 2001.

Garner, Alan, *Conversationally speaking*, Lowell House, Los Angeles, 1997.

Glass, Lillian, *I know what you're thinking*, John Wiley & Sons, 2002.

Glass, Lillian, *Talk to win*, Perigee Book, Nueva York, 1987.

Goleman, Daniel, *Emotional Intelligence*, Bantam Books, Nueva York, 1995.

Greene, Robert, *The art of seduction*, Viking, Nueva York, 2001.

Hargrave, Jan, *Let me see you body talk*, Kendall/Hunt Publishing, Iowa, 1996.

Helmstetter, Shad, *What to say when you talk to your self*, Pocket Books, Nueva York, 1982.

Hogan, Kevin, *The psychology of persuasion*, Pelican Publishing Company, Gretna, 2000.

Knapp, Mark L., *La comunicación no verbal*, Paidós, México, 1997.

Lang, Doe, *The new secrets of charisma*, Contemporary Books, Chicago, 1995.

Lewis, David, *The secret language of success*, Galahad Books, Nueva York, 1989.

Martí García, Miguel Ángel, *La elegancia*, Yumelia, España, 2000.

McGraw, Phillip C., *Life Strategies*, Hyperion, Nueva York, 1999.

McGraw, Phillip C., *Relationship Rescue*, Hyperion, Nueva York, 2000.

McKay, Matthew, Martha Davis y Patrick Fanning, *How to communicate*, MJF Books, Nueva York, 1983.

McKay, Matthew, Martha Davis y Patrick Fanning, *Messages the communication skills book*, New Harbinger Publications, Inc. Oakland, 1995.

Nelson, Audrey, *You say don't say*, Prentice May, Nueva York, 2004.

Paul, Margaret, *Inner Bonding*, Harper San Francisco, San Francisco, 1992.

Powell, John, *¿Por favor podría mi verdadero YO ponerse de pie?*, Diana, México, 1993.

Silberman, Mel, *People Smart, Berrett-Koehler Publishers*, San Francisco, 2000.

Trout, Jack, *The power of simplicity*, McGraw Hill, Nueva York, 1999.

Wainwright, Gordon R., *Body Language*, NTC Publishing Group, Chicago, 1985.

Otros títulos de la autora
en Punto de Lectura

Cómo triunfar en el trabajo

Con base en sus amplios conocimientos sobre la conducta humana y las relaciones sociales, Gaby Vargas ofrece en esta obra las claves indispensables para lograr el éxito y la realización personal en el ámbito laboral. *Cómo triunfar en el trabajo* brinda los secretos de una excelente comunicación, advierte sobre la importancia de expresarnos correctamente ante los demás, e insiste en el poder de una presentación impecable y modales siempre correctos.

El arte de convivir y la cortesía social

La cortesía es esencial no sólo para mantener una excelente relación con los demás, sino también para demostrar nuestras cualidades humanas. *El arte de convivir y la cortesía social* es más que un manual para nuestra superación cotidiana, pues brinda los mejores consejos para mantener una relación cordial con nuestros vecinos y compañeros de trabajo, recomendaciones para elegir con elegancia y propiedad los mejores platillos y bebidas en restaurantes de comida internacional, al mismo tiempo que ofrece la más completa asesoría para preparar viajes inolvidables.

Todo sobre la imagen del éxito

Por más de dos décadas, Gaby Vargas se ha abocado al estudio de la imagen de las personas, su lenguaje, comportamiento, gestos y modales. Gracias a su experiencia, ha plasmado en este libro las claves más importantes para proyectar lo mejor de nosotros y lograr una presentación impecable. *Todo sobre la imagen del éxito* aporta las herramientas necesarias para comunicarnos con los demás y destacar nuestras virtudes.

El arte de convivir y la vida cotidiana

En este libro la autora nos guía en el amplio mundo de las relaciones sociales y humanas. *El arte de convivir y la vida cotidiana* ofrece elementos para que nuestras relaciones con otras personas resulten exitosas y cordiales con base en el cariño, el respeto, la amistad, el amor, la cortesía y la buena educación. Los consejos que nos brinda abarcan distintos aspectos de la convivencia en sociedad.

Este libro terminó de imprimirse en febrero de 2008 en Impresora y encuadernadora Nuevo Milenio, S. A. de C. V., San Juan de Dios núm. 451, Col. Prados Coapa 3a. sección, c, p. 14357, Tlalpan, México, D. F.